구운몽의 불교적 해석과
문학치료교육

저자 이강옥(李康沃, Lee, Kang Ok)은 김해 낙동강 가에서 태어났다. 서울대학교 국문학과를 졸업하고 같은 학교 대학원에서 문학박사 학위를 받았다. 경남대학교 국문학과 교수로 재직하였고 예일대학교 비교문학과와 뉴욕주립대학교 한국학과 방문교수로 연구했다. 현재 영남대학교 국어교육과 교수로 있다. 저서로는『한국야담연구』,『조선시대 일화 연구』,『보이는 세상 보이지 않는 세상』,『젖병을 든 아빠 아이와 함께 크는 이야기』등이 있다. 성산학술상, 천마학술상 등을 수상했다.

구운몽의 불교적 해석과 문학치료교육

초판 인쇄 2010년 11월 5일 **초판 발행** 2010년 11월 10일
지은이 이강옥 **펴낸이** 박성모 **펴낸곳** 소명출판 **출판등록** 제13-522호
주소 서울시 서초구 서초동 1621-18 란빌딩 1층
전화 02-585-7840 **팩스** 02-585-7848 **전자우편** somyong@korea.com **홈페이지** www.somyong.co.kr

값 20,000원

ISBN 978-89-5626-529-2 93810

구운몽의 불교적 해석과 문학치료교육

이강옥

Buddhist Interpretation of *A Dream of Nine Clouds* and its Application to Literary Therapy and Education

소명출판

책머리에

이 책은 『구운몽』을 불교적 관점에서 다시 해석하고 그 결과를 문학치료와 문학교육에 응용하고자 하였습니다. 이 책이 의도한 바를 온전하게 성취하려면 해석은 설득력을 얻어야 하고 치료와 교육은 그 효과를 입증 받아야 하겠습니다. 이 책의 『구운몽』 해석이 설득력을 얻어 효과 있는 문학치료교육으로 승화되기를 기원합니다.

제가 『구운몽』과 불교를 진지한 자세로 만난 것은 거의 동시적이었습니다. 저는 이른 시기부터 삶에 대해 비관적인 자세를 가졌습니다. 삶이 덧없고 허무하게만 느껴져 갈피를 잡지 못하고 방황도 많이 했습니다. 흔들리는 내면은 나이를 먹어가고 학문의 연륜이 쌓여도 달라지지 않아 참 안타까웠습니다. 그러던 무렵에 『구운몽』과 불교를 반갑게 만났습니다. 『구운몽』이나 불교는 인생살이를 허무한 것으로 본다고 통속적으로 이해되던 것인데 알고 보니 오히려 행복한 삶을 예찬하고 있다는 진실이 저를 설레게 만들었습니다.

『구운몽』은 현실에서의 삶이 과연 어떤 가치와 의의가 있을 지에 대해 근본적인 질문을 던집니다. 우리네 삶의 가치에 대해 『구운몽』처럼 깊이 있게 성찰하는 작품을 만나기는 쉽지 않습니다. 삶에 대한 허무감으로 방황하던 제가 『구운몽』에 대해 남다른 애착을 갖게 된 것은 어쩌면 당연한 일이었는지도 모르겠습니다. 또 불교는 분별심에 빠져 자기 학대라는 고질병을 앓고 있던 저에게 스스로를 치유할 힘과 방법을 제공해주었습니다. 특히 송광사 여름수련회의 수행 경험을 잊지 못합니다. 송광사는 제가 언제까지나 간직하여야 할 초심의 고향입니다. 제가 고우(古愚) 큰스님의 문하에 들어가게 된 것은 크나큰 행운이었습니다. 이 세상 모든 사람들이 날마다 좋은날을 누릴 수 있도록 자비로운 가르침을 베풀어주시는 큰스님께 보은의 삼배를 올립니다. 『금강경삼가해』에 대한 큰스님의 풀이는 『구운몽』을 불교적으로 해석하는 귀중한 틀이 되었습니다. 큰스님을 뵙는 길을 열어주고 기꺼이 공부의 자리를 마련해주신 전재강 교수께도 감사의 말씀을 전합니다.

이 변변찮은 책은 선학들의 훌륭한 선행연구가 있었기에 가능했습니다. 『구운몽』과 『금강경』, 『능엄경』 등에 대해 다양한 글을 먼저 써주신 모든 선학들께 진심으로 감사의 말씀을 올립니다.

『구운몽』과 불교 경전들은 현실이 꿈이고 꿈이 현실이라는 가르침을 다양한 방식으로 베풀고 있습니다. 이런 가르침을 내면화하고 실천할 수만 있다면 행복한 나날이 계속될 것이라 믿습니다. 그러나 저는 여전히 그 두 명제의 힘과 가치를 실감하는 데 어려움을 느끼고 있습니다. 현실이 꿈이라는 명제는 현실 삶에 대한 집착을 경감시켜 주면서도 삶에 대한 허무감을 조장할 것 같아 저를 조마조마하게 만듭니다. 꿈이 현실이라는 명제는 텅빈 삶에서도 희망의 씨앗을 발견하게 해주지만 허황한 집착을 불러일으킬 것 같아 걱정을 하게도 합니다. 이런 회의와 망상을 해소하고 좀더 자신있는 이론을 만들기 위해 앞으로 더욱 열심히 정진할 것을 약속드립니다.

이 책에서 저는 삶의 본질과 가치에 대해 다소 분에 넘치는 주장을 펼쳤습니다. 또 그것을 활용하는 방안도 서둘러 제시하였습니다. 책의 논리적 흐름을 유지하기 위해 어쩔 수 없이 보인 아만에 대해 독자 여러분께 양해를 구하고 아낌없는 질책을 기다리겠습니다.

저는 한 인간으로서 부족한 점이 많아 부끄럽습니다. 명석하지 못하여 가까이에 있는 진리를 놓치고는 합니다. 진정성과 용기가 부족하며 생각을 행동으로 옮기는 데 우물쭈물합니다. 이런 저를 인정해 주고 지지해준 아내 김문기 박사와 아들 진재에게 고마운 마음을 전합니다. 이 책은 한 젊은 학자의 수준 높은 읽기와 정성 어린 조언이 없었더라면 이런 모습으로 나오기가 어려웠을 것입니다. 이제 막 학문의 길을 열기 시작한 김효주 선생에게 감사의 마음을 전하고 그 밝은 앞날을 축원합니다.

부디 이 책이 『구운몽』의 훌륭한 가치를 널리 알리는 데 도움이 되기를 바랍니다. 이 세상에는 희망을 잃고 우울하게 살아가는 사람들이 참 많습니다. 그분들에게 이 책이 위안이 되고 치유의 밑거름이 되기를 진심으로 기원합니다.

2010년 8월 5일

이강옥

차례

제1부 구운몽의 불교적 해석

제1부

구운몽의 불교적 해석

『구운몽』의 사념(思念) 실현과 환생(幻生)의 의미

1. 머리말

환몽소설이나 몽유록이라 지칭되는 작품들은 '현실－꿈－현실'이라는 액자구조를 바탕으로 하고 있다. 이 액자구조는 동아시아 서사문학에서 아주 두드러진 서사방식 중의 하나이면서 우리나라 서사문학사에서도 그 전통이 면면히 계승되어왔다. 『구운몽』도 그 서사전통에서 가능했던 작품이다.

그런데 『구운몽』의 핵심 구성 항목이라 할 '성진 → 양소유', '양소유→성진'의 단계는 단지 '입몽'과 '각몽'으로 단순하게 파악되어서는 안 될 복합적인 성격을 지니고 있다. 『구운몽』의 소설적 가치를 해명하기 위해서는 그런 점을 잘 살펴야 할 것이다. 『구운몽』에서는 입몽과 각몽 보다는 사념(思念)[1]의 실현이라는 맥과 환생(幻生)이라는 또 다른 맥이 공존하고 있다. 즉, 마음 속 사념의 힘은 엄청난 위력을 가진 것이기에 결국 그대로 된다는 것을 보여주면서도 사람이 환생하는 양상도 보여준다. 이 장에서는 이 두 맥이 전개되는 양상을 근간으로 하여 『구운몽』이 활용하는 다양한 서사적 장치들의 특징을 밝히고 그것의 불교적 의미를 해명하고자 한다.

선행연구에서 『구운몽』을 불교와 관련시키는 데에는 양 극단이 존재한다. 『구운몽』이 불교적 성향을 가진다는 것을 인정하면서도 양소유의 일생에 초점을 맞추고 그의 일생을 사대부의 그것으로만 이해하려는 한 극단이 있는가 하면 『구운몽』의 모든 국면들이 불교사상의 정교한 실현이라고 보는 또 다른 극단이 있다. 전자는 불교사상을 '공' 사상 혹은 금강경 사상에 국한한 뒤, 『구운몽』이 이론화되고 체계화된 그런 사상을 충분하게 담지 못하고 단지 작품 말미의 몇 마디 말로써 가시화하려 했다는 점을 지적함으로써 『구운몽』이 독

---

1) 사념(思念)은 마음 속으로 간절히 생각하고 염원하는 것이다. 사념한 바대로 일이 이루어지는 것을 '사념의 실현'이라 명명한다. 사념이란 말은 가춘운이 정경패의 말을 양소유에게 전하는 부분에 나온다. '상서의 사념이 과도하고 비애가 예를 넘을 정도면 그것은 군명을 모욕하는 것이다.(尙書若思念過度 悲哀踰禮 則是慢君命'(노존A본, 247면; 앞으로 노존A본은 정규복, 『구운몽 원전의 연구』, 일지사, 1981로부터 함.)) 천자도 그 말을 썼다.(卿雖思念鄭家女(노존A본, 248면)) 양소유는 비슷한 뜻으로 '사상(思想)'이란 말도 썼다. 즉 토번을 격퇴하고 돌아오다 정경패와 관련된 꿈을 꾸는데 깨어난 양소유가 '생각이 있으면 꿈이 있다 하던데 혹 생각하고 그리워한 것이 간절하여 이 꿈을 꾸었단 말인가(有思者有夢 或以思想之切 而有此夢也'(노존A본, 246면))라 하였다. 사념은 꿈으로 나타나기도 하고 현실에서 실현되기도 하는데, 여기서는 주로 후자를 지칭한다.

자의 공감을 얻지 못했다고 판단한다. 후자는 지나치게 세세한 불교 지식을 『구운몽』이란 소설의 각 부분과 관련시키려 한다.[2] 그런데 소설과 불교가 이렇게 정교하게 연결될 수 있다는 것은 일종의 신념의 문제가 될 수 있다. 즉 부처의 가르침이 인간세계의 본질을 가장 잘 설명한다며 불교적 세계관을 인정하는 입장에 선다면 인간의 삶에 대한 그 어떤 언술에서도 '불교사상'을 분석해낼 수 있을 것이기 때문이다. 『구운몽』을 불교적 시각에서 해석하는 것이 긍정적인 의미를 지닐 수 있기 위해서는 『구운몽』의 줄거리나 서사적 장치, 그리고 주요인물의 인생역정이, 작자가 내면화했던 불교적 요소와 널리 그리고 지속적으로 연결되는 정도에 국한되어야 할 것이다. 김만중은 복잡한 불교지식을 재구성하기 위해 소설을 쓴 것은 아니다. 중요한 것은 김만중이 가졌던 불교에 대한 이해가 『구운몽』 창작과정에서 어떻게 활용되고 담겨졌는가를 살피는 유연함이다. 불교사상과 작품 실상 사이에서 적절한 균형감각을 유지해야 한다는 뜻이다.

여기서는 『금강경』을 비롯한 불교 경전의 가르침과 『구운몽』에 거듭 나타나는 서사 장치를 관련시켜보고, 그것이 성진의 깨달음 및 보살도 성취와는 어떻게 이어지는지를 해명하고자 한다. 선행연구들이 『구운몽』과 『금강경』의 관계를 살필 때, 주로 활용한 『금강경』은 구마라집(鳩摩羅什) 번역본이었다. 그런데 『금강경』에서 '상(相)'은 가장 중요한 개념인데, 구마라집은 상(相)을 여러 가지 의미로

2) 특히 유병환의 논저는 『구운몽』의 서술골격 뿐만 아니라 개개의 장면이나 모티프까지도 체계화된 불교사상과 대응시키려고 노력했다.(유병환, 『구운몽의 불교사상과 소설미학』, 국학자료원, 1998)

사용하였다.[3] 가령 '凡所有相 皆是虛妄 若見諸相非相 卽見如來'(「如理實見分 第五」)의 '상(相)'과 '須菩提 若菩薩 有我相人相衆生相壽者相 卽非菩薩'(「大乘正宗分 第三」)의 '상(相)'은 다른 개념인데도 같은 용어로 번역되었다. 구마라집 번역본에 근거한 선행연구는 상(相)에 대한 이해에서 혼동이 있으므로 수정되어야 할 것이다. 이 글은 산스끄리뜨 원전으로부터 더 정확하게 번역한 각묵 스님의 『금강경 역해』를 근거로 하여 논의를 전개하겠다. 그리고 『금강경』은 '공(空)'을 설한 게 아니라 '산냐[4]를 극복하라'는 부처의 말씀을 따르는 경전이라는 해석을 받아들인다.[5]

앞으로 이 책은 『구운몽』 텍스트로 정규복 교수가 재구한 '노존A본'[6]과 강전섭 소장본인 '노존B본'[7]을 함께 활용한다.

2. 『구운몽』에 대한 불교적 해석의 정당성

『구운몽』은 '수행승 성진'에게서 출발하여 '돌아온 성진'으로, 마침

---

3) 구마라집의 『금강경』 번역에서 '相'은 다음과 같은 3가지 개념을 가진다. 즉 산냐(무엇이 마음에서 개념화, 이념화, 관념화된 것), 니밋따(무엇이 마음에서 형상화된 것), 락샤나(어떤 것만이 갖고 있는 특별한 상, 즉 부처의 32가지 大人相인 特相) 등이다. 구마라집은 이것들을 모두 '相'으로 번역하였다.(각묵 스님, 『금강경 역해』, 불광출판부, 2001, 77면 각주 4번 참조)

4) 무엇이 마음 속에서 개념화 · 이념화 · 관념화된 것.

5) 각묵 스님은 『금강경』의 말씀을 공(空)이라는 거창한 명제로써 설명하는 대승불교의 관점을 너무나 이데올로기적인 해석이라 간주한다. 『금강경』은 공(空)을 설한 게 아니고 초기불교에서 부처님이 설하신 '산냐를 극복하라'는 말씀을 따르는 경이라 해석했다.(각묵 스님, 위의 책 참조)

6) 정규복, 『구운몽 원전의 연구』, 일지사, 1981.

7) 정규복 · 진경환 역주, 『구운몽』, 고려대 민족문화연구소, 1996.

내 육관대사와 '깨달은 성진'으로 귀결된다. 주제 해명에서 가장 중요한 부분은 성진의 처지와 의식의 변화일 것이다. 양소유의 세계를 바라보는 앞뒤 액자의 시선이 무척 강렬하게 느껴지기 때문이다. 양소유와 여덟 여인의 삶은 시종 성진에 의해, 그리고 육관대사에 의해 주시되고 있다. 사대부인 양소유의 삶을 다룬 중간에 비해 성진의 삶을 다룬 부분의 분량이 짧다 하더라도 성진의 처지와 의식의 변화가 기본 골격을 이룬다는 것을 부정할 수 없다. 또 양소유의 삶을 다루는 부분에서도 성진이나 여덟 선녀의 흔적이 끊임없이 나타난다.

다음으로 결말 부분에 나오는 설법의 내용이다. 거기에는 분명 『금강경』이란 불교경전이 언급되고 『금강경』의 핵심 게송이 인용되어 있다. 그리고 '나는 전도를 위하여 멀리 중국으로 왔는데 이제 법을 전할 사람을 얻었으니 떠난다'는 육관대사의 마지막 말, 그리고 완전하게 깨달은 성진이 연화도량를 주재하며 보살대도를 얻었다는 진술을 중시해야 하겠다.

이와 같은 작품 내적 사실을 무시할 수 없는 한 『구운몽』을 불교적 관점에서 이해하는 것은 필요하고도 중요한 접근법이라 본다.

다음으로 작자 차원에서 그러하다. 김만중은 불교에 대해 큰 관심을 가졌고 불교사상에 대한 학식이 깊었다.[8] 김만중은 『서포만필』, 『서포집』 등에서 『능엄경』, 『전등록』 등을 언급했고 또 직접 읽었다는 것을 암시하였다. 불교의 핵심 개념인 육근(六根), 육진(六塵), 육식(六識) 등에 대한 생각을 개진하기도 했다.[9] '불서가 비록 번다하지만

8) 이 점에 대해서는 이미 정규복, 이가원, 조종업, 황패강, 이재수, 사재동, 김병국, 유병환 제 선학들의 선행 논문에서 상세하게 다루었다.

그 요지는 진공묘유(眞空妙有) 네 자에서 벗어나지 않는다'[10]라 하여 불교 사상을 꿰뚫어 보았다.[11] 특히 안(眼)·이(耳)·비(鼻)·설(舌)·신(身)·의(意) 등 육근(六根) 중 남녀정욕이 안근(眼根)에 속하는가 신근(身根)에 속하는가에 대해 진지한 논의를 전개하였고[12] 한시[13]를 통해 윤회, 인연, 연기설, 공(空) 등을 암시하고 있으니 이것들은 『구운몽』의 사건전개와 직접 관련되는 불교사상의 핵심이다.[14]

특히 불교적 윤회에 대해서 김만중은 적극적인 생각을 가졌다고 할 수 있다. '오히려 스님 따라 인연을 말하고 있네(猶從釋子話因緣) 다생의 이 삶은 불가의 업(業) 다 갚지 못하고(多生未了空門債)'[15]라 하여 윤회를 인정하였다. 그런데 윤회의 문제에 대해 조선시대 사대부들은 적지 않은 관심을 갖고 있었던 것으로 판단된다. 김만중과 긴밀한 관계를 가졌으며 형 김만기의 스승이기도 했던 송시열도 윤회에 대한 생각을 피력한 바 있다. 즉 송시열은 제자 최신(崔愼)이 윤회에 대해 묻자, 모든 사물이 다 윤회한다는 불교적 윤회관은 허망하다고 부정했지만 살갗에 돼지 털이 많이 나있던 사람의 경우를 예로 들어 윤

---

9) 『西浦集 西浦漫筆』, 통문관 영인본, 492~493 및 656~657면.

10) 佛書雖煩 其要不出於眞空妙有四字 圭峰宗密謂 眞空者 不違有之空也 妙有者 不違空之有也'(『서포집 서포만필』, 485면)

11) 유병환 교수는 김만중이 규봉종밀의 말을 빌어 眞空을 有之空으로, 妙有를 空之有로 풀이한 것은 그가 최소한 인식론의 차원에서는 번다한 법문의 핵심에 도달한 것이라 이해했다.(유병환, 앞의 책, 51면)

12) 『서포만필』, 일지사, 1987, 394~395면.

13) 특히 「검산승천우걸구제증(劍山僧天祐乞句題贈)」(『서포집』 권4, 민족문화추진회)의 '猶從釋子話因緣 多生未了空門債'

14) 이상 김만중과 불교사상과의 관계에 대해서는 특히 유병환, 앞의 책, 19~105면; 유병환, 「구운몽의 사상적 실상」, 『서포문학의 새로운 탐구』, 중앙인문사, 2000, 197~209면; 김병국, 『서포 김만중의 생애와 문학』, 서울대 출판부, 2001, 158~168면 등에서도 참조할 수 있다.

15) 「검산승천우걸구제증」(『서포집』 권4)

회가 특별한 경우의 사람에게는 있을 수 있는 희한한 일이라 인정했다.[16] 그리고 이 시기에 안석경이 편찬한 『삽교만록』에는 안석경이 찬연(璨淵)이란 스님과 윤회에 대해 주고받은 이야기가 실려있다. 안석경이 찬연에게 윤회하여 다시 생명을 얻는다는 말을 믿을 수 있는가 하고 묻자 찬연은 "윤회가 없다면 천하에 스님 되려고 하는 사람이 없겠지요" 하며 수천 년 전에 입적한 부처가 제왕도 되고 장상도 되어 중생을 제도해 왔다고 하였다. 그에 대해 안석경도 환생하여 다른 사람으로 태어나는 이야기가 책에 실려 있다고 대꾸하고 주자(朱子)도 떠도는 혼[遊魂]이 모여 기(氣)가 일어나게 한다는 것을 인정했다고 알려준다. 그리고 안석경은 탁생(托生)하는 것이 태(胎)가 만들어질 때인지 아니면 육신이 생겨날 때인지 묻는데 그에 대해 찬연은 태가 만들어질 때라고 대답해준다.[17] 안석경과 찬연이 주고받은 말의 이런 내용은 김만중이 평소 승가사나 중흥사를 방문하면서 그리고 선천 귀양시에 보광사(普光寺) 스님인 설형(雪泂)과 교유하면서 나누었던 대화의 내용과 수준을 짐작하게 하는 것이다.[18] 그런 점에서

---

16) 송시열은 제자 최신(崔慎)이 윤회에 대해 질문을 하자 이렇게 대답했다. 해당 원문은 다음과 같다. "又曰釋氏輪回之說 甚爲虛誕 而或有時適然者矣 古有人生而膚有猪毛者 朱子以爲稟得猪氣而生者也 此或時適然而極其稀罕之事 非如釋氏說 物物皆輪回而生者也"(「崔慎錄」, 『宋子大全』 VIII, 『韓國文集叢刊』 115, 민족문화추진회, 557면)

17) "又問輪回受生之說信乎 淵答曰使輪回無驗則天下無爲僧而入定棄榮忍欲枯死窮山者矣 吾佛之入寂今已數千季而或爲帝王或爲將相以度衆生者不知幾番矣 余曰智永之爲房次律南庵之爲陳堯咨戒和尙之爲蘇子瞻 固載於信書 朱子亦嘗有遊魂湊泊生氣之語 不可謂無是理也 然此非常理也 乃理之變者也 … 抑其托生也 投入於將胎之時耶 托入於方生之身耶 答曰 … 盖投於方胎之際也"(안석경, 『雪橋集』 下, 아세아문화사, 45면)

18) 김만중은 선천 유배 시에 그곳 승려인 설형(雪泂)과 교유를 가졌다. 김만중은 설형으로부터 『능엄경』, 『원각경』 등을 빌려 읽었다. 「次普光僧雪泂韻 乞佛書」(권6)(客懷蕭瑟易成哀 雪擁柴荊午未開 謫裏相隨無二友 須君遠寄貝書來)로써 불서를 요청했고, 「雪泂借寄楞嚴圓覺 詩以謝之」(권6)(泂公知我晝饒眠 爲寄珠函貝葉編 戰退睡魔三百萬 菩提樹影滿窓前)로써 불서를 불려준 것에 대해 감사를 표시했다.(『서포집』, 민족문화추진회, 권6 참조)

환생이나 윤회에 대하여 당시 사대부들이 무관심한 것은 아니었고, 『구운몽』은 그런 분위기를 반영하고 있다고 보아도 좋을듯하다.

또 김만중은 스스로 참선을 하였을 것으로 추정되는데[19] 그 점이 『구운몽』에서 양소유가 말년에 한 말을 연상시킨다. 즉, 양소유는 여덟 여인들에게 출가할 뜻을 전할 때 '밤마다 잠이 들면 꿈 속에서 내가 부들 방석에 앉아 참선을 하는데 그게 불가와 인연이 있기 때문일 것'이라고 고백했다.[20] 이것은 불승과 교유하고 불경을 읽은 결과를 실천에 옮긴 것이다.

이상과 같은 사실들을 고려할 때, 『구운몽』의 창작은 불교사상이나 참선에 대한 김만중의 관심과 조예를 바탕으로 하여 이루어졌다고 보아야 한다. 그런 점에서 『구운몽』에 대한 불교적 이해가 설득력을 얻을 수 있다고 판단한다.

3. 사념 실현으로서의 환생 ―성진에서 양소유로

용왕으로부터 거푸 3잔의 술을 받아 마신 성진은 그대로 돌아갔다가는 육관대사로부터 꾸중을 들을 것 같아 연화봉 아래에 이르러 윗옷을 벗어놓고 세수를 하기 시작한다. 그때부터 여덟 선녀를 만나 수

19) '귀양살이 2년 동안 항상 문을 닫고 단정히 앉아 있었다'(在謫二歲에 常閉戶端坐하고; 김병국 · 최재남 · 정운채 역, 『서포년보』, 서울대 출판부, 1992, 330면); '府君居謫二歲 常閉戶端坐'(金鎭圭, 『竹泉集』「西浦先生府君行狀」, 유병환, 앞의 책, 39면에서 재인용)

20) 吾自致仕來此之後 每夜着睡 則夢中必參禪於蒲團之上 此必與佛家 有緣也.(노존A본, 279면)

작한 뒤 연화도량으로 돌아오기까지 성진이 경험하는 감각은 다음과 같은 것이다. 세수를 하며 그 물에서 이향(異香)을 맡는다. 향기는 여덟 선녀란 욕망의 대상을 환기시키는 가장 앞선 감각이다. 그래서 강렬하게 이끌린다. 석교 위에 있는 여덟 선녀를 목격한다. 눈에 포착된 모습으로서의 색(色)이다.[21] 희롱의 말을 나눈다. 귀에 포착된 소리(聲)이다.[22]

---

21) 이 장면 이외에도 『구운몽』에서는 특히 이성이나 동성의 얼굴을 '보는 것'이 강조된다. 양소유가 진채봉으로부터 계섬월, 가춘운 등을 만나는 장면은 모두 극적인데, 양소유는 첫눈에 그들에게 매혹된다. 그중 가춘운과의 만남은 '미혹(迷惑)'을 초래했다. 더욱이 양소유는 과거를 앞둔 시점에서도 정경패의 얼굴을 구경하려는 충동을 이기지 못하고 그녀와 만나보게 해달라고 이렇게 간절히 호소한다. '평생 어리석은 소원이 있답니다. 처자를 보지 않고서는 청혼을 하지 않겠다는 것입니다. 부디 사부께서는 특별한 자비심을 베푸셔서 그녀의 안색을 보게해 주십시오(平生有癡獃之願 不見處子 則不欲求婚 願師傳特出慈悲之心 使小子一見其顏色如何(노존A본, 187면)). 양소유는 결국 여장으로 정경패를 만나보는데 이 국면에서 '만나보는 것'에 대한 『구운몽』의 집착이 두드러진다. 또 양소유는 월왕의 낙유원 잔치에 초대되어 월궁(越宮)의 네 미인을 보고는 '옛날 영왕이 한 미인을 두었는데 이름이 부용이었지. 태백이 영왕에게 간청했지만 (영왕은 그 미인의) 목소리만 듣게 했지 그 얼굴은 보지 못하게 했지요 …… 옥연낭자가 하늘에서 내려온 사람같다는 이름을 들었는데 지금 얼굴을 보니 그 이름보다 더 하군요'(昔者寧王畜一美人 名曰芙蓉 太白懇於寧王 只聞其聲 不得見其面矣 … 聞玉燕娘子之盛名 如天上人 今見其面實過其名矣(노존A본, 265면)하여 여자 얼굴에 대한 집착을 드러내었다.

또 난양공주가 정경패를 보기위해 변장을 한 것이나 반대로 정경패가 '이소저'가 그렸다는 관음화상을 보고 '이가 여자의 손재주가 이와 같으니 반드시 보통사람이 아닐거야 내 시비를 시켜 저 여동을 따라가게 하여 이소저 용모를 보게 할거야(李家女子 手才如此 必非常人也 吾欲使侍婢 隨往女童 求見李小姐容貌矣(노존A본, 233면))라고 한 것 등도 그러하다.

그외 태후(太后)나('必欲親見其容貌 使公主設計 而率來矣'(노존A본, 238면), '一接丰容 心乎愛矣'(노존A본, 243면)) 심지어 궁녀들도('吾以爲萬古嬌艶 惟吾貴主而已 豈料復有鄭小姐乎'(노존A본, 239면)) 그런 경향을 보인다.

이렇게 『구운몽』은 다른 사람의 얼굴을 보고 매혹을 느끼는 경우를 거듭 소개하고 있다. 모두 색(色) 중 특히 사람의 외모에 대한 집착이 느낌[受]을 만들어내고 그것에 연하여 갈애[愛]가 생겨난다는 것을 부각시킨 대목으로 볼 수 있을 것이다.

22) 소리에 대한 집착 역시 강하다. 도인은 양소유에게 현금(玄琴)과 백옥통소(白玉洞簫)를 주면서 '뒷날 반드시 쓰일 데가 있으리라(日後必有用處)'(노존A본, 178면) 예언한다. 양소유는 그것들로써 정경패와 만나고 난양공주와도 만난다. 소리가 갈애[愛]를 만드는 데 일조하는 것이다. '통소 한 곡으로 백년의 숙연(宿緣)을 증거한다'(以洞簫一曲 驗百年

그외도 번다하게 열거할 수 있겠지만, 일단 이것들은 불교에서 말하는 색 · 성 · 향 · 미 · 촉 · 법이란 육경(六境)을 대표하는 것들이다. 여덟 선녀가 떠나자 성진은 우두커니 서서 목을 빼고 그 아득한 곳을 바라본다. 성진이 이 순간 육촉입에 얼마나 강렬하게 빠져들었는가를 강조한 모습인 것이다.[23] 선방으로 돌아왔는데도 목소리가 귀에 은은하고 아름다운 자태가 눈에 삼삼하다. 잊으려 해도 잊기 어렵고 생각지 않으려 해도 생각이 난다. 정신이 황홀하여 우두커니 앉아 있으니[24] 생각은 점점 더 나아간다.

> 사나이 세상에 태어나 어려서 공맹의 책을 읽고 어른이 되어 요순 같은 임금을 만나 나아가서 삼군의 장수가 되고 들어와서는 뭇 신하의 우두머리가 되어 몸에는 비단도포를 입고 허리에는 자주 인끈을 차서 임금께 읍양하고 백성을 이롭게 하며 눈으로 어여쁜 여색을 보고 귀로는 오묘한 음악을 들어 빛나는 영광이 당대에 으뜸이요 공명이 후세에 이어지니, 이것이 진정 대장부의 일이다.[25]

之宿緣(노존A본, 239면))라는 난양공주의 모친 태후(太后)의 말이 이와 관련하여 범상하지 않다.

23) 김만중은 남녀가 서로 이끌리는 것이 육근(六根) 중 어느 것 때문인지에 대해 다음과 같은 견해를 진술했다. '佛氏以眼耳鼻舌身意爲六根 色聲香味觸法爲六塵 見聽嗅嘗覺知爲六識 未知男女之慾 當屬於眼根乎 將屬於身根乎 抑當以色婬分屬於兩根乎 如慾覈實而言之 則六根之外 直添器一根 而以偶爲塵 以合爲識 然後爲精確也 經藏之不及 意以其媟而不慾言之也'(『서포만필』, 일지사, 1987, 394~395면)

24) '自見八仙女之後 嫩語嬌聲 尙留耳邊 艶態姸姿 猶在眼前 欲忘而難忘 不思而自思 神魂怳惚 悠悠蕩蕩 兀然端坐 默念於心'(노존A본, 170면)

25) '男兒生世 幼而讀孔孟之書 壯而逢堯舜之君 出則三軍之帥 入則爲百揆之長 着錦袍於身 結紫綬於腰 揖讓人主 澤利百姓 目見嬌艶之色 耳聽幻妙之音 榮輝極於當代 功名重於後世 此固大丈夫之事也(노존A본, 170면)' 이 점은 양소유가 말년에 황제에게 올린 乞退疏와 은둔하기 직전 여덟 여인들에게 한 말에서 재확인된다. '臣窃伏以人臣之落地而願者 不過曰將相也 曰公侯也 官至將相公侯 則無餘願矣 父母之爲子而祝者 不過曰功

성진은 자기 사념(思念) 속에서 서서히 새로운 사나이로 태어나고 있는 것이다. 그 중심에 '어여쁜 여색을 보고'가 놓여있다. 그 말은 여덟 선녀에 대한 애착이 확장되어 위와 같은 유가 사대부의 일생이 구성되었다는 뜻이 되겠다.

> 사량하거나 망상하면 곧 부림(使)에 반연하여 식별의 머무름이 있다. 반연하여 식별이 머무르기 때문에 이름과 색에 들어가고, 이름과 색에 들어가기 때문에 미래 세상의 남 · 늙음 · 앓음 · 죽음과 근심 · 슬픔 · 번민 · 괴로움이 있나니, 이리하여 아주 커다란 괴로움의 무더기가 집기하느니라.[26]

'사량', '망상'은 분별하는 식(識)을 일으키고 그것이 명색(名色)에 들어가서 남[生]을 있게 한다는 것이다. 이 중간 과정은 다음처럼 더 자세하게 설명된다.

> 여섯 가지 감각기관이 있다. 여섯 가지 감각기관을 연하여 부딪침[觸]이 있고, 부딪침을 연하여 느낌[受]이 있으며, 느낌을 연하여 갈애[愛]가 있고, 갈애를 연하여 집착[取]이 있으며, 취함을 연하여 존재[有]가 있고, 존재를 연하여 남[生]이 있으며, 남을 연하여 늙음 · 앓음 · 죽음과 근심 · 슬픔 · 번민 · 괴로움이 있나니, 이리하여 아주 커다란 괴로움의 무더기가 집기하느니라.[27]

名也 曰富貴也 身致功名富貴 則無餘望矣'(노존A본, 276) '少遊以河東一布衣 恩承聖主 位致將相 且與諸娘子相遇 厚意深情 至老益密'(노존A본, 279)

26) 『한글아함경』 『잡아함경』 제14권, 동국대 출판부, 2003, 601면.

명색(名色)－여섯가지 감각기관[六入][28)]－부딪침[觸]－느낌[受]－갈애[愛]－집착[取]－존재[有]－남[生]－늙음과죽음[老死]으로 이어지는 12연기의 사이클이 만들어지는 것이다. 성진은 생각이나 망상 속에서 여덟 선녀를 만나 여인에 대한 갖가지 느낌을 가지게 되었고, 그 결과 아름다운 여인에 대해 이끌리게 되었다. 연화도량에 돌아와서도 여덟 여인의 형상이 보이게 된다. 성진이 여덟 선녀를 만나 갖게 된 감각접촉과 느낌은 곧 갈애를 만들었고 마침내 집착이 생겼고 이어 존재로 되어갔고 태어남의 지경에 이르게 된 것이다. 물론 성진은 자신이 이러한 과정을 따라가고 있다는 사실을 어느 정도 관(觀)하기는 하였다. 사심(邪心)이 생겨났다는 걸 살피고는 향을 피우고 가부좌를 틀어 정신을 수습하고 천불(千佛)을 염송하며 스스로 반성하기도 한다.[29)] 그러나 세속 여색과 부귀에 대한 성진의 집착은 걷잡을 수 없이 나아갔고 성진 스스로가 자기 사심을 살핀다는 것이 그런 사념의 실현 과정에 제동 역할을 하지 못했다.[30)]

바로 이때 육관대사가 성진을 소환한다. 성진의 마음과 사념의 방향을 꿰뚫어 보았던 육관대사는 세속적 욕망에 대한 성진의 마음가짐[31)]을 꾸중할 뿐만 아니라 그에 대한 반성의 철저하지 못함을 질책

---

27) 위의 책, 『잡아함경』 제15권, 601면.
28) 안, 이, 비, 설, 신, 의의 육근이 갖추어진 것.
29) '我出家十年 曾無半點苟且之心矣 邪心忽發 今乃如此 豈不有放於我之前程乎'(노존A본, 170면)
30) '집착의 감정은 생각을 할 수 있는 모든 중생에 공통되는 본능이며, 특히 집착은 밖[外處]을 향해 생각을 하면 할수록 강해진다. 사유력 때문에 감각대상들의 그 다양한 맛들을 더욱더 즐기게끔 된다. 그리고 맛에 착(着)할수록 집착의 굴레도 더 강해진다'(붓다다싸, 『명상의 열매』, 고요한소리, 2000, 15면)
31) '初旣蠱心於美色 旋且留意於富貴'(노존A본, 171면)

한 셈이다. 물론 이 부분도 성진의 생각 속에서 구성된 것이다.

육관대사의 질책은 점진적이다. 즉 성진은 갑자기 양소유로 환생하지 않는다. 그렇다고 성진이 꿈을 꾸는 것도 아니다. 만일 성진이 꿈을 꾸게 되고 그 꿈 속에서 양소유라는 다른 사람으로 태어났다가 그 꿈에서 깨어나면서 성진으로 다시 돌아오는 투로 설정되었다면, 『구운몽』은 '현실에서의 인간의 일생은 꿈처럼 허망한 것이다'라는 삶에 대한 통속적 허무감을 암시적으로 기술한 작품에 지나지 않게 된다. 그게 사실이라면 『구운몽』을 결코 불교적 가르침을 실천한 작품이 될 수 없고 또 명작이라 보기도 어려울 것이다. 그러나 『구운몽』은 그런 통속적 서사와는 분명 다른 차원을 보여준다. 환생의 과정이 실감나게 제시된다는 점에서 먼저 그러하다.

> 네가 용궁으로 갔다가 술에 취해 돌아오는 길에 석교에 이르러 여자를 만나 언어수작을 하고 꽃가지 꺾어 주며 서로 희롱하였고 돌아와서도 여전히 그에 연연하고 있다. 처음 미색에 마음이 어지럽혀지고 나아가 부귀에 뜻을 두고 세속 번화를 흠모하여 불가의 적멸을 혐오하게 되었으니 이는 삼행(三行) 공부가 일시에 궤멸된 것이로다.[32]

육관대사는 성진의 마음 변화를 정확하게 읽고 그 마음의 지향이 쉽게 그치지 않을 것을 지적했다. 그리고 그런 이유로 더 이상 그곳

32) 汝往龍宮 飮酒而醉 歸到石橋 邂逅女子 以言語酬酌 折贈花枝 與之相戱 及其還來 尙且繾綣 初旣蠱心於美色 旋且留意於富貴 慕世俗之繁華 厭佛家之寂滅 此三行工夫 一時壞了(노존A본, 171면)

에 머물 수 없음을 천명했다. 수행자가 수행 공간에 머물 수 없다는 것은 수행자의 죽음을 의미한다. 이에 성진은 읍소하며 자신을 변명하고 연화도량에 계속 머물 수 있게 해달라 호소한다. 악념(惡念)이 한 찰나(刹那)간에 일어난 것이며 바로 돌이켰다고 해명한다. 그리고 12세에 부모 여의고 출가하여 육관대사에게 의탁했으니 육관대사와 자기는 아버지와 아들과 다름없다고[33] 강조한다.

연화도량은 성진의 수행처이다. 그곳을 떠나라는 육관대사의 말은 성진이 죽으라는 말과 다름없다. 그래서 성진이 거기서 계속 머물 수 있도록 해달라 간절히 호소하는 것은 사람이 죽기 직전 마지막 생명에 집착하는 것을 연상시킨다.[34] 더욱이 성진은 선가의 통념상 사람으로 태어나 할 수 있는 가장 고귀한 일을 하고 있는 수행승이지 않은가.[35] 성진이 연화도량에 집착하는 것은 당연하다.

그런 점에서 성진에게는 모순적인 두 지향이 공존해 있다. 연화도

33) '言其義 則無異生我育我 語其情 則所謂無子有子 父子之恩深矣'(노존A본, 171면)

34) 이와 관련하여 죽음의 순간에 대한 다음과 같은 설명법이 참고될 만하다. '유정물(有情物)의 세계에서 동기를 유발시키는 가장 강력한 힘은 욕망 혹은 갈망이다. 그것은 딴하(tanh, 愛)라고 부른다 …… 그런데 이 딴하 혹은 갈애에는 세가지 특수한 상(相)이 있으며 그중 하나가 존재에 대한 갈망(cravings for existence, 有愛)이다 …… 살고 싶다는 이 강력하고 끈질긴 욕구 혹은 갈망으로부터 방출되어 축적된 에너지가 바로 그 다음 존재를 위해 필요한 조건들을 죽어가는 사람에게 끌어당겨주는 수단이 된다 …… 살겠다는 의지가 그를 다시 살게 한다. 그때 그는 정신적으로 또 다른 존재를 움켜쥐게 된다.(구나라뜨나, 『우리는 어떤 과정을 통하여 다시 태어나는가-재생에 대한 아비담마적 해석』, 고요한소리, 1980, 27~29면)

35) 『범망경(梵網經)』 序에 이런 구절이 있다. '人身難得 諸佛難遇 正法難聞 衆僧難値'(『범망경』, 영남대 도남문고) 또 성진을 맞이한 염라왕도 성진이 연화도량에서 수행을 성공적으로 행하여 지장왕 향안에 그 이름을 올렸기에 대도를 이루었다고 생각하고 그를 높이 평가하였다.(指性眞而言曰 上人之身 雖在於南岳山蓮花之中 上人之名 已載於地藏王香案之上矣 寡人以爲上人得成大道 一陞蓮座 則天下衆生 必將普被陰德矣 今因何事辱至於此乎(노존A본, 172면))

량에서 계속 남아 수행하여 불도를 이루고자 하는 지향과 죽어서 사대부로 다시 태어나 부귀영화를 누리려는 지향이다. 두 지향은 성진의 사념 속에서 꿈틀거리며 뒤섞이고 있다.

대사가 성진을 연화도량으로부터 축출하려 하자 성진은 "이곳을 두고 어디로 간다 말입니까"[36]라 물었다. 이에 육관대사는 "네가 스스로 가고자 해서 내가 가라 명했으니 네가 머물고자 했다면 누가 너를 가게 하겠는가. 또 네 스스로 '제가 어디로 갑니까' 했는데, 네가 머물고자 하는 곳이 바로 네가 돌아갈 수 있는 곳이니라"[37]라 답한다. 즉 성진은 자신이 가고 싶다고 생각한 곳으로 가게 되니 모든 변화나 윤회의 출발이 성진의 사념과 마음에 있다는 뜻이다.[38] 육관대사는 그러한 변화를 '윤회의 고통'[39]이라 규정했다.

이상을 통해 볼 때, 성진→양소유의 서사 진행과정에는 사념의 실현과 환생의 성립이라는 두가지 원동력이 작용한다고 할 수 있다. 사람은 한 심찰나(心刹那)[40] 동안 온갖 사념을 다 하게 되는데, 그 사념이 그대로 실현된다. 그리고 윤회의 경우, 죽는 순간 사람이 갖게 되는 갈애에 의해 다음 생이 결정된다. 성진은 연화도량으로부터 축

---

36) '捨此何之'(노존A본, 171면)

37) '汝自欲去 吾令去之 汝苟欲留 誰使汝去乎 且汝自謂曰 吾何去乎 汝所欲往之處 則汝可歸之所也'(노존A본, 171면)

38) 마음 혹은 사념이 삶을 이끌어간다는 것은 『상응부』 「유게편(有偈篇)」 및 「제천상응(諸天相應)」에서 부처가 하신 다음과 같은 가르침에 요약되어 있다. '이 세상을 이끄는 것은 마음이다. 세상은 마음에 의해 끌려간다. 바로 마음이 그 모든 것 위에 있어 무엇이든 원(願)대로 한다.'(구나라뜨나, 앞의 책, 26)

39) '一番輪回之苦 烏得免乎'(노존A본, 171 면)

40) 부처는 마음의 변화만큼 빠른 것이 없다 했다. 『아타살리니(勝義說)』에는 '물질의 한 단위가 일어나 지속되는 동안 16개의 심찰나(心刹那)가 일어났다 흩어지는데, 어떤 예를 든다 해도 그들이 차지하는 시간의 짧음을 표현할 수는 없다'고 했다.(구나라뜨나, 앞의 책, 34~35면)

출된다는 통보를 받자 육관대사에게 마지막 간절한 호소를 하는데 여기서 두 모순적 방향으로의 갈애와 집착이 나타나는 것이다.

「노존사남악강묘법(老尊師南嶽講妙法) 소사미석교봉선녀(小沙彌石橋逢仙女)」의 후반부에는 성진의 죽음과 환생을 보여주거나 암시하는 장면이 거듭 나타난다. 먼저 성진이 염왕에게 잡혀간다는 것이 그러하다. 그 다음 장면은 탄생의 과정을 묘사하는 것이라 보아야 한다.[41] 즉 성진은 사자를 따라서 어느 인가에 도착하는데 거기서 여인들의 말을 엿듣는다. 양처사 부인이 쉰 살 이후에 아이를 낳았는데 울지 않는다는 것이다. 육신이 탄생하였는데 아직 혼은 붙지 않은 단계이다. 그 말을 듣고 성진은 다음과 같이 묵상(默想)한다.

> 지금 내가 윤회하여 인간 세상에 태어나고 있는데 이 형신(形身)을 살펴보니 다만 정신 뿐이구나. 그렇다면 골육(骨肉)은 연화봉에 있다가 이미 화장되었을 게지. 나는 연소한 고로 제자도 못 길렀으니 그 누가 나의 사리를 수습해줄거나[42]

성진의 혼은 연화도랑의 자기 육신으로부터 벗어나 다음 생의 육신에 깃들기 위해 준비하고 있는 단계이다. 그 단계에서도 사념은 계

---

41) 이에 대해 김병국 교수는 정신분석학적인 해석을 시도했다. 즉 '인간이 처음 그 모태의 신비스러운 안식처로부터 이 소란한 세상에 태어나는 순간의 처절한 공포를 가장 실감나게 그려주고'있다고 보았다. 그리고 작가론의 입장에서 '김만중은 『구운몽』의 창작을 통해 그 자신의 기구한 탄생 체험을 다시 경험함으로써 그의 퇴영적 불안심리를 극복하려 한 것이었을까?'라고 조심스런 추정을 하였다.(김병국, 『서포 김만중의 생애와 문학』, 서울대 출판부, 2001, 12~14면) 이런 해석은 전생까지는 인정하지 않은 것이다.

42) '今者我當輪生於人世 而顧此形身 只箇精神而已 骨肉正在蓮花峰上 已火燒矣 我以年少之故 未畜弟子 更有何人 收我舍利'(노존A본, 173면)

속된다. 그러나 사념의 방향은 이미 정해졌다. 성진의 사념 속에서 연화도량의 육신은 화장되어 재가 되었지만 이 세상의 새 육신은 이제 막 탄생하였기 때문이다. 이는 죽는 과정에 대한 불가의 설명과 거의 일치한다.[43] 그리고 사자는 성진에게 전생의 인연으로 이 집안에 태어났음을 분명하게 말해준다.[44]

성진은 아기의 몸으로 태어난 뒤에도 여전히 연화도량의 일을 기억하지만 점점 자라매 전생의 일은 잊어버리게 된다. 이 말은 성진의 전생이 양소유의 의식 깊은 곳에 저장되어 있다는 뜻이 된다.

그 뒤로도 작자는 양소유로의 환생이 성진의 사념에서 비롯된 것임을 이따금 지적한다.[45] 그래서 양소유는 성진으로부터 완전하게 단절되지 않게 된 것이다. 그리고 독자들도 양소유의 인생역정을 따라가면서 거듭 성진을 환기하게 된다.

요컨대 성진→양소유의 과정에는 성진의 사념 실현이란 맥과 성진의 환생이란 맥이 공존하고 있다. 그중 성진의 사념 실현이란 면이 더 포괄적이어서 환생을 포함하고 있는 형국이다. 성진은 한 심찰나의 자기 사념 속에서 스스로 양소유로 환생하였다고 하겠다. 이것은 이 세상을 이끄는 것은 마음이라는 『상응부』의 가르침에 부합하는 설정이다.

---

43) 구나라뜨나, 앞의 책 참조.

44) '汝以前生之緣 爲此家之子'(노존A본, 173면)

45) 가령 '盖以前世修行之人 心竇洞澈 胸海恢廓 觸處瀜解 如竹迎刃 非凡流俗士之比也'(노존A본, 174면), '此雖諸人盛德 能致一家 而盖當初九人 在南岳時 其發願如此故也'(274면), '且與諸娘子相遇 厚意深情 至老益密 非前生未了之緣'(279면)

4. 환생 극복으로서의 사념 실현 – 양소유에서 성진으로

궁벽한 시골의 서생이었던 양소유는 입공하여 승상이 되고 공주의 남편이 된다. 양소유의 부귀공명은 이미 예정되어 있어서 양소유 자신도 거부할 수 없다.[46] 승상과 부마라는 두 직위는 그가 신분상승과 애욕충족에서 최고 수준에 도달했음을 말해준다. 특히 양소유의 삶에 대한 서술의 거의 대부분은 양소유가 여덟 여인과 만나 애욕을 성취해가는 과정에 할애되었다. 이 과정에 12연기의 식(識), 명색[境], 6입[根], 촉(觸), 수(受) 등의 요소가 순간적으로 혹은 계기적으로 작용했다. 이 과정은 여덟 선녀를 흠모한 성진의 사념에서 출발한 것이다. 양소유로의 일생은 성진의 사념대로 실현되었다.

「부마벌음김치주 성주은차취미궁(駙馬罰飮金卮酒 聖主恩借翠微宮)」에서 작자는 벌주 마시기로 가정의 화락한 분위기를 장황하고도 다채롭게 연출한 뒤 그렇게 일가(一家)가 조화롭게 살게 된 것은 '당초 9인이 남악에 있을 때 그 발원이 이와 같았던 까닭이다'[47]라며 비로소 사념 혹은 발원이 양소유와 이처육첩의 삶을 초래했음을 확인하였다. 작자 자신도 양소유의 삶을 서술하면서 시종 성진의 사념과 발원을 의식했다는 증거이다.

애욕의 성취는 양소유에 국한되지 않고 여덟 명의 상대여성들에

---

46) 양소유는 구사량(仇士良)의 난리를 피하려다 도인(道人)을 만나는데 그 도인에게 제자가 되어 남겠다 하니 도인은 '인간 부귀가 스스로 그대에게 닥쳐오고 있으니 그대는 그것을 면할 수가 없도다'(人間富貴 自來偪君 君將不可免也(노존A본, 178면))라 하는데, 이 말에 양소유 일생의 성격이 압축되어 있다.

47) '當初九人 在南岳時 其發願如此故也'(노존A본, 274면)

게 그대로 나타나고, 심지어 양소유를 낙유원(樂遊原) 잔치에 초대하는 월왕(越王)에게서도 과장적으로 나타난다. 월왕의 초대장을 읽어본 난양공주는 월왕이 유한공자(遊閑公子)로서 좋아하는 것은 오직 미색(美色)과 풍악(風樂) 뿐이라고 소개해준다. 그러니 낙유원 잔치는 색(色) 성(聲) 미(味) 등 감각대상에 대한 욕망 추구의 극치를 보여주며 성진의 사념에서 시작된 여덟 선녀와의 인연이 세속적으로 실현된 모습의 성격을 총체적으로 보여주는 단계라 할 수 있다.

그런데, 성진이 간절히 꿈꾸던 욕망을 다 충족한 양소유는 이제 반대로 성진이 대변하는 승가의 삶을 추구하기 시작한다. 이미 양소유는 꿈 속에서나마 용궁과 남악형산을 찾아가게 되었는데, 특히 남악형산은 성진이 살던 곳이다. 천암만학이 어우러져 있는 남악형산을 바라보며 양소유는 '전쟁 통에 고통이 쌓여 정이 피폐해지고 정신도 피곤해졌도다. 이몸이 티끌 세상과 맺은 인연은 이리도 무거운고? 어찌하면 공을 이루고 물러나 초연히 물외의 사람이 될 수 있을까?'[48]라 한탄한다. 양소유의 사념 속에서 서서히 세속을 벗어나서 남악형산의 연화도량으로 돌아가려는 지향성이 생겨난 것이다. 양소유는 그때 육관대사를 만나게 되는데, 육관대사는 '오늘은 원수께서 영원히 돌아올 날이 아니지요'[49] 하며 돌려보낸다. 성진 세계에 대한 양소유의 사념 정도가 아직 충분하지 못하기 때문일 것이다.

이와같이 양소유는 조금씩 성진의 세계를 사념하는데, 그 말년에

48) '積苦兵間 獘情勞神 此身塵緣 何太重耶 安得功成身退 超然作物外之人也'(노존A본, 30면)
49) '今番非元帥永來之日'(노존A본, 230면)

가까이 갈수록 더 자주 삶을 반성하고 세속 초월 의지를 드러낸다. 먼저 걸퇴소(乞退疏)를 올렸다. 그러나 천자는 양소유의 풍채가 더 새로워지고 정력도 여전히 왕성하다며 허락하지 않았다. 서술자는 양소유가 그렇게 보이는 까닭 중의 하나로 '승상이 전세의 불문 제자였'[50]기에 수련법을 많이 알고 있다는 것을 들었다.

그 뒤 양소유는 천자의 배려로 옛날 현종(玄宗)의 피서지인 취미궁(翠微宮)으로 옮겨간다. 거기서 만년의 청한지복(淸閑之福)을 누린다. 어느 중추 보름날 밤에 여러 자녀들이 잔치를 열어 헌수했는데, 그들이 다 돌아간 뒤 양소유는 옥소를 구슬프게 분다. 여인들이, '옥인이 자리를 가득 채우고 있는 것은 역시 인생의 즐거운 일 텐데 퉁소소리가 심히 애닯'은 이유를 묻자 양소유는 그간 살아온 날들을 회고한다. 그것은 완전한 자기진술이다.

나는 하동의 한 포의로 성주(聖主)의 은혜를 입어 지위가 장상에 이르렀고 여러 낭자들과 만나 두터운 정이 나이가 들수록 더 돈독해졌으니 전생의 인연이 없었다면 여기에까지 이르지 못했을 것이라오. 남녀는 인연으로 만나 인연이 다하면 돌아가는 것이니 그것이야말로 하늘의 정해진 이치겠지요. 우리들이 돌아간 후 높은 누각 넘어지고 넓은 연못 메워지며 오늘 춤추고 노래한 곳에는 거친 풀이 돋아나고 찬 안개 일 것이니 나무꾼 목동들 슬픈 노래 부르며 탄식하길, '이곳이 양승상과 여러 낭자들이 놀던 곳인데, 대승상의 부귀풍류와 여러 낭자들의 옥용화태(玉容花態)가 어느덧 적막으로 변했도다'라 할 것이겠지요. 이를 보면 인생이란 눈 한

50) '丞相以前世佛門高弟'(노존A본, 277면)

> 번 깜짝할 순간의 일이 어찌 아니겠소? 천하에 삼도가 있으니 유도와 선도 그리고 불도이라오. 삼도 중에 불도가 가장 높으니 유도는 완전하게 되어도 윤기를 밝히고 사업을 귀하게 하여 후세에 이름을 남기게 할 따름이요, 선도는 허황함에 가까워 자고로 많은 사람들이 추구했으나 끝내 얻지 못했다오. …… 나는 장차 장자방을 본받고 적송자를 좇아 도를 추구하기 위해 집을 나가 남해 관음을 찾고 의대에 올라 문수보살께 예불하여 불생불멸의 도를 얻어 티끌 세상의 고해를 벗어나려 한다오.[51)]

지금까지의 자기 삶을 되돌아본 양소유는 유독 여러 여인들과 만나 깊은 정을 나누었으며 늙어갈수록 그 정이 더 돈독해지는 것을 전생 인연의 힘으로 보았다.[52)] 이는 양소유의 입장에서 볼 때, 단순한 수사가 아니라 자신이 성진과 여덟 선녀와의 전생 일을 기억하기 시작한 데서 온 진지한 표현일 것이다.[53)]

---

51) 少遊以河東一布衣 恩承聖主 位致將相 且與諸娘子相遇 厚意深情 至老益密 非前生未了之緣 必不及於是也 男女以緣而會 緣盡而歸 乃天理之常也 吾輩一歸之後 高臺自頹曲池且堙 今日歌殿舞榭 便作衰草寒烟 必有樵竪牧童 悲歌暗歎 往來而相謂曰 此乃楊丞相 與諸娘子 所遊之處 大丞相富貴風流 諸娘子玉容花態 已寂寞矣 人生到此 則豈不如一瞬之頃乎 天下有三道 曰儒道 曰仙道 曰佛道 三道之中 惟佛最高 儒道成全 明倫紀貴事業 留名於身後而已 仙道近誕 自古求之者甚多 而終未得之 … 我將效張子房 從赤松子 棄家求道 越南海 尋觀音 上義臺 禮文殊 得不生不滅之道 欲超塵世之苦海(노존A본, 279면)

52) '非前生未了之緣 必不及於是也.'(노존A본, 279면) 여덟 여인도 마찬가지다. 「부마벌읍김치주 성주은차취미궁」에서 여인들은 관음화상 앞으로 가서 결위형제(結爲兄弟) 하는데 그 축문의 수신자가 남해대사(南海大師)이다. 육관대사의 연화도량을 지향하는 것이 아닐 수 없다. 이들은 같은 집에서 같이 살게 된 것이 전생지숙연(前生之宿緣) 때문임을 다시 환기했고 자기들이 100년 후에 함께 극락세계로 돌아갈 수 있도록 해달라고 남해대사에게 간청한다.

53) 성진과 여덟 선녀의 전생 일은 이미 심요연에 의해 환기된 바 있다. 심요연은 토번국 찬보의 명을 받은 자객으로서 양소유의 진으로 잠입하지만 양소유를 살해하기는커녕 오히려 자기 선생에게서 들은 양소유와 자기의 전생의 인연(師曰 汝之前世之緣 在於大唐國

양소유는 지나온 삶에 대한 완전한 자기진술을 근거로 하여 이념적이고도 종교적인 성찰을 시작한다. 그 결과 유가의 '명윤기(明倫紀)'를 최우선적인 것으로 생각하지 않게 되었다. 사실 양소유는 세상을 이념과 윤리의 척도로 재단하고 거기에 맞게 개조하려는 의지를 가지지 않았다.[54] 그리고 죽은 뒤에 이름을 남기는 것이 그리 대단한 것은 아니라는 생각에 이르러 유가적 삶을 넘어서려 한다. 양소유는 그곳 취미원으로 온 뒤부터 밤마다 잠이 들면 꿈 속에서 자기가 부들방석에 앉아 참선을 하는데 그게 불가와 인연이 있기 때문일 것이라고도 고백했다.[55] 그것은 양소유로 환생하기 직전의 성진이 망상을 극복하기 위해 향을 사르고 부들방석에 앉아 가부좌를 틀고 부처를 염하던 장면[56]에 대한 환기이기도 하다. 이러한 양소유의 자세는 '빛나는 영광이 당대 으뜸이요 공명이 후대에 이어진다' 하는 대장부의 삶을 간절히 연모했던 성진의 생각과는 정반대가 된다. 마침내 양소유는 불가적 삶을 선택한다.[57]

而其人大貴人也 …… 吾所以敎汝劍術者 欲使汝 因此小技 得逢貴人 汝他日當入百萬軍中 得成好緣於戎馬之間矣(노존A본, 223면))을 말해주고 양소유 곁에 남는다.

그리고 백능파의 운명을 점쳐준 장진인(張眞人)도 백능파의 전생이 선녀이고 죄를 지어 적강하여 용왕의 딸이 되었지만 필경 사람의 형체를 다시 얻어 부귀영화를 다 누릴 것이라 했다.(此娘子前身 卽仙女也 因罪謫降 爲王之女 而畢竟復得人形 爲人間貴人之姬妾 享富貴榮華之樂(노존A본, 226면))

54) 이강옥, 「『구운몽』과 『육미당기』에 나타난 세속적 삶의 두 모습과 그것의 극복 방식」, 『국문학과 불교』(고전문학연구 별집 6), 한국고전문학회, 1997, 386면.

55) '吾自致仕來此之後 每夜着睡 則夢中必參禪於蒲團之上 此必與佛家 有緣也'(노존A본, 279면)

56) '遂自爇栴檀 趺坐蒲團 振刷精神 輪盡項珠 方靜念千佛矣'(노존A본, 170면)

57) 불가적 삶에 대한 지향은 이미 정경패와 가춘운에 의해 언명된 바 있다. 즉 정경패와 가춘운은 양소유가 공주와 결혼하라는 황제의 엄명을 받고 고민하고 있던 상황에서 충격을 받고 공문(空門)에 의탁하여 세세생생 여자의 몸은 되지 않으리라 부처님 전에 빌겠다 했다.(小姐已有定計 長在吾老爺及夫人膝下 待過百年之後 潔身斷髮 去托空門 發願於佛前 世世生生 誓不爲女子之身 春雲蹤跡 亦將如斯而已(노존A본, 220면)) 정경패는 그뒤

양소유가 이런 생각을 굳히고 이처육첩의 동의를 얻는 순간 육관대사가 나타난다. 세속세계의 인물인 양소유와 초세속세계의 인물인 육관대사가 공존하게 된 것이다. 양소유의 사념이 세속과 초세속의 경계를 허물었다고도 할 수 있다. 양소유는 처음 육관대사를 못 알아보고 "사부께서는 어디서 오셨소?"[58]라 묻는다. 그러자 육관대사가 "승상은 평생 고인을 못 알아보시오? 귀인은 무얼 잘 잊어버린다더니 과연 그렇군"[59]라며 주의를 환기한다. 양소유가 그를 자세히 본다. 그제서야 어디서 본듯한 느낌이 들었지만 분명한 기억이 나지 않는다. 그러다 토번 정벌에 나섰을 때 꿈 속에서 용궁으로 갔다 돌아오는 길에 노승을 만났는데 육관대사가 바로 그 노승이라는 사실만을 깨닫는다. 양소유가 여전히 세속적 삶에 대한 집착을 벗어버리지 못하고 있기에 그 노승이 성진 자신을 꾸중하던 육관대사라는 사실을 분명하게 깨닫지 못한 것이다. 이에 육관대사는 "옳지 옳지. 그러나 다만 꿈 속에서 단 한번 본 것은 기억하고 (생시에) 10년 동안 함께 산 것은 기억 못하구나"[60] 하고 대꾸한다. 이 충격적인 말에 대해서도 양소유는 여전히 자기 일생만 되돌아볼 뿐이다. 환생하기 전 성진의 존재를 기억해내지 못하는 양소유를 향해 육관대사는 "승상은 아직 혼몽에서 깨어나지 못했군"[61]라는 말을 던진다. 그리고 지팡이

발원 축문을 써서 가춘운으로 하여금 사관(寺觀) 부처님께 바치게 한다. 그 내용도 위와 비슷하다. 백능파의 운명을 점쳐준 장진인(張眞人)도 백능파가 끝내 불가에 귀의하여 대선(大禪)이 되리라(終歸佛家 永爲大禪矣(노존A본, 226면)) 예언했다.

58) '師傅來從何處乎'(노존A본, 280면)

59) '丞相不解平生故人乎 曾聞貴人善忘 果是矣'(같은 곳)

60) '是矣是矣 然只記夢中之一見 而不記十年之同處'(같은 곳)

61) '丞相尙未醒昏夢矣'(같은 곳)

로 난간을 두드려 흰구름을 일으켜 암흑의 세계를 만든다. 여전히 양소유는 '취몽(醉夢)' 중에 있는 듯하다. 그리고 큰 소리로 "사부께서는 정도로 저를 가르치시지 않고 어찌 환술로써 희롱하십니까!"[62]라 소리친다. 큰 충격을 받았음에도 불구하고 여전히 자신을 '소유'라 지칭한다.

서서히 구름이 걷히고 주위 사람들이 사라지는데 그제서야 놀라고 당황하여 자신이 연화도량에 있는 성진임을 깨닫는다.[63] 그런데 이 단계에서 성진은 양소유의 세계를 '회념(回念)'한다. 이는 환생 전 성진이 양소유의 세계를 '사념(思念)'한 것과 반대 방향이다.[64]

회념의 결과 성진은, 육관대사에게 불려갔다 풍도로 끌려가고 인간세상에 '환생(幻生)'하여 장원급제하고 한림학사가 되어 삼군의 장수가 되고 뭇 신하들을 거느리다 걸퇴소를 올리고 두 공주 여섯 낭자들과 나눈 신혼행락(晨昏行樂)이 모두 '일장춘몽(一場春夢) 중의 일'이었다 판단한다.

요컨대 양소유→성진의 과정에는 양소유의 사념의 실현이란 성격이 압도적으로 강하다. 물론 더 정확하게 말하면 성진의 사념 속에 존재하던 양소유의 사념이 실현된 것이다. 반면 환생의 성격은 거의 나타나지 않는다.

여기서 역설을 발견할 수 있다. 성진→양소유 단계에서 성진은 아주 젊은 청년으로 형상화되어 있다. 성진에게서는 생을 이끌어가

---

62) '師傅不以正道 指敎少遊 乃以幻術相戱耶'(같은 곳)
63) '旣久忽覺 其身是蓮花道場性眞和尙也'(노존A본, 280면)
64) 이에 대해서는 이강옥, 앞의 논문, 383면 참조.

는 자신감과 생동감이 느껴진다. 그런 성진을 죽게 만든다는 것은 자연스럽게 느껴지지 않는다. 반면 양소유→성진 단계에서 양소유는 인생을 마무리해야 할 늙은이다. 이때의 양소유에게서는 죽음을 앞둔 노인의 쓸쓸함과 허무감이 베여난다. 그러나 이 단계는 환생보다 사념 실현의 분위기를 더 강하게 풍긴다. 그래서 양소유는 죽지 않는다. 젊은 성진은 죽지만 늙은 양소유는 죽지 않고 젊은이로 되돌아오는 것이다. 이는 통념과 반대되는 상황이다. 사념의 실현과 환생이라는 두 서술의 맥이 만들어낸 이런 상황은 작자가 의도한 바일 것이다. 선입견이나 통념적 기대와는 반대로 꾸려지는 이야기는 그만큼 독자들에게 큰 자극을 주어 통념과 선입견을 깨뜨리고 한 차원 더 높은 사유를 하게 만든다. 이 부분은 현실 인물로 설정된 성진을 초월적 인물로 느껴지게 만들고 가상적 인물로 설정된 양소유를 현실적 인물로 느껴지게 만든 작자의 기법[65]과 이어지는 것이다. 이 점에 대해서는 다음 장에서 상술한다.

5. 깨달음을 위한 서사적 장치

돌아온 성진과 육관대사의 대화는 『구운몽』의 사념 실현과 환생의 의미를 이해하는 데 가장 중요한 부분이다. 돌아온 성진은 자기가 꿈에서 깨어났다고 생각하기도 하고 윤회를 겪었다 하기도 한다. 성

65) 이에 대해서는 조동일, 「『구운몽』과 『금강경』, 무엇이 문제인가」, 『김만중연구』, 새문사, 1983, III-17면 참조.

진 스스로에게도 양자는 혼동되고 있는 것이다. 성진은 먼저 육관대사가 자신으로 하여금 하룻밤의 꿈을 꾸게 하였다가 깨어나게 해주어 자신을 깨닫게 해주었다며 육관대사에게 감사한다. 이에 대해 육관대사의 설법이 시작된다.

> 대사 가로되, 네 흥에 따라 갔다가 흥이 다하자 왔으니 내가 무슨 간섭을 했겠는가.[66)]

이 대목은 양소유로의 환생이 성진의 사념이 실현된 결과라는 사실을 분명하게 지적한 부분이다.

> 네가 또한 '제자 윤회의 일을 꿈꾸었습니다' 했는데, 이로 보면 너는 꿈과 인세를 구분하여 둘로 본 것이니, 너는 꿈에서 완전히 깨어나지 못한 것 같구나. 장주가 꿈에 나비가 되었고 나비 또한 변하여 장주가 되었다. 이에 장주는 '장주가 꿈을 꾸어 나비가 되었는가, 나비가 꿈을 꾸어 장주가 되었는가'라 하며 끝내 구분치 못했으니 어느 것이 꿈인지 어느 것이 진인지 그 누가 아리오. 지금 너는 성진을 너의 육신이라 생각하고 또 꿈을 그 육신의 꿈이라 생각했다. 그리하여 너 역시 육신과 꿈으로 [분리시켜] 일물이 아니라 했다. 성진과 소유 중 어느 쪽이 꿈이고 어느 쪽이 꿈이 아니냐?[67)]

---

66) '大師曰 汝乘興而去 興盡而來 我有何干與之事乎'(노존A본, 281면)

67) '汝又曰 弟子夢人間輪回之事 此汝以夢與人世 分而二之也 汝夢猶未盡覺也 莊周夢爲蝴蝶 蝴蝶又變爲莊周 莊周曰 莊周之夢 爲蝴蝶耶 蝴蝶之夢爲莊周耶 終不能卞之 孰知何事之爲夢 何事之爲眞耶 今汝以性眞爲汝身 以夢爲汝身之夢 則汝亦以身與夢 謂非一

먼저 이 구절에서 육관대사는 꿈과 인세(人世)를 분명하게 구분하는 것이 불가능하고 바람직한 것도 아님을 밝혔다. 다시말해 양소유(꿈)와 성진(인세) 모두 꿈일 수도 있다는 것을 설파했다.[68] 그러나 사유와 판단의 주체인 성진은 스스로가 꿈 속의 인물이 아니라 실재하는 인물이라는 것에 대해 전혀 의심하지 않았다. 성진은 양소유를 세간 삶을 꾸려가는 세속인이라며 부정하고 자신은 실상(實相)을 추구하는 인물이라 정당하게 여겼다. 이런 태도는 선수행 쪽에서 지적하는 매우 바람직하지 못한 수행자의 태도다.[69] 성진은 '자아라는 산냐'[70][我相[71]]와 '개아(個我)라는 산냐'[人相]에 집착해서 머물러 있는 것

物也 性眞少遊 孰是夢也 孰是非夢也'(같은 곳)

68) 이와 유사한 화법은 여러번 나온 바 있다. '似夢而非夢 似眞而非眞也(노존A본, 199면; 선녀로 분한 가춘운과 동침하는 상황을 묘사한 것), '吾仙亦愛之 鬼亦愛之 況人乎 又曰 仙亦非汝也 鬼亦非汝也 或使汝而爲仙 或使汝而爲鬼者 亦眞有爲仙爲鬼之術'(노존A본, 206면; 가춘운에게 속았다는 사실을 알고 난 뒤 양소유가 한 말), '一人之身 或謂之死 或謂之生 則死者爲眞鄭氏乎 生者爲眞鄭氏乎 生固眞也 死則妄也 死固眞也 生則誕也'(노존A본, 255면; 영양공주 앞에서 미친 것처럼 하는 양소유가 한 말)

특히 미친 것처럼 하던 양소유가 두 공주에게 정색으로 하는 '今日我在夢中 而亦不知夢耶?'(노존A본, 256면)'라는 말은 육관대사의 화법과 매우 근접해 있다.

앞에서 거듭 활용한 이러한 화법은 독자들로 하여금 육관대사의 이 마지막 말과 그 가르침에 관심을 집중하도록 만들고 있는 것이다.

69) '그릇된 장로의 무리가 당신으로 하여금 고요히 앉아 부처가 되기를 기다리게 하니, 어찌 허망한 근본이 아니겠습니까? 또 고요한 곳에 잃음이 없고 시끄러운 곳에 잃는 것이 있다고 하니, 어찌 세간(世間)을 파괴하고 실상(實相)을 구하는 것이 아닙니까?'(杜撰長老輩 敎左右 靜坐 等作佛 豈非虛妄之本乎 又言靜處 無失 요處 有失 豈非壞世間相 而求實相乎)(고우 감수, 전재강 역주, 「유통판 언충에게 답함(1)」, 대혜종고, 『書狀』, 운주사, 2008, 178면)

70) '산냐'는 대상을 받아들여 개념 작용을 일으키고 이름 붙이는 작용이라 이해하면 된다. '자아라는 산냐'는 자아가 있다고 인식하는 것, 자아를 궁극적 이상이라고 인정하는 것, 자아를 이념화한 것 등을 지칭한다.(각묵 스님, 『금강경 역해』, 불광출판부, 2001, 76~82면)

71) 앞서 설명했듯 구라마집이 '相'으로 번역한 말은 3가지 뜻이 있다. 산냐(무엇이 마음에서 개념화, 이념화, 관념화된 것), 니밋따(무엇이 마음에서 형상화된 것), 락샤나(어떤 것만이 갖고 있는 특별한 상, 즉 부처의 32가지 大人相인 特相)이다. 『금강경』의 이 대목에서 '相'은 산냐를 뜻한다.

이다. 그런 성진의 어리석음을 육관대사가 꾸중하였다.

이것을 『금강경』에서 확인해보자.

> 이렇게 헤아릴 수 없이 [많은] 중생들을 완전히 열반에 들게 했다 하더라도 어떠한 중생도 완전히 열반에 든 자는 없다. 그것은 무슨 이유에서인가? 만일 수보리여, 보살에게 중생이라는 산냐가 생긴다면 그는 보살이라고 말할 수 없기 때문이다. 그것은 [또] 무슨 이유에서인가? 수보리여, 자아(自我)라는 산냐[72]가 생기거나 중생이라는 산냐[73]나 영혼이라는 산냐[74]나 개아(個我)라는 산냐[75]가 생긴 자는 보살이라고 말할 수 없기 때문이다.[76]

'나란 존재는 분명히 있다' '나는 어떠한 존재이다' '내가 궁극적 이상이다'는 인식에 머물지 말라는 가르침이다. 인식하는 나와 인식 그 자체조차도 찰나 찰나 변하기 때문이다. 이런 무상(無常)에서 무아(無我)로 나아가고, 법이라는 산냐(法相)까지 벗어나 머무름 없는 보시를 하라 가르친다.

---

72) 구마라집이 '我相'이라 번역한 것이다. 자아가 있다고 여기는 인식. 자아를 이념화하고 개념화하는 것. 자아를 궁극적 이상이라 보는 것.

73) 구마라집이 '衆生相'이라 번역한 것이다. 모든 중생의 본체가 고정되어 있다는 생각.

74) 구마라집이 '壽者相'이라 번역한 것이다. 불생불멸의 영혼(생명)이 존재한다는 생각.

75) 구마라집이 '人相'이라 번역한 것이다. 생사를 초월한 영원한 뿌드갈라(個我)가 존재한다는 생각.

76) 산스끄리뜨 원전으로부터 번역한 것이다. 각묵 스님, 앞의 책, 64~65면. 이 부분에 대한 鳩摩羅什의 번역은 이러하다.「大乘正宗分 제3」, 如是滅度無量無數無邊衆生 實無衆生得滅度者 何以故 須菩提 若菩薩 有我相人相衆生相壽者相 卽非菩薩.

그러므로 이제 수보리여, 보살 마하살은 일체 산냐를 버리고서 위없는 정득각에 마음을 내어야 한다. 형상에 머무르는 마음을 내지 않아야 하며 소리, 냄새, 맛, 감촉, 마음의 대상에 머무르는 마음을 내지 않아야 한다. 법에 머무는 마음을 내지 않아야 하며 비법에 머무는 마음도 내지 않아야 하며 어떤 것에도 머무르는 마음을 내지 않아야 한다.

그것은 [다시] 무슨 이유에서인가? 머무름이라는 것 그것은 참으로 머무르지 않음이기 때문이다. 그래서 여래는 설했다. '머무름 없이 보살은 보시를 행해야 한다. 형상, 소리, 냄새, 맛, 감촉, 마음의 대상에 머무름 없이 보시를 행해야 한다'라고.[77]

성진을 깨닫게 해준 육관대사가 연화도량을 떠난다는 설정은 궁극적인 가르침에도 머물지 않을 조건을 마련한 것이다.[78] 떠나간 육관대사를 이어서 대중 교화를 하는 성진은 '머무름 없는 보시를 하라'는 『금강경』의 가르침을 충실히 따른 것이라 해석할 수 있다. 불법을 베푸는 '법보시'야말로 최고의 보시이기 때문이다.[79]

육관대사가 돌아온 성진에게 던지는 메시지는 바로 이 '산냐를 극

77) 각묵 스님, 위의 책, 245~246면. 이 부분의 구마라집 번역은 이러하다. 「離相寂滅分 第十四」, 是故 須菩提 菩薩 應離一切相 發阿耨多羅三藐三菩提心 不應住色生心 不應住聲香味觸法生心 應生無所住心 若心有住 卽爲非住 是故 佛說菩薩 心不應住色布施

78) 『구운몽』에서 최고 가르침을 제공하는 인물인 육관대사를 떠나게 만드는 이 마지막 대목의 의의를 선행연구들은 과소 평가하거나 무시했다.

79) '세존께서 말씀하셨다. "그리고 참으로 수보리여, 선남자나 선여인이 이 삼천대천세계를 칠보로 가득 채우고서 여래 아라한 정등각들께 보시를 행한다 하더라도 다시 이 법문 가운데서 단지 네 구절로 된 게송이라도 뽑아내어 남들에게 상세히 가르쳐주고 자세히 설명해준다면 이것이 이로 인해서 측량할 수도 없고 셀 수도 없이 더 많은 공덕의 무더기를 쌓을 것이다.'(각묵 스님, 앞의 책, 151면) 그리고 비구 보디 편, 『보시』, 고요한소리, 1983, 87~89면 참조할 것.

복하고 머무름 없는 보시를 하라'는 『금강경』의 가르침에 가까이 간 것이다. 그리고 이런 육관대사의 관점은 작자의 관점을 대변한 것이다. 작자는 성진을 현실 인물로, 양소유를 사념 속에 환생한 인물로 설정하였다. 피상적으로 보면 독자에게 그렇게 읽힌다. 그러나 『구운몽』의 서사 장치들은 현실 인물인 성진이 비현실적 인물로, 환생한 인물인 양소유가 지극히 현실적인 인물로 독자들에게 느껴지게 한다. 가령, 성진은 육관대사로부터 동정용왕에게 가서 사례를 하고 오라는 명을 받고 길을 떠나는데 그가 용궁으로 들어가는 모습을 묘사한, '유리같은 파도를 가르고 수정궁으로 들어가니 용왕이 크게 기뻐하며 궁문 밖으로 나와 맞이했다'[80]라는 대목에서 성진을 현실 인물이라 느끼기는 어렵다. 성진은 또 복사꽃을 명주로 만드는 요술을 부리고 그 파트너인 여덟 선녀들은 바람을 타고 공중으로 날아가기까지 한다.[81] 이들은 독자들에게 환상적 인물로 먼저 느껴지는 것이다. 이처럼 피상적 설정과 실질적 느낌이 상반되게 만든 것은 또 하나의 중요한 서사 장치라 할 수 있다. 작자는 독자[82]로 하여금 현실과 환상 혹은 꿈을 반대로 경험하게 만듦으로써 독자들이 가진 현실 집착, 즉 현실이 실재하고 있다는 통념에 충격을 가했다.

---

80) 劈琉璃之波 入水晶之宮 龍王大悅 出迎於宮門之外(169면)

81) '說罷手持桃花一枝 以擲於仙女之前 四雙絳蕚 卽化爲明珠 祥光滿枝 瑞彩燭天 若出於海蚌之胎 八仙女各拾取一介 顧向性眞 口粲(입구변)然一笑 竦身乘風 騰空而去'(노존A본, 170면)

82) 장효현 교수는 『구운몽』이 이재(李縡) 등 사대부들에 의해 오독되었고 방각본에서 육관대사 설법 부분이 축약 · 생략되어 그 주제가 정확하게 이해되지 않는다고 분석했다. (장효현, 「『구운몽』의 주제와 그 수용사에 관한 연구」, 『김만중문학연구』, 국학자료원, 1993, 123~139면 참조) 『구운몽』의 실재 독자는 상층 사대부로부터 하층 여성들에 이르기까지 다양할 것이다. 여기서 말하는 독자는 작자의 뜻을 완전하게 읽어낼 수 있는 '이상적 독자'를 지칭한다.

이와 관련하여 주로 양소유가 당하는 수많은 '속임수'라는 서사적 장치[83]를 이해할 필요가 있다. 두드러진 사례로 정경패, 가춘운, 정사도가 모의를 하여 양소유를 속이는 서사단락을 살펴보자. 양소유는 여장을 하고 정경패의 집으로 들어가 정경패를 만나보는데 정경패는 양소유에게 속은 분을 풀기 위해 양소유를 다시 속이고자 한다. 정사도가 양소유를 절승지로 유인한 뒤 사라지자 가춘운이 나타난다. 가춘운은 자기와 양소유의 전생이라고 꾸며진 이야기를 해준다. 즉 자기는 왕모(王母)의 시녀였고 양소유는 자부(紫府)의 선리(仙吏)였는데 중선(衆仙)이 모인 자리에서 서로 눈이 맞아 선과(仙果)를 던지고 희롱하다 적발되어 인간 세상에 환생(還生)했다는 것이다. 그런데 자기는 기한을 다 채워 요지(瑤池)로 올라가야 하는데 양소유를 만나보고 가기 위해 하루를 미루었다고 한다. 그리고는 서로 동침을 하게 되는데 양소유에게는 '선녀와 결연을 맺는 게 꿈인 듯 꿈이 아닌 듯 진인 듯 진이 아닌 듯'[84] 하였다. 그로부터 양소유는 가춘운을 장녀랑(張女娘)으로 안다. 그녀가 죽어 귀신이 되었다고 해도 '(사람과 귀신의) 근본은 하나고 그 이치도 같습니다. 어찌 사람과 귀신을 구분하고 유와 명의 세계를 나누리요'[85] 하며 계속 관계 맺기를 간청한다.

이 서사단락을 가춘운의 관점에서 보면 그녀의 위선위귀(爲仙爲鬼)

---

83) 신재홍 교수는 이 속임수를 김만중이 구사한 '문학적 트릭'의 하나로 보았다. 속임수가 거듭 나타난 것을, '소설이 보여줄 수 있는 자아와 세계의 심각한 대결에 대해 일종의 거리감'을 지닌 김만중의 태도와 관련 있다고 보았다. 또 '전기소설의 미학적 특성을 교묘히 변화시켜 그 심각성을 속임수와 그것의 결과로서의 웃음으로 희석시키고' 있다고 보았다.(신재홍, 『한국몽유소설연구』, 계명문화사, 1994, 346~355면) 이는 유용한 해석이지만 본고는 이와 다른 각도에서 분석한다.

84) '與仙女結緣 似夢而非夢 似眞而非眞也'(노존A본, 199면)

85) '其本則一也 其理則同也 何人鬼之卞 而幽明之分乎'(노존A본, 201면)

는 '實-假-實'의 변환을 나타내고, 양소유의 관점에서 보면 '迷-幻-覺' 혹은 '迷惑-幻妄-覺醒'의 심리체험을 나타낸다.[86] 그런데 '가춘운-仙[鬼]-가춘운'의 구조는 '성진-양소유-성진'이라는 전체구조와 비슷하지만[87] 동일하지는 않다. '성진-양소유-성진'에서는 경험의 주체와 상대 양쪽 모두가 다른 이름과 형체로 환생하여 관계를 새롭게 만드는 데 비해, '가춘운-仙[鬼]-가춘운'에서는 경험의 주체인 양소유와 상대인 가춘운은 그대로이지만, 양소유가 가춘운의 실상을 착각한다는 점에서 다르다.

작자는 '양소유-가춘운' 관계를 통하여, 가상에 대해 경험의 주체가 얼마나 깊이 집착할 수 있는가를 보여주려 하였다. 그것은 육근(六根) 중 특히 이(耳)와 안(眼)이 불완전한 것임을 먼저 보여준 것이라 할 수 있다.[88] 그런데 정경패, 정사도, 가춘운 등 속임수 만들기의 주체들과 독자들은 그것이 가상적으로 설정된 상황임을 분명히 알지만 유독 양소유 혼자만 모른다. 이렇게 우스꽝스럽게 보인 양소유는 결국 자기가 속은 줄 알게 되고 마침내 '정상적'으로 관계를 보게 된다. 승천하거나 죽은 줄 알았던 가춘운이 실제로는 죽지 않았으니 얼마나 반가웠겠는가.[89] 양소유는 살아있는 가춘운과 정상적인 관계

---

86) 정규복, 『구운몽연구』, 고려대 출판부, 1974; 유병환, 앞의 책, 191면.

87) 유병환 교수는 이 구조와 전체구조가 동일한 모형이라 설명했다.(유병환, 위의 책, 같은 곳)

88) 이 점은 양소유가 여장한 자기에게 속은 정경패를 놀릴 때 한 말인 '부인의 두 눈동자 역시 밝지 못한 바가 있지요. 거문고 곡은 능히 구분할 수 있었지만 (내가) 남자인 줄은 분별하지 못했으니 그건 귀는 있어도 눈은 없었던 셈이라. 일곱 구멍 중 하나가 없으니 완전한 사람이라 할 수 있을까요?'(夫人一雙星眸 亦不淸明 能卞琴曲 而不能卞男子 此有耳而無目也 七竅無一 則其可謂全人乎(노존A본, 262면))에서 분명하게 나타난다.

89) '汝眞仙乎 汝眞鬼乎 仍就視之曰 非仙也非鬼也 乃人也 吾仙亦愛之 鬼亦愛之 況人乎'(노존A본, 206면), '如逢地中之人 徒切驚倒之心'(노존A본, 253면)이라 그 기쁨을 표시했다.

를 맺는 자기 자신은 실재한다고 믿었다. 또 정경패가 죽었다는 속임수가 진행되고 있는 궁중에서 가춘운—진채봉—난양공주 사이의 말을 엿듣고 있는 양소유의 모습[90]에서 자신은 더 이상 속지 않고 있다고 우쭐댈 양소유의 모습을 예견할 수 있다.

그런데 그런 양소유야말로 명백한 환상 속의 인물이라고 판단하는 시선이 존재한다. 그게 작자의 시선이고 독자의 시선이다. 그런 양소유의 행각을 바라보는 독자는 양소유의 행동을 통해 경험의 가상성을 분명하게 인식하고 깨닫게 되는 것이다. 작자가 이같이 속고 속이는 가상 상황을 거듭 설정한 것은 이런 효과를 가져오려는 의도에서 비롯되었을 것이라고 짐작한다.

『구운몽』에 거듭 나타난 서사 장치로서의 '속임수'와 연관시켜 이해해야 할 것이 양소유의 '꿈'이다. 양소유는 토번을 무찌르기 위해 출정했다가 잠시 동정용궁으로 가는 꿈을 꾼다. 꿈 속에서 백능파를 만나 전생의 인연을 확인하고 사랑을 나눈다. 그리고 남악형산을 찾아가 예불까지 한다. 그러다 깨어나서 옆의 장수들에게 물어보니 그들도 같은 꿈을 꾸었고 또 꿈 속에서 백능파가 마실 수 있는 것으로 변할 것이라 알려준 백룡담(白龍潭) 물을 떠 먹고 쾌차하게 되었다 한다. 그외 정경패가 양소유의 꿈에 나타나 자기가 죽어서 천상으로 갔다고 말하는 꿈도 이와 유사하다. 이렇듯 꿈에서 깨어난 양소유는 꿈 속의 일들이 자기 현실로 이어지는 징조들을 확인하지만 정작 자기

90) '潛進窓外 則兩公主談笑之響 博陸之聲 出以外矣 暗從櫳隙 而窺之 … 丞相方知英陽公主之爲鄭小姐也 如逢地中之人 徒切驚倒之心 直入開戶突入 而旋止曰 彼欲瞞我 我亦瞞彼矣'(노존A본, 252~253면)

자신도 환몽 속 존재라는 사실은 깨닫지 못한다.

속임수에서 벗어난 양소유는 지금까지 자기가 속았다는 사실을 알게 되고 또 꿈속에서 부정적인 상황을 경험하게 된 양소유도 깨어나서 그게 꿈이었다는 사실을 알게 된다. 이런 속임수와 꿈을 작자가 계속해서 설정하는 이유는 무엇일까? 양소유는 자신이 속았다는 사실을 알게 된 그 순간에도 계속 속고 있으며 꿈에서 깨어난 그 순간도 꿈을 꾸고 있는 것이라는 사실을 모른다. 그러나 양소유의 세계는 돌아온 성진에 의해 '꿈'이라 규정되어야 할 환몽세계이다. 성진이 '양소유가 된 꿈을 꾸었다'고 말하여 양소유의 존재를 부정해주기 전에 독자들 스스로가 조금씩 양소유의 가상성을 먼저 관찰할 수 있도록 했다. 이것이 '속임수'와 '꿈'이라는 서사적 장치를 거듭 활용한 작자의 의도일 것이다.

나아가 독자들의 시선은 돌아온 성진에게 집중된다. 양소유로서 일생을 살다가 돌아온 성진은 양소유의 삶이 '일장춘몽'임을 깨닫지만 성진 자신의 존재도 역시 무상하여 꿈 속 존재와 다르지 않음을 알지 못하고 아상(我相)과 인상(人相)에 빠져있다. 지금까지 비슷한 상황을 거듭 경험한 이상적 독자라면 이런 성진이 가진 망상의 오류를 발견할 수 있을 것이다. 그래서 육관대사의 관점을 터득할 수도 있게 된다.

그런 점에서 '속임수'와 '꿈'이라는 서사적 장치는 독자들로 하여금 돌아온 성진이 아직도 스스로가 꿈 속의 존재일 수 있으며 또 모든 것이 꿈일 수밖에 없는 삶을 계속 살고 있다는 사실을 깨닫게 만드는 암시이거나 예비 훈련인 셈이다.

그것은 '자아라는 산냐', '개아라는 산냐'를 버리고 형상과 소리, 냄새, 맛, 감촉, 마음의 대상에 머무르는 마음을 내지 않으며 법에 머무는 마음도, 비법에 머무는 마음도 내지 않고 머무름 없는 보시를 행해야 한다는 『금강경』의 핵심 가르침[91]을 서사적으로 활용한 서사적 장치라 할 수 있다.

요컨대 성진 → 양소유의 과정과 양소유 → 성진의 과정을 함께 응시한 육관대사는 서술자, 나아가 작자의 시선을 대변한다. 육관대사가 바라보는 가운데 성진은 자기 사념에 따라 양소유로 환생하여 온갖 욕망을 순조롭게 다 누리는 것이다. 그런데 양소유 이전의 성진과 양소유 이후의 성진은 거의 동시적인 존재다. 양소유로 환생하기 전 성진이 한 심찰나(心刹那)동안 세속 부귀영달을 생각했듯, 양소유의 일생도 한 심찰나 동안 영위되었던 것이다. 그럼에도 불구하고 소설에 실현된 양소유의 삶은 지극히 다채롭고 장황하다. 한 심찰나 동안 성진의 사념 속에서 이루어진 양소유의 일생을 그렇게도 장황하게 묘사한 뒤 그것을 성진의 입을 통해 부정하고 그런 성진을 마침내 육관대사의 설법을 통해 꾸중하게 한 데에야말로 작자가 정교하게 만들어낸 소설 미학이 들어 있다. 즉, 사람이 추구하는 현실의 부귀영달이 한 찰나 꿈같은 것이며 그렇게 판단하는 주체 자신과 그 가르침까지도 집착의 대상이 되어서는 안 되는 꿈같은 존재라는 깨달음을 독특한 서사 장치들을 통하여 잘 보여준 것이다. 그 점은 다음과 같

91) 앞에서 인용한 내용을 다시 옮긴다. 각묵 스님은 『금강경』의 말씀을 공(空)이라는 거창한 명제로써 설명하는 대승불교의 관점을 너무나 이데올로기적인 해석이라 간주한다. 『금강경』은 공(空)을 설한 게 아니고 초기불교에서 부처님이 설하신 '산냐를 극복하라'는 말씀을 따르는 경이라 해석했다.(각묵 스님, 앞의 책 참조)

은 오늘날의 선승의 가르침에서도 확인할 수 있다.

> 꿈 속에는 아무리 밝게 따지고 하더라도 꿈 밖의 얘기는 되지 않습니다. 꿈 밖의 얘기는 꿈을 깨지 않고는 얘기가 되지 않는 것입니다. 우리 인생은 자나깨나 꿈을 꾸고 있습니다. 수천만 겁의 꿈을 꾸고 있는 것입니다. 어디서 왔는지 어떻게 사는지 어디로 흘러갈 것인지 오리무중으로 왔다 갔다 하는 자기의 그런 인생을 자각하지 못하고 꿈속에서 헤매고 있습니다.[92)]

이 내용은 우리 시대 최고 선승의 핵심 법문이라 일컬어지는데, 이와 비교할 때 『구운몽』 결말 부분에서 육관대사가 베푼 설법은 작품 전체를 마무리하는 불가적 설법으로서 충분한 수준을 유지하는 것이다. 더욱이 그런 설법을 설득력 있게 만들어주는 서사적 장치들이 그 이전 곳곳에 포진해 있다.

양소유의 세계를 소상하게 서술한 데에는 또 다른 이유가 있다고 본다. 『구운몽』은 사변화된 불교사상을 조목조목 진술하기 위한 작품이 아니다. 그보다는 세속의 욕망에서 아직 자유롭지 못한 한 수행승으로 하여금 세속의 욕망을 경험하게 만들어줌으로써 깨달음의 세계로 나아가는 과정을 보여주는 작품이다. 세속의 경험은 깨달음의 원동력과 계기가 된다는 점에서 소중하다. 양소유의 세계는 성진의 사념 속 욕망의 실현이란 점에서 큰 고난이나 갈등없이 마음 먹은 대로 욕망이 충족되는 과정을 보여주었다. 그런 양소유의 일생은 다

92) 서암스님 시자 편, 『소리없는 소리』, 十月, 2003, 112면.

른 관점에서 보면 세속을 철두철미 경험한 것이라는 성격을 지닌다. 중요한 것은 그런 경험이 어떤 역할을 하는가 하는 점이다. 그것은 백능파의 앞날을 예언하는 데서 압축적으로 제시되어 있기도 하다. 즉 장진인(張眞人)은 백능파의 장래를 다음과 같이 점쳐준다.

① 백능파의 전신은 선녀다.(此娘子前身 卽仙女也)
② 죄를 지어 적강하여 용왕의 딸이 되었지만 곧 사람 형체를 얻을 것이다.(因罪謫降 爲王之女 而畢竟復得人形)
③ 귀인의 희첩이 되어 부귀영화의 즐거움을 다 누릴 것이다.(爲人間貴人之姬妾 享富貴榮華之樂)
④ 이목심지(耳目心志)의 즐거움을 다 할 것이다.(悉耳目心志之娛)
⑤ 끝내 불가에 귀의하여 영원히 대선(大禪)을 이룰 것이다.(終歸佛家 永爲大禪矣)[93]

백능파의 환생과 깨달음은 양소유의 그것과 궤도를 같이 한다고 보아도 좋다. ③에서 즐거움을 '누린다'는 것을 강조했고 ④에서 즐거움을 '다한다'는 것을 강조하였다. '불가 귀의'는 그것과 바로 이어져있다. 세속 즐거움을 다하였기 때문에 불가에 귀의하게 되고 마침내 대선을 이루었다고 볼 수 있다.

이와 관련하여 「조신몽」을 살펴볼 필요가 있다. 「조신몽」에서 조신은 김흔공의 딸과의 결연을 간절히 원하다가 꿈 속에서 그녀와 결혼생활을 하게 된다. 그러나 가난 때문에 몸서리치다 마침내 이혼을

93) 노존A본, 226면.

하려 하다 깨어난다. 깨어난 조신은 치열하게 수행에 정진한다. 충분하지는 못하나마 세속 삶의 경험이 득도나 수행에 긴밀하게 관련된다는 점에서 『구운몽』과 유사하다.94)

『구운몽』에서 작자는 육관대사의 마지막 법문을 통하여 불교 사상을 진술하는 쪽보다는 작품 전체의 서술 과정에서 독특한 서사 장치를 활용하여 등장인물들의 경험을 다양하게 제시하고 그것이 거듭 성찰되게 함으로써 깨달음의 세계를 이끌어내었다고 하겠다. 세속의 애욕 경험을 통하여 깨달음의 세계로 나아간다는 점에서 「조신몽」과 『구운몽』은 서사문학사의 맥락에서 긴밀하게 이어져 있다. '꿈'이 사념과 윤회로 치환되었다는 것, 등장인물이 늘어나고 그들이 겪는 현실 경험이 더욱 다채로워졌다는 것, 작품의 서술구조가 불교적으로 이루어졌다는 것 등은 「조신몽」에서 『구운몽』으로 나아가면서 우리 소설사가 이룩한 비약이라 할 수 있다.

12연기에 의한 윤회 고통의 연속은 사람의 한 생애나 몇 생애에 걸쳐 나타나게 마련이다. 『구운몽』은 '사념의 실현'이란 서사 장치를 활용하여 윤회를 포함한 12연기의 각 단계가 한 찰나에 나타나게 하였다. 연화도량에서 부들방석을 깔고서 가부좌를 틀고 있는 지금 여기의 성진의 사념과 마음 속에서, 양소유의 일생이 12연기의 법칙에 따라 그대로 실현된 것이다. 독자는 12연기를 한 순간에 경험하며 또

---

94) 이에 대해서는 필자가 다음과 같이 분석한 바 있다. '조신은 세속을 벗어났지만 세속에 대한 집착을 떨치지 못했다. 그런 점에서 조신의 초세속 지향은 참다운 것이 아니었다. 이 단계에서 초세속이 극복되어야 했다. 꿈속에서 조신이 겪었던 세속의 경험은 마침내 조신의 초세속을 완성시켰다. 조신의 초세속은 세속의 경험을 통해 보완되고 극복되었으며, 그런 만큼 세속의 경험은 소중하게 인식되었다 할 수 있다'(이강옥, 「『삼국유사』의 세계관과 서술미학」, 『국문학연구』 제5호, 국문학회, 2001, 39면)

관찰할 수 있게 된다. 이런 관찰을 통하여 지금 여기 내 마음 속에서 일어나는 것을 여실지견(如實知見)한다. 마침내 그 연기의 고통을 벗어나는 수행을 할 수 있게 된다. 그 과정을 거쳤기에 성진도 연화도량 대중에게 교화를 베풀고 보살대도(菩薩大道)를 얻어 극락세계로 갈 수 있었던 것이다.

6. 맺음말

『구운몽』에서 성진이 양소유가 되는 과정에는 성진의 사념 실현이란 맥과 성진의 환생이란 맥이 공존하고 있다. 그중 사념 실현이란 맥이 더 포괄적이어서 환생을 포함하고 있는 형국이다. 성진은 한 심찰나의 자기 사념 속에서 양소유로 환생하였다. 양소유가 다시 성진으로 되는 과정은 양소유의 사념 실현으로만 볼 수 있지 환생이라 보기는 어렵다. 그래서 젊은 성진은 죽지만 늙은 양소유는 죽지 않고 젊은이로 되돌아온다. 이런 설정은 독자들의 통념에 충격을 주는 중요한 서사적 장치라 할 수 있다. 통념에 충격이 가해질 때 삶에 대한 근본 반성이 시작되기 때문이다.

돌아온 성진은 양소유의 실재를 부정했지만 자기 자신도 덧없는 꿈 속의 존재라고 생각하는 단계에는 이르지 못한다. 이것은 성진이 '자아라는 산냐'[我相]와 '개아(個我)라는 산냐'[人相]에 집착해 있는 것이다. 그런 성진을 육관대사가 꾸중하였다. 일체의 '산냐'를 버리고 형상과 소리, 냄새, 맛, 감촉, 마음의 대상에 머무르는 마음을 내지 않으며 법에 머무는 마음도, 비법에 머무는 마음도 내지 않고 머무름 없는 보시를 행해야 한다는 『금강경』의 핵심 가르침과 육관대사의 가르침은 근접한다. 성진을 깨닫게 해준 육관대사가 연화도량을 떠난다는 설정은 궁극적인 가르침에도 머물지 않을 조건을 마련한 것이다. 떠나간 육관대사를 이어서 대중에게 법보시를 하는 성진은 '머무름 없는 보시를 하라'는 『금강경』의 가르침을 충실히 따른 것이다.

환생과 사념실현 이외에 『구운몽』에서 두드러지는 서사적 장치는 '속임수'와 '꿈'이다. 이 서사적 장치들은 돌아온 성진이 아직도 스스로가 꿈 속의 존재일 수 있으며 또 모든 것이 꿈일 수밖에 없는 삶을 계속 살고 있다는 사실을 깨닫게 만드는 암시이거나 예비 훈련인 셈이다.

양소유 이전의 성진과 양소유 이후의 성진은 거의 동시적인 존재다. 양소유로 환생하기 전 성진이 한 심찰나 동안 세속 부귀영달을 생각했듯, 양소유의 일생도 한 심찰나 동안 영위되었던 것이다. 그럼에도 불구하고 소설에 실현된 양소유의 삶은 지극히 다채롭고 장황하다. 한 심찰나 동안 성진의 사념 속에서 이루어진 양소유의 일생을 그렇게도 길게 장황하게 묘사한 데에야말로 작자가 정교하게 만들어낸 소설적 미학이 들어 있다. 즉, 사람이 추구하는 현실의 부귀영달이 한 찰나 꿈같은 것이라는 불가적 가르침을 아주 정교하게 보여주려 한 것이다. 그리고 그러한 가르침을 진실이라고 판단하는 주체와 그 가르침까지도 집착의 대상이 되어서는 안 되는 꿈같은 존재라는 것이 자연스레 드러나게 하였다.

양소유의 세계를 소상하게 서술한 데에는 또 다른 이유가 있다.

『구운몽』은 세속의 욕망으로부터 아직 자유롭지 못한 한 수행승으로 하여금 세속의 욕망을 경험하게 만들어줌으로써 깨달음의 세계로 나아가는 과정을 보여주는 작품이다. 세속의 경험은 깨달음의 원동력과 계기가 된다는 점에서 소중하다. 작자는 육관대사의 마지막 법문을 통하여 불교사상을 진술하는 쪽보다는 작품 전체의 서술 과정에서 독특한 서사적 장치를 활용하여 등장인물들의 경험을 다양하게 제시하고 그것이 거듭 성찰되게 함으로써 깨달음의 세계를 이끌어내었다고 하겠다. 세속의 애욕 경험을 통하여 깨달음의 세계로 나아간다는 점에서 「조신몽」과 『구운몽』은 서사문학사의 맥락에서 긴밀하게 이어져 있다. '꿈'이 사념과 윤회로 치환되었다는 것, 등장인물이 늘어나고 그들이 겪는 현실 경험이 더욱 다채로워졌다는 것, 작품의 서술구조가 불교철학적으로 이루어졌다는 것 등은 「조신몽」에서 『구운몽』으로 나아가면서 우리 소설사가 이룩한 비약이라 할 수 있다.

12연기에 의한 윤회 고통의 연속은 사람의 한 생애나 몇 생애에 걸쳐 나타나게 마련이다. 『구운몽』은 '사념의 실현'이란 서사적 장치를 활용하여 윤회를 포함한 12연기의 각 단계가 한 찰나에 나타나게 하였다. 연화도량에서 부들방석을 깔고서 가부좌를 틀고 있는 지금 여기의 성진의 사념과 마음 속에서, 양소유의 일생이 연기의 법칙에 따라 그대로 실현된 것이다. 독자들은 12연기를 한 순간에 경험하며 또 관찰할 수 있게 된다. 이런 관찰을 통하여 지금 여기 내 마음 속에서 일어나는 것을 여실지견(如實知見)한다. 마침내 그 연기의 고통을 벗어나는 수행을 할 수 있게 된다. 그 과정을 거쳤기에 성진도 연화도량 대중에게 교화를 베풀고 보살대도(菩薩大道)를 얻어 극락세계로 갈 수 있었던 것이다.

이상과 같은 근거에서 『구운몽』은 '산냐를 극복하고 머무름 없는 보시를 하라'는 『금강경』의 가르침을 서사적으로 실현하고 있다고 본다.

『구운몽』의 세속 삶과 그 극복 방식

『육미당기』와 비교를 통해

1. 문제의 제기

이 장에서는 불교적 관점에서 『구운몽』을 설명하는 또 다른 방법을 모색하려 한다. 『구운몽』이 그 이전에 존재해왔던 불교 서사와 어떻게 이어지고, 또 그 뒤 사대부에 의해 구성된 불교 서사와 어떤 점에서 대비되는가를 따지는 방법이다. 전대 서사와의 연결점을 찾는 것은 『구운몽』의 뿌리를 찾는 것이요, 후대 사대부 불교 서사와 대비하는 것은 불교 서사로서의 『구운몽』의 특징을 더 선명하게 드러내는 역할을 해줄 것이다.

특히 『육미당기』는 『구운몽』을 이어간 사대부 불교 서사를 대변하는 것으로 볼 수 있다. 『구운몽』과 『육미당기』는 그 외형상의 차이에도 불구하고 몇 가지 이유에서 비교될 필요가 있다. 이들의 작자들은 사대부이지만, 이 작품들은 불교적 혹은 도선적 지향을 강하게 풍기고 있다. 그리고 비록 2세기 정도의 간격은 있지만, 작자들은 자신의 삶을 마무리하는 단계에서 두 작품을 창작했다.[1] 양반 사대부인 그들이 왜, 어떤 뜻을 갖고 불교적 혹은 도선적 성향이 강한 작품을 노년에 창작했을까? 이런 질문을 가지고 소설을 읽어갈 때 각 작품에서 세속적 일생을 바라보는 작자의 시선을 만날 수 있다. 이미 인생의 길을 거의 다 걸은 작자들은, 소설을 통해 사람의 한 평생을 나름대로 재구성하고 그 문제와 의의에 대해 성찰하여, 그 결과를 바탕으로 어떤 극복의 길을 제시하려 했음을 짐작하게 된다. 『서포년보』의 "일체 부귀영화가 모두 꿈이라는 것이니, 아울러 그 뜻을 넓히고 슬픔을 달래기 위한 것이었다"[2]라는 구절이나 긴긴 밤 잠을 못 이뤄 소설을 빌려와 그 속에 묘사된 인정세태를 통해 슬픔과 기쁨, 득실, 현명함과 우둔함, 선악 등을 확인하고는 감동했다[3]는 『육미당기』의 서문은 이를 간접적으로나마 뒷받침한다.

이 장에서는 이들에 의해 재구성된 주인공들의 세속적 일생이 어

---

1) 『구운몽』은 김만중(1637~1692)이 51세였던 1687년에, 『육미당기』는 서유영(1801~1874)이 63세였던 1863년에 지었다고 추정된다.

2) "以爲一切富貴繁華 都是夢幻 亦所以廣其意以尉其悲也"(김병국 · 최재남 · 정운채 역주, 『西浦年譜』, 서울대 출판부, 1992, 330면)

3) "長夜無寐 聞隣家多藏稗官諺書 借來數三種 … 至若人情世態 善於模寫 凡悲歡得失之際 賢愚善惡之分 往往有令人觀感處"(『육미당기』 小序, 『육미당기』, 고려서림 영인본, 225면)

떤 성격을 지니며, 그리고 그 성격을 원만하게 드러내기 위해 이 작품들이 어떤 서사문법을 활용했는가를 따져 보고자 한다. 그리고 궁극적으로든 순차적으로든 작품 속에서 세속적 삶은 극복되는 바, 그 양상을 살펴, 그것이 세속적 삶을 바라보는 작자의 시선과 어떻게 관련될 수 있는지를 밝히려 한다.

이울러 이들의 서사적 특징을 불교계 설화들의 전통과 관련시키는 것이 서사문학사의 체계화에 도움이 될 것이라 판단한다. 불교계 설화 역시 세속 삶의 극복과 종교적 초월의 과제를 중심에 놓고 있다 할 것인데, 그런 점에서 문학사적으로 이들은 서로 관련된다.

마지막으로 이런 분석의 결과들을 토대로 소설사의 한 가닥을 잡아보겠다. 『사씨남정기』, 『옥루몽』 등 이들 소설과 밀접한 관계에 놓인 작품들을 두 작품 사이에 어떻게 놓을 수 있을지를 따져보고, 그 결과를 근거로 하여 조선 후기 소설사의 한 흐름을 파악하도록 하겠다.

2. 불교 서사의 두 가닥

조선조 소설과 관련될 수 있는 불교 서사들의 원천은 대체로 다음과 같이 설명할 수 있다.

먼저 불경이나 불교 관련 문건에 실려 있는 이야기들이다. 이들을 등장인물 중심으로 본다면, 부처의 이야기, 그 제자 보살의 이야기, 특출한 불자의 이야기로 나눌 수 있다. 부처와 그 제자, 보살 등의 이야기는 본생담(本生譚)과 본사담(本事譚)으로 명명되어 설명된다.[4] 이 계통의 작품들은 고려 중·후기부터 조선 초·중기에 이르기까지 『석가여래십지수행기(釋迦如來十地修行記)』, 『권념요록(勸念要錄)』, 『석가여래십지수행록』, 『석보상절』, 『월인석보』, 『염불보권문(念佛普勸文)』, 『신편보권문(新編普勸文)』 등을 통해 보급되어 읽혀지거나 사찰의 승려나 여성 불자들에 의해 그 이야기가 사람들에게 알려졌다고 하겠다.

부처 전생담의 경우, 초기에는 당대에 유행하던 다양한 우화들을 끌어온 까닭에 부처의 현생 모습과 관련되기 어려운 경우도 있지만, 대체로 현생의 부처가 가진 여러 특징들과 자연스럽게 관련되는 것이 원칙이었다. 전생담이 앞뒤 액자인 설법 현장 가운데에 들어 있기에 설법현장의 부처와 그 제자 등과 대응되어야 하기 때문이다. 그런 점에서 자비, 보시, 인욕과 정진의 요소가 나타나게 마련이다. 그리고 부처의 현생담이 팔상(八相)을 뼈대로 하여 만들어졌기에 그와 관련된 전생담도 만들어졌다. 이 경우 부처의 출가 부분이 가장 큰 관심을 끌어 후대 서사문학에 중요한 계기를 마련하게 된다. 자식이 집을 떠남으로써 부모에 대한 자식의 효, 가족간의 그리움, 가업의 계승 등이 세속적 관심을 끌었기 때문이다.

부처의 제자나 보살들의 전생에 대한 이야기도 부처의 그것과 큰 차이는 없지만, 자비나 보시, 인욕과 정진 등의 정도 면에서는 다소 약화된다. 그리고 이들은 이런 덕목을 실현하는 과정에서 부수적 역할을 하는 경우가 많다.

---

4) 본생담과 본사담에 대해서는 김운학, 『불교문학의 이론』, 일지사, 1981, 44~57면 참조.

특출한 불자는 독실한 신불(信佛)과 정진의 결과로 이적을 보이면서 서방극락으로 가거나, 환생하여 현세에서 정진하지 않는 사람들에게 충격을 주어 깨닫게 해주고는 돌아간다.[5)]

다음으로 우리나라의 불교 수행이나 신앙 체험에서 형성된 이야기들을 지적할 수 있다. 이들이 담고 있던 소재나 주제, 인물, 혹은 서사문법 등이 소설 속으로 전화되어 나타날 수 있다. 불경이 아니라 경험에서 비롯된 불교 설화는 수행(修行) 경험을 바탕으로 한 것과 신불(信佛) 경험을 바탕으로 한 것으로 나눌 수 있다. 수행은 불교적 진리를 얻기 위해 주체적이고 적극적인 행위를 하는 것이다. 수행은 세속 삶으로부터의 단절을 전제할 경우가 많다. 신불은 세속 삶을 지속하면서 부처나 보살, 스님의 도움을 청하고 그 효험을 보는 행위를 말한다. 이런 상이한 경험을 바탕으로 한 두 유형의 이야기는 세속 삶에 대한 태도에서부터 다르다.

해인사본과 선운사본 『염불보권문』에 「현씨행적(玄氏行跡)」이란 이야기가 실려 있다.

경상좌도 밀양에서 사는 성은 현씨요 불명은 본원이니 기사년 납월일에 마침 가사화주승(袈裟化主僧)이 있어 시주를 청하거늘 문득 신심을 내어 시주를 하였더니 그날밤 삼경에 스스로 입으로 염불이 나와 업을 삼되 추움과 더위 가며 오며 낮과 밤이 길며 짧음을 다 알지 못하고 고성으로 염불하여 일일일야에 삼만성씩 하더니 삼십육 달이 차매 신묘년 섣달 이

5) 이에 대한 상세한 사항은 이강옥, 「불경계 설화의 소설화 과정에 대한 고찰」, 『고전문학연구』 제4집, 한국고전문학연구회, 1988, 139~141면 참조.

십사일 삼경에 염불로써 독송하는지라 서방으로 오색 상운이 한가로이 날아 가까이 오며 풍류소리 한가로이 나는지라 묘각 중에 세가지 꽃이 있고 위에 삼불이 있어 앉았거늘 현시 부처께 뵈온대 부처님이 이르되 네 염불 하기를 삼년을 채우고 발원하여 부처 보기를 간절히 하는고로 나타나서 너를 위하여 참회하고 출가하고 님삼하라 너의 자손과 전토와 재물이 태산같아도 모두다 허망이니라 현씨 그 말씀을 듣고 잊지 아니하는고로 삼계행을 받들어 경계를 닦은 지 스물 일곱 해라… 일일에 출가하고 산에 들러 집을 짓고 염불하며 상을 쓸고 조석과 주야에 예불 오십번씩 하고 연비하여 더욱 염불하여 불력으로써 극락국토에 왕생함을 맹세하더니 임종할 때에 자손을 모아 앉히고 유언하여 이르되 나의 목숨이 오늘날에 있는지라 너희들이 다 나의 말을 들으라 나를 장사한 후에 보권경을 발용하여 일체 만인을 극락국토로 인도하였으라 내 이제 부처님 힘으로 마음에 즐거이 돌아가노라.[6]

여기서 현씨는 우연히 신심을 내어 시주를 하고 난 뒤부터 열심히 염불을 하게 되고 부처를 현신하고 나서는 더욱 정진하여 마침내 출가하여 편안한 죽음을 맞이한다. 부처의 목소리를 통해 세속적인 것(자손, 전토, 재물)이 허망한 것임을 말하고, 현씨를 출가하게 함으로써 세속적인 것을 완전히 초월하게 한다. 이 이야기에는 정진, 수행 권고, 부처 현신, 세속 초월 등 불교 설화를 구성하는 기본 요소들이 대부분 나타난다. 그중 가족관계로서 현씨와 그 자손 간의 관계가 나타나는데, 출가과정에서 그 관계가 문제되지 않고 임종 직전 현씨가 그

6) 「션씨힝젹」, 『념불보권문』, 211~212면. 저자가 현대표기로 바꿈.

들에게 불심을 가지기를 권고한다는 점에서 수행체험과 관련된 이야기의 전형을 갖추고 있다고 하겠다.

신불체험을 바탕으로 하는 이야기는 사람이 세속에서 어떤 문제를 안게 되었을 때(병, 죽음, 가난, 이별 등) 그 해결을 부처에게 간구하게 되는데, 과연 그 간구가 받아들여지는지 않는지에 대한 것이다. 『삼국유사』의 「분황사천수관음맹아득안(芬皇寺千手觀音盲兒得眼)」 설화를 비롯한 치병 영험 설화, 구비설화에 자주 나오는 시주 이야기 등이 여기에 해당한다.

이런 점들을 참고하여 불교 서사를 분류하는 기준을 제시할 수 있다. 첫째, 세속 삶의 질서와 그 가치를 인정하는가 아니면 깨달음이나 해탈을 위해 세속 삶을 포기하는가라는 기준이다. 그것은 육신의 영속이나 욕망의 충족을 전제하는가 아니면 그것들을 포기하고 해탈을 지향하는가로 구체화된다. 둘째, 가족관계를 중시하는가 아니면 가족관계를 부정하고 거기서 벗어나려 하는가이다. 이 경우는 자식이 부모와 함께 살며 효행을 다하는가 아니면 수행을 위해 자식이 부모를 부정하거나 부부가 상호 관계를 단절하려 하는가로 구체화된다. 그런데 둘째는 첫째에 포함되기에, 결국 불교 서사는 세속 충실과 세속 초월이라는 기준에 의해 구분된다고 하겠다.

특히 부모에 대한 자식의 효행이나 가족구성원 사이의 사랑 혹은 그리움은 여러 차원에서 문제가 되었다.

> 왕이 태자가 큰 마음을 베푼다는 소문을 듣고 신명을 아끼지 않으며 사유하기를, "내 오랫동안 은애에 속박되어 끝없이 생사에 유전했다. 이제

설법을 들어 사랑하는 자식을 버리고자 한다." 이렇게 생각하니 문득 떠날 수 있었다.[7)]

가족에 대한 사랑에 연연하는 것이 해탈의 걸림돌이 된다는 것이 절실히 인식된 것이다.

다른 한편 효애(孝愛)와 출가수행의 관계가 모순되지 않도록 하려 한 사례도 많다. 세속 삶에서 어쩔 수 없는 효애를 완전히 부정하는 것이 어렵다는 점을 배려한 것이다.

지금 부처는 제법의 요체요 효양(孝養)은 백행(百行)의 시작이다. 효심이 불심(佛心)이요 효행은 불행(佛行)이다. 득도하여 부처가 되려면 먼저 부모께 효양해야 하나니 고로 장로이선사가 말씀하기를 효라는 한 글자야말로 모든 오묘한 진리로 들어가는 문이라 했다. 부처의 말씀은 효를 종지로 삼고 불경은 효를 경계한다. …… 무릇 효에는 재가의 효와 출가의 효가 있다. 재가자는 부모가 자기를 사랑해주신다면 기뻐하여 잊지 말 것이요, 부모가 자기를 싫어한다면 힘쓰되 노여워하지 말아야 하니 안색을 편안히 받들어 양생을 다해야 한다. 출가자는 애욕을 끊고 부모를 사직하여 적게 먹고 근본을 되새겨 무위의 이치에 깊이 들어가 위로는 망극한 은혜에 보답하고 해탈의 길을 찾아 부모께 지름길을 드리는 보답을 해야 할 것이니, 이는 비단 미래의 이로움이 될 뿐만 아니라

---

7) 王聞太子發廣大心 不惜身命 卽自思惟 我於曠劫爲恩愛所縛 流轉生死無有窮已 今寧聞法 捨所愛子 思惟是已 卽便可之(「善面王求法緣」, 『撰集百緣經』 권4 「出生菩薩品」 제4)

현세의 성공이기도 한 것이다.[8)]

이 글은 불가에서도 효행을 지극히 중시한다는 점을 주장한다. 효행을 설명하되, 재가자가 가정에서 부모를 봉양하는 데 국한하지 않고 출가자가 종교적 수행을 통해 부모를 해탈하도록 도와드리는 것까지 포괄하였다. 그리고 출가자의 효행이 재가자의 효행보다 더 본질적이고 지속적인 것이라 했다.[9)] 같은 맥락에서 부처 출가의 의미를 설명한다. 이는 부처의 출가를 어떻게 설명하는가가 신도들의 삶의 자세에 결정적 영향을 준다는 점을 인식했기 때문일 것이다.

『월인석보』 21권에는 출가한 싯달타가 도리천으로 가서 어머니 마야부인을 만나는 장면이 감동적으로 묘사되어 있다. 아들 싯달타가 자기를 보고자 한다는 소식을 전해들은 마야부인은 자기도 모르게 젖을 흘린다. 마야부인은 진정 싯달타가 자기 소생 아들이라면 젖이 그의 입 속으로 흘러 들어가리라 서언한다. 과연 젖은 싯달타의 입으로 들어간다.[10)] 이는 싯달타가 출가하여 부모의 극락왕생을 가

---

8) 今佛乃諸法之要 孝養爲百行之先 孝心卽是佛心 孝行無非佛行 欲得道同諸佛 先須孝養二親 故長蘆頤禪師云孝之一字 衆妙之門 佛語以孝爲宗 佛經以孝爲戒 … 夫孝者有在家之孝 有出家之孝 在家者 父母愛之 喜而不忘 父母惡之 勞而不怒 承順顏色 以盡養生 出家者 割愛辭親 食微契本 深入無爲之理 上酬罔極之恩 趣解脫之要途 報慈親之捷徑 非但未來獲益 亦於現世成功(「孝養父母」, 『念佛普勸文』, 태학사, 482~483면). 비슷한 논리가 같은 책의 「父母孝養文」에 실려 있다. 즉, '長蘆頤禪師作勸孝文一百二十篇 前百篇言孝養甘旨爲世間之孝 後二十篇勸父母修淨土爲出世之孝 世間之孝一世而止 出世之孝 無時而盡 能使父母生淨土莫大之孝也'(428면)

9) 非但一世父母 而多生父母皆報 不唯一身父母 而法界父母皆度同登覺岸(위의 책, 483면)

10) 世尊이 文殊를 어마님띄 브리샤 請ᄒᆞ야시늘 文殊ㅣ 摩耶夫人띄 가 ᄉᆞᆯᄫᆞ신대 摩耶夫人이 그 말 드리시니 져지 흘러 나거늘 니ᄅᆞ샤ᄃᆡ 眞實로 내 나혼 悉達多ㅣ면 이 져지 그 이베 가리라 ᄒᆞ시니 두 져지 나 白蓮花ㅣ ᄀᆞᆮᄒᆞ야 如來ㅅ 이베 가 들어늘 摩耶ㅣ 깃거ᄒᆞ시니 大千世界 드러치고 時節 아닌 곳도 프며 여름도 여러 닉더라 摩耶ㅣ 文殊ᄃᆞ려 니ᄅᆞ샤ᄃᆡ 내 부텨와 ᄒᆞ야 母子ᄃᆞ왼 後로 즐겁고 便安호미 오ᄂᆞᆯᄀᆞᆮᄒᆞ니 업다 ᄒᆞ시고(『월인석보』 권

능하게 해드림으로써 출가자의 효행을 실천했을 뿐만 아니라, 모자간의 세속적 사랑조차도 이루었음을 보여준다. 그럼으로써 출가자의 효성은 재가자의 효성까지도 포함하는 한 차원 높은 것임을 입증했다.

출가자조차 세속 가정에서 가졌던 가족관계를 부정하지 못하는 이러한 양상은 우리나라 관련 서사가 양 극단으로 나아가게 만들었다. 가족관계를 극단적으로 강조하거나 아니면 극단적으로 부정한다.[11]

가족관계를 강조하는 서사들은 부부관계, 모자관계, 모녀관계, 부녀관계, 부자관계 등을 다양하게 서사구조 속으로 수용했는데, 그중 모자관계가 부각되는 서사가 주로 후대 소설로 나아갔다고 볼 수 있으며, 그것은 당대 여성 불자들의 현실적 고통에 대한 보상이란 것과

21, 홍문각 영인본, 13~15면)

『地裝菩薩本願經 演孝疏玄義』의 구절로 여기에 해당되는 것을 옮기면 다음과 같다. "부처님께서 먼저 도리천에 올라가시어 석 달 동안 안거하며, 문수보살을 어머니 계시는 곳에 보내시어 잠깐 삼보에 예배하도록 하신 것이다. 마야부인이 그 말을 듣고 젖이 저절로 나와서 부처님의 입에 직접 닿았다. 마야부인은 문수와 함께 부처님 계시는 곳에 이르러 부처님의 설법을 듣고 수다함과를 얻었다."(『불교의 효』, 수문출판사, 1995, 119~120면)

11) 강조된 경우 : 「安樂國太子傳」(『월인석보』 21), 「鹿母夫人傳」(『월인석보』 11), 「聖女救母譚」(『월인석보』 21), 「善友太子傳」(『월인석보』 21), 「木蓮傳」(『월인석보』 23), 「善色鹿王譚」(『석가여래십지수행기』 1지), 「善友太子譚」(『석가여래십지수행기』 6지), 「金牛太子傳」(『석가여래십지수행기』 7지), 「王郎返魂傳」(『권념요록』), 「童女勸母傳」(『권념요록』), 「世子童女勸母往生譚」(『彌陀懺略抄)

부정된 경우 : 「善慧仙人譚」(『월인석보』 1), 「羅雲出家記」(『석보상절』 6), 「舍利佛降魔記」(『석보상절』 6), 「難陀出家記」(『월인석보』 7), 「善宿比丘譚」(『월인석보』 9), 「淨飯王涅槃記」(『월인석보』10), 「忍辱太子傳」(『월인석보』21), 「如來涅槃記」(『석보상절』 23), 「忍辱太子譚」(『석가여래십지수행기』 2지), 「布施國王譚」(『석가여래십지수행기』 3지), 「捨身太子譚」(『석가여래십지수행기』 4지), 「忍辱仙人傳」(『석가여래십지수행기』 5지), 「善慧童子傳」(『석가여래십지수행기』 8지), 「布施太子傳」(『석가여래십지수행기』 9지), 「悉達太子傳」(『석가여래십지수행기』 10지), 그리고 『권념요록』에 실려 있는 서사 작품 중 「왕랑반혼전」과 「동녀권모전」을 제되한 대부분 작품이 여기에 해당한다.

관련이 있다.[12)]

불교 설화나 일화들은 세속 삶의 가치에 대한 성찰과 그것의 극복을 위한 모색을 중심으로 하여 다양하게 전개되었다. 세속의 모습은 주로 가족 구성원들간의 관계를 통해 구체적으로 형성화되었다. 특히 모자관계가 두드러지고, 다음으로 모녀관계, 형제관계, 부부관계가 설정되었다. 부녀관계를 나타내는 경우는 상대적으로 드물었다.[13)]

요컨대 불교 설화는 두 부류로 크게 나눌 수 있다.

첫째, 가족관계를 내세우지 않는 세속 삶을 서술한 뒤 그것을 반성하고 극복하는 지향을 가진 부류가 있다.

둘째, 가족관계가 중심이 되는 세속 삶을 서술하면서 가족관계를 지속하는 데 장애가 되는 경우를 적출하고 불교적 계시나 영험, 이적 등을 통해 문제를 해결하고 세속 삶을 궁극적으로 지향하는 부류이다.

---

12) 이와 관련하여서는 이강옥, 「불경계 설화의 소설화 과정에 대한 고찰」, 『고전문학연구』 4집, 1988을 참조.

13) 이런 점에서 「심청전」은 특별한 자리에 놓인다. 「심청전」은 불교 설화에 거듭 나타나는 헌신과 개안 모티프를 근간으로 한다는 점에서 일반적이라 할 수 있지만, 가족관계 중 부녀관계를 다룬다는 점에서 특별하다. 「심청전」의 특별함은 다음과 같이 설명할 수 있다.

심청전	다른 불교 서사(안락국태자전, 금우태자전, 목련존자전, 선우태자전)
딸 → 아버지	아들 → 어머니(안락국태자전, 금우태자전, 목련존자전)
딸 → 눈먼 아버지	어머니 → 눈먼 아들(선우태자전)
효성지극한 딸 → 방종한 아버지	효성지극한 아들 → 타락한 어머니(목련존자전)

불교 설화에 익숙해져 있던 대중들에게 부녀관계를 중심으로 서사를 전개시키는 「심청전」은 강렬한 인상을 주었을 것이다. 「심청전」의 대중적 호소력도 여기서 비롯했을 것으로 짐작한다.

첫째에서 『구운몽』 서사문법의 단초를 발견한다. 둘째에서 『육미당기』 서사문법의 단초를 발견한다.

3. 구운몽에 형상화된 세속 삶과 그 극복방식

1) 양소유의 가문의식과 모친에 대한 생각

양소유의 가문의식은 그 아버지의 삶의 태도와 연결되어 있다. 아버지 양처사는 속인이 아니라 봉래산 도사이다. 그는 양소유가 태어나자 곧 세속을 떠난다. 그는 세속 가문의 뿌리가 없는 것이다. 그는 일찍 세속을 떠나려했지만 유씨부인이 걱정되어 그러질 못했다. 양소유가 태어나자 그는 아내가 의탁할 사람이 생겼다며 미련없이 떠났다. 양소유는 과거 응시차 화음현(華陰縣)에 이르러 구사랑(仇士良)의 난을 만난다. 난을 피해 남전산(藍田山)으로 들어가는데, 거기서 만난 남전산 선군(仙君)에게 부친의 소식을 묻는다. 선군은 범인과 선인은 다르다며 부자상봉을 허락하지 않는다. 결국 양소유가 아버지를 통해 가업을 직접 확인하는 것은 불가능해졌고, 부자 간 그리움의 감정도 형성되지 않는다.

선군은 양소유로 하여금 아버지를 만나게 해주는 대신, 양소유에게 거문고와 퉁소, 팽조방서(彭祖方書) 등을 선물로 준다. 거문고와 퉁소는 양소유가 정경패와 난양공주를 만나는 데 결정적 역할을 하고, 팽조방서는 양소유로 하여금 병들지 않고 늙지도 않게 해주어 세속

욕망 추구가 완벽하게 이루어지도록 도와준다.[14)]

양소유가 과거에 응시하려 한 것은 공명을 이루어야만 집안의 영예를 드날리고 모친을 기쁘게 해드릴 수 있기 때문이다. 그것은 또한 부친의 기대를 저버리지 않는 길이기도 하다.[15)] 그러나 양소유가 집을 나서서 보이는 행동은 그런 취지에서 크게 벗어난 것이다. 양소유가 과거길에서 먼저 하는 일은 진채봉과 혼약을 맺는 것이다. 그 뒤로도 양소유는 가문을 생각하거나 부친의 뜻을 되새기는 일이 없다. 모친을 가끔 그리워하여 눈물을 흘리기는 하지만[16)] 모친을 모셔서 효도를 다하려는 뜻을 분명하게 드러낸 때는 없었다. 물론 양소유는 홀로 계신 모친을 모시지 못하는 것에 대한 죄책감에 괴로워했지만,

---

14) 초월자가 주는 이런 선물은 영웅소설의 경우와 차이가 크다. 영웅소설에서 주인공은 병서를 선물로 받는다. 병서는 영웅소설의 주인공이 탁월한 능력을 획득하는 결정적 계기가 된다. 반면 『구운몽』에서 양소유가 받은 선물들은 양소유가 탁월한 능력을 획득하는 역할을 하지 않는다. 영웅소설에서는 주인공들이 대단한 위력을 가진 적대자들을 거듭 만나 심각한 위기를 당면한다. 영웅소설의 주인공들은 스스로 탁월한 능력이 없으면 그 위기를 극복하기 어렵다. 적대자들의 도전도 너무나 강력하기에 주인공이 탁월한 능력을 갖추고 있어도 감당하기 어려울 때조차 있다. 그럴 때마다 초월자가 나타나 주인공을 도와주거나 구조해준다. 이에 비해 『구운몽』의 서술자는 양소유가 처음부터 강력한 적대자를 만나지 않도록 하거나 심각한 위기 상황을 만나지 않도록 배려했다. 그래서 양소유는 탁월한 능력이 없어도, 또 초월자가 도와주지 않아도 세속적 삶을 완전하게 꾸려갈 수 있다. 남전산 선군이 양소유에게 준 선물들의 성격은 이와 같은 『구운몽』 서술자의 구도와 관련이 있다고 할 수 있다.

15) 一日告於母親曰 父親升天之日 以門戶之責 付之於小子 而今家計貧窶 老母勤勞 兒子若甘爲守家之狗 曳尾之龜 而不求世上之功名 則家聲無以繼矣 母心無以慰矣 甚非父親期待之意也(노존A본, 174면)

16) 양소유는 과거가 연기되자 집으로 돌아와 모친과 상봉한다. 그 장면에서 모자지정이 나타난다.(柳氏聞京都禍亂之報 恐兒子死於兵火 日夜呼哭 幾不得自保矣 及見楊生 相持痛哭 若遇泉下之人: 노존A본, 179면) 또 토번 정벌을 마치고 진주(眞州)의 객사에서 하루를 묵을 때, '一別桑楡 三閱春秋 堂中鶴髮 想非舊日 而扶護疾恙 可托何人 定省晨婚 可期何時 鳴劒之志 雖展於今日 列鼎之養 不及於親闈 子職虧矣 人道廢矣'(노존A본, 245면)라 탄식하고, 난리가 평정되고 나라가 안정된 뒤 '臣母年齡已高 疾病沈篤 無他子女可以扶護者 … 肝腸已寸斷無餘矣 … 將歸老母 母子同居'(노존A본, 257면)이란 상소문을 올린다.

그런 감정은 곧 여인과의 결연으로 사라진다. 심지어 양소유는 자신의 결혼을 성사시키기 위해 모친을 불러온다. 양소유의 모친은 양소유의 혼인을 추인하고 혼례식을 성립시켜 줄 뿐, 혼약이 진행되는 과정에 적극 개입하지 않는다. 양소유가 혼사마다 모친의 허락을 받지 않는다는 사실은 그 삶에서 모친이 결정적 자리에 있지 않음을 의미한다. 양소유의 이런 형편은 정경패나 난양공주의 경우와 대조된다. 정경패의 모친과 난양공주의 모친인 태후는 그들이 양소유와 만나는 순간부터 적극 개입하는 것이다.

양소유는 부귀공명을 다 이룬 말년에 은퇴를 간구하는 상소문을 올린다. 거기서 '귀함은 신하로서 가장 높은 자리에 이르렀고, 영광도 부모님께 미쳤다'[17]라 하여 부모님을 언급하지만, 마지막 은거지인 취미궁(翠微宮)에도 어머니를 모셔오지는 않는다. 또 출가를 결심하는 과정에서도 양소유는 모친에 대한 배려를 하지 않는다. 다만 '소유는 하동의 한 포의로 성주의 은혜를 입어 지위가 장상에 이르렀고 여러 낭자들과 만나 두터운 뜻과 깊은 정이 나이 들수록 더 긴밀해졌으니 전생의 다하지 못한 인연이 아니었다면 이런 경지에까지 이르지는 못했을 것이오. 남녀는 인연으로 만나 인연이 다하면 돌아가는 것이니 그것이야말로 천리의 원칙이겠지요'[18]라며 부인들과의 인연만을 강조하였다. 이러한 점은 「안락국태자전」이나 「금우태자전」에서 아들이 모친의 세속적 고난을 해결해주고 마침내 극락세계

---

17) 貴已極於人臣 榮亦及於父母(노존A본, 276면)

18) 少遊以河東一布衣 恩承聖主 位致將相 且與諸娘子相遇 厚意深情 至老益密 非前生未了之緣 必不及於是也 男女以緣而會 緣盡而歸 乃天理之常也(노존A본, 279면)

로까지 인도하는 것과 대조된다. 『구운몽』에서는 모자관계나 부자관계가 가볍게 다뤄진 것이다. 그 점은 양소유로 환생하기 직전 성진이 육관대사의 추방령을 피하려 하면서 '성진은 열두 살 때 부모를 버리고 친척들과 이별했습니다'[19]고 외친 내용이 양소유의 삶에 투영된 결과라고도 볼 수 있다.

2) 초월적 존재의 개입양상

양소유의 세계는 그 앞뒤에 있는 성진과 육관대사의 초세속 공간과 형식적으로는 명백하게 구분된다. 성진의 세계에서는 육관대사라는 초월적 존재가 모든 사건의 귀추를 꿰뚫어보고서 세상살이의 의의나 가치를 평가한다. 반면 양소유가 살아가는 세속 세계에는 초월자가 자주 등장하지 않으며, 가끔 등장한다 하더라도 양소유의 앞날을 구체적으로 예언하지 않고 또 사건 전개에 적극적으로 개입하지도 않는다.

세속 세계에 나타나는 초월적 존재로는 먼저 양소유가 남전산에서 만난 선군(仙君)을 들 수 있다. 선군에게 양소유는 진채봉과의 혼인 여부가 자신의 주된 관심사라 하고는, 그 혼인이 이루어질 것인가를 묻는다.[20] 그러자 선군은 "혼인의 길 어둡기는 밤과 같으니 천기를 어찌 경솔하게 누설하겠는가? 그러나 그대의 가연은 여러 곳에서

19) 性眞十二歲 棄父母 離親戚(노존A본, 171면)
20) 仍問曰 先生以小子期之 以人間富貴 敢問前程之事矣 小子於華陰縣 與秦家女子 方議婚 爲亂兵所逐 奔竄至此 未知此婚可得成乎(노존A본, 178면)

이루어질 터이니 진녀에게만 연연할 필요는 없을 것이야"[21]라 충고한다. 선군은 혼인과 관련되는 양소유의 앞날을 꿰뚫어 알고 있지만 그것을 분명하게 알려주지 않은 것이다. 양소유는 선군의 모호한 말을 잘못 알아들어 진채봉이 죽었을 것이라 짐작한다.[22]

서술자는 초월적 존재의 개입을 가능한 한 억제하여 양소유의 앞날이 당사자는 물론 독자들에게도 불투명하게 비치게 함으로써 호기심을 고조시켰다. 독자들의 눈에 양소유의 미래는 불안하기만 하다. 그러나 사건이 전개되면서 운명은 항상 양소유에게 유리한 쪽으로만 전개된다.

이렇듯 초월자의 사건 개입이 최소화되며, 가끔 초월자가 사건 전개에 개입한다 하더라도 사건의 흥미진진한 전개를 위해 관련 정보를 숨기려 한다.[23] 또 일반적으로 초월자는 도덕적 가치나 윤리적 정당성을 부여하는 역할을 하는데, 『구운몽』에서는 그런 역할도 찾기 어렵다. 가령 태후의 명을 받아 정경패와 가춘운, 난양공주 등은 양소유에게 정경패가 죽었다고 거짓말을 한다. 그 무렵 양소유의 꿈에 선녀가 나타난다. 선녀는 죽은 정경패이다. 이 때 선녀는 일반적인 고전소설의 선녀와 많이 다르고 그 역할도 뜻밖의 것이다. 선녀는

---

21) 婚姻之路 昏黑似夜 天機何不可輕泄乎 然君之佳緣 在於累處 秦女不必偏自綣戀也(노존A본, 179면)

22) 問於店主曰 彼秦御使家屬 今往何處耶 … 楊生聽之 淚汪然自下曰 藍田山道人云 秦氏婚事 昏黑似夜 小姐必已死矣(노존A본, 179면)

23) 가령 양소유는 꿈 속에서 동정용왕(洞庭龍王)의 초대를 받아 용궁으로 갔다가 돌아오는 길에 형산에 올라 육관대사를 만난다. 육관대사는 양소유를 받아들이지 않을 뿐만 아니라 양소유가 갈 길을 명확하게 알려주지도 않는다. 그는 다만, '今番非元帥永來之日 須上殿禮佛而去'(노존A본, 230면)라 충고할 따름이다. 대웅전에 분향을 하고 내려오다 양소유는 실족하여 깨어나는데, 이 장면에서도 양소유가 초월자의 정보나 도움으로부터 소외되어 있음을 알 수 있다.

세속 인간들의 속임수를 도우려는 듯, 정경패가 죽었다는 암시를 계속 준다.[24] 이야말로 초월적 존재가 도덕적 가치나 윤리적 정당성과는 무관한 것임을 가장 두드러지게 보여주는 사례라 하겠다.

반면 백능파에 대한 예언은 비교적 뚜렷하다. 백능파가 태어났을 때 상계(上界)의 장진인(張眞人)은 그녀의 전생과 앞날을 알려준다.

> 이 낭자의 전신은 선녀입니다. 죄를 지어 적강하여 왕의 딸이 되었는데 필경 사람 모양을 다시 갖춰 인간 귀인의 첩이 되어 부귀영화를 누리고 심신의 즐거움을 다하다 마침내 불가에 귀의해 위대한 선사가 될 것입니다.[25]

장진인이 제시하는 이런 정보는 백능파 뿐만 아니라 양소유와 나머지 여인들과도 관련이 있는 것이다. 그러나 양소유는 이 정보를 전해 듣고서도 거기서 자기 앞날을 읽어내지 못한다. 심요연의 경우도 비슷하다. 심요연은 일찍 부모를 여의고 검술이 뛰어난 여자 무사의 제자가 된다. 그런데 스승은 심요연에게만은 살인을 하지 않게 한다. 심요연이 그 까닭을 물으면 스승은 언제나 "너는 우리와 같은 무리가 아니다. 훗날 정도를 얻어 마침내 성취함이 있을 것이다" 혹은 "너의 전세 인연은 대당국에 있는데 매우 귀한 분이다. 네가 외국에 있어 아직 만나지 못하고 있는 것이다"[26]라고 답해준다. 이 역시 심요연

24) 仙女先問曰 尙書別後無恙否 尙書定睛詳見 認是昔日論曲之鄭小姐也 … 仙女曰 今則我已別人間 來遊天上 … 君子雖見妾之父母 難聞妾之音耗矣(노존A본, 245~246면)

25) 此娘子前身 卽仙女也 因罪謫降 爲王之女 而畢竟復得人形 爲人間貴人之姬妾 享榮華富貴之樂 悉耳目心志之娛 終歸佛家 永爲大禪矣(노존A본, 226면)

이 양소유를 만날 것을 예언해 준 것으로 심요연의 세속 삶의 길잡이가 되었다. 그러나 양소유는 그 말을 자신과 관련된 예언으로 받아들이지 못한다. 예언이 어떤 사람에게 길잡이 역할을 해주지 못한다면 그 사람에게는 예언이 될 수 없다. 백능파나 심요연 등 상대인물에게는 초월자의 예언이 명시적으로 이루어진 반면, 주인공인 양소유에게는 그러하지 못했다. 그런 점에서 『구운몽』의 서사 전개에서 초월자의 예언이나 도움이 결정적이지 않았다고 볼 수 있다.

3) 욕망 충족의 순조로움과 심각한 갈등의 부재

양소유와 여덟 여인들이 구성해가는 일생은 연화도량에서 성진이 일으켰던 생각에서 비롯하였다. 여덟 선녀를 만나고 돌아온 성진은 불가적 삶과 구분되는 유가적 삶을 떠올렸다.[27] 세속 삶에 대한 이 같은 바람은 '눈으로 어여쁜 여색을 보고 귀로는 오묘한 음악을 듣는다'는 부분을 제외한다면 누구나가 가지는 것이라 할 수 있다. 그뒤 양소유에게 실현된 양상을 따져보면, '들어와서는 뭇 신하의 우두머리가 된다'에 해당하는 부분은 거의 나타나지 않고, '나아가서 삼군

---

26)"爾非我流也 他日當得正道 終有成就", "汝之前世之緣 在於大唐國 而其人大貴人也 汝在外國 邂逅無便也"(노존A본, 223면)

27) 男兒生世 幼而讀孔孟之書 壯而逢堯舜之君 出則三軍之帥 入則爲百揆之長 着錦袍於身 結紫綬於腰 揖讓人主 澤利百姓 目見嬌艷之色 耳聽幻妙之音 榮輝極於當代 功名重於後世 此固大丈夫之事也(노존A본, 170면). 이 점은 양소유가 말년에 황제에게 올린 걸퇴소(乞退疏)와 출가 전 여덟 여인들에게 한 말 등에서도 확인된다. 즉, "臣竊伏以人臣之落地而願者 不過曰將相也 曰公候也 官至將相公候 則無餘願矣 父母之爲子而祝者 不過曰功名也 曰富貴也 身致功名富貴 則無餘望矣"(노존A본, 276면); "少遊以河東一布衣 恩承聖主 位致將相 且與諸娘子相遇 厚意深情 至老益密"(노존A본, 279면)

의 장수가 된다'는 부분만이 강조되었다. 양소유를, 내정을 이끄는 신하보다는 외적[28]을 무찌르는 장수로 부각시키려고 한 것이다. 또 신하로서의 생활을 묘사할 때도 내정과 직접 관련되는 사건은 거의 일어나게 하지 않았고 그 대신 여인들과의 관계를 중점적으로 그렸다. 그 결과 양소유는 국내 정치적 갈등에 조금도 휩쓸리지 않게 되었다.

'눈으로 어여쁜 여색을 보고 귀로는 오묘한 음악을 듣는다'는 문구에서 암시되었듯, 양소유의 대부분 세속 삶은 여인들에 대한 애욕을 충족시켜가는 과정이다. 여타의 세속 욕망은 그에 비하면 보잘 것 없다. 여덟 여인에 초점을 맞출 때도 사정은 달라지지 않는다. 아홉 명이 애욕을 성취해가는 과정에는 고난이나 장애 요소가 최소화되니, 애욕의 성취가 지극히 순조롭다. 가령 구사랑의 반란은 갑작스럽게 개입하여 극적 긴장을 일으키기는 하지만, 그것은 양소유와 진채봉의 사랑을 방해하는 비정한 현실 장애로 작용하기보다는 재회의 기쁨을 배가하기 위한 서사 장치라는 느낌을 준다. 또 난양공주와 결혼을 거부했다는 이유로 양소유가 투옥당한 것이 고난이라 하겠지만, 이 투옥 경험 역시 양소유를 심각한 위기에 빠지게 하거나 그와 정경패와의 혼인을 불가능하게 하지는 않는다. 그와 관련된 천자와 태후의 말에서는 장난기마저 느껴진다.

외적을 물리치기 위해 출전한 양소유는 외적을 압도하기에 여러 합을 싸우는 경우는 없다. 토번이 변경을 침략한 것과 하북삼절도(河北三節度)들이 연왕(燕王), 조왕(趙王), 위왕(魏王)을 자칭한 것은 중국의

28) 『구운몽』에서 일어나는 전란의 대부분은 변방 오랑캐들의 침입에서 비롯되었다.

지배 질서를 심각하게 위협하는 것인데, 양소유는 조서 한 장으로 조왕과 위왕을 귀순시킨다. 다만 연왕이 여전히 대항하니 문제였다. 양소유는 정사도 부부와 가춘운 등과 비장한 이별식을 하고는 출정한다. 그러나 그 뒤 그가 보이는 행동은 출정하는 장수의 모습이 아니다. 낙양에 이르러서는 계섬월의 족적을 애써 찾아다닌다. 연국에 도착하니 그 나라 백성들은 양소유의 풍모에 반한다. 연왕도 양소유를 순순히 맞이해준다. 양소유는 그런 연왕에게 천자의 덕을 강조하고 순응과 반역의 원리를 조리있게 피력함으로써 그 자리에서 연왕을 귀순시킨다. 양소유는 칼 한번 휘두르지 않고 전쟁을 끝낸 셈이다. 돌아오는 도중에 적경홍과 계섬월을 만난다. 장수 양소유에게 가장 심각하고 중요한 출전이 두 여인과의 만남으로 귀결된 셈이다.

양소유는 토번의 재침으로 두번째 출정을 한다. 토번은 강성해져 중국을 깔보고 변방을 여러번 함락시켜 중국 조정을 불안하게 만든다. 양소유는 이런 토번조차 쉽게 굴복시킨다.[29] 이 전쟁 장면도 간략하게 처리되고 대신 심요연과 관련된 사연이 자세하게 제시된다. 심요연은 토번의 찬보(贊普)가 보낸 자객이지만 양소유을 죽이기는 커녕 오히려 양소유에게 자기의 과거를 술회하고는 양소유를 따라가겠다고 맹세한다. 그녀의 이런 행보는 이미 심요연의 스승이 계시한 바이다. 이로써 양소유의 두번째 출정도 여인과의 결연으로 귀결되었다. '내가 너에게 검술을 가르치는 것은 이 기술로써 네가 귀인을 만나도록 하기 위해서다'[30]는 심요연 스승의 말이야말로 전쟁이

---

29) 尙書拜辭而出 指揮三軍 陣於渭橋討賊 先鋒擒左賢王 賊勢大挫 潛師遁去 尙書追擊 三戰三捷 斬首級三萬 獲戰馬八千匹 以捷書報之(노존A본, 222면)

결연의 계기로 활용되는 『구운몽』 서사의 특징을 압축하고 있은 것이라 하겠다. 검술 뿐 아니라 등장인물이 갖춘 거의 대부분의 능력들 – 시짓는 능력, 퉁소 및 거문고 연주 능력, 변신술 등 – 도 결연의 매개물 역할을 한다.

백능파는 두번째 출정에서 만난 두번째 여인이다. 이로써 여덟 여인과 양소유의 상봉은 다 이루어졌다. 바로 이 시점에서 양소유가 초세속 인물인 육관대사를 만난다는 설정이 의미심장하다. 양소유가 세속에서 여덟 여인을 모두 만났다는 것은 세속 인연을 완수한 것이며 그것은 다시 세속으로부터 멀어져갈 것을 예견하게 하는 것이다. 남악 형산에서 양소유가 육관대사를 만나는 것은 이런 전환을 암시하는 것이다.

이처럼 양소유의 애욕 성취 과정에는 쟁총이나 애정 갈등 요소가 없다. 양소유는 연이어 다가오는 여인들 앞에서 행복한 고민에 빠진다. 난양공주 때문에 투옥되는 경우가 특히 그러하다. 그러다 곧 토번이 침략하고 양소유가 아니면 토번을 물리칠 장수가 없다 하여 양소유는 석방되며, 토번의 난을 평정함으로써 마침내 양소유는 두 여인을 동시에 정실로 맞이하게 된다.

양소유는 가문의식이 강하지 않다. 자신이 가난한 처사의 아들로 태어났다거나 가문이 한미하다거나 하는 것에 대해 고민하지 않는다. 반면 여인들은 다소 다른 모습을 보인다. 여덟 여인들은 각기 다른 신분으로 처지도 다르다. 진채봉은 벼슬아치인 아버지 진어사가 반란과 관련되어 처형당했기에 자신도 궁녀가 되어야 했다. 계섬월

30) 吾所以敎汝劍術者 欲使汝因此小技 得逢貴人(노존A본, 223면)

과 적경홍은 평민의 집안에 태어나 집안이 몰락하자 기생이 된다. 가춘운은 아전인 아버지가 죽은 후 정경패의 집 몸종으로 전락했다. 심요연은 어려서 부모를 잃고 도술을 배운 뒤 자객이 된다.[31] 모두 그 이유야 다르지만 집안의 몰락으로 큰 시련을 겪는다. 그러나 이들은 그 몰락에 대해 심각하게 생각하거나 절망하지 않는다. 오히려 그 시련 상황을 양소유와 만나는 계기로 활용한다. 양소유와 결연을 맺은 뒤로는 몰락한 가문이나 자신의 신분에 대해 더 이상 떠올리지도 않는다. 이런 점은 『육미당기』에서 백운영과 옥성공주 및 설부인이 시집이 있는 신라로 건너왔다가 친정의 일을 처리하기 위해 다시 중국으로 돌아가는 경우와 대조된다.

여덟 여인들은 양소유의 여자가 되었다는 이유로 자신들의 신분과 처지를 잊고 서로 간 동질감을 강하게 느껴 마침내 의형제를 맺기에 이른다.[32] 여인들 사이에는 이상하게 느껴질 정도로 시기나 질투가 일어나지 않는다. 김만중이 『사씨남정기』에서 교씨라는 시기심 많고 음모 잘 꾸미는 여인상을 형상화했다는 사실이 믿기지 않을 정도다. 소설 속 인물인 태후조차 그것을 이상하다고 감탄한다.[33] 작가가 이 점을 분명하게 의식하고 있었기 때문에 등장인물의 목소리를 빌려 드러낸 것이다. 여인들이 서로 질투하지 않고 심지어 자기와 혼약을 맺은 남자에게 또 다른 여자를 추천하기까지 하는 조화의 관

31) 여덟 여인의 신분과 그 의미에 대해서는 박일용, 『조선시대의 애정소설』, 집문당, 1993, 201~211면 참조.

32) 노존A본, 274면.

33) 太后歎嗟曰 妬才忌色 女子常情 吾女兒愛人之才 若己之有 敬人之德 如渴求飮(노존A본, 231면)

계는 남자들 사이에도 갈등이 생기지 않는 것과 대응된다. 남자들도 여자를 사이에 둔 애정 갈등을 겪지 않는다. 또 양소유의 정치적 군사적 역량을 시기하는 개인이나 정치집단도 없다. 오히려 정십삼은 양소유의 여성 편력을 도와주며 조정의 모든 신하들도 외적이 침입할 때마다 양소유의 탁월한 전쟁 능력을 진심으로 찬양하면서 그를 천자에게 추천한다. 정벌 성공 뒤 양소유에게 내려진 최고의 보상에 대해서 시비를 거는 사람도 없다.

서사 과정에 갈등이 없다는 것은 심각한 결함일 수 있다. 서사적 흥미를 일으키기 위한 다른 장치가 필요하다. 『구운몽』에서는 등장인물들이 말을 아주 재치있게 구사한다. 재치있는 말하기와 되받기가 끊임없다. 그 결과는 웃음이다.[34] 아울러 인물 간 속임수 상황을 거듭 활용했다. 한 인물을 속이기 위해 여러 다른 인물들이 모의를 한다. 주로 양소유가 속임을 당하고 나머지 인물들이 양소유를 속인다. 그런데 이 속임수에 의해 구성된 가상 상황은 심각한 내용을 담기도 한다. 속는 인물은 한동안 가상 상황을 실제 상황이라 착각하는데, 그 동안 그 인물은 심각한 고통을 경험하게 된다. 가령 양소유는 엄연히 살아있는 가춘운과 정경패가 죽었다고 만드는 속임수에 빠져 두번이나 고통의 몸부림을 친다. 비록 가상 상황이라 하더라도 등

34) 두드러진 예를 들면 다음과 같다.

"鄭夫人曰 狄娘之纖弱 非不足也 自是承相一雙眸子 不能清明之致也 鴻娘名價 不必以此而低也 然蟾娘之言 盖是確論 女子以男服欺人者 必無婦女之姿態也 男子以女粧瞞人者 必缺丈夫之氣骨也 皆因其不足處而逞其詐也"

"丞相大笑曰 夫人此言 蓋弄我也 夫人一雙星眸 亦不清明 能辨琴曲 而不能辨男子 此有耳而無目也 七竅無一 則其可謂全人乎 夫人雖譏此身之殘劣 見我凌烟閣畵像者 皆稱形體之壯 威風之猛矣"

一座又大笑(노존A본, 262면)

장인물이 심각한 고통을 경험하는 한, 소설은 서사적 긴장을 생성해 낸다. 그 인물과 동일시하는 독자도 마찬가지다.

그러나 속임수에 의한 오해와 긴장이 어느 단계에서 해소되면, 그 속임수를 겪기 전보다 현실적 행복감은 훨씬 더 고조된다. 죽었다고 생각한 가춘운과 정경패가 실은 살아 있다는 사실을 알게 된 순간 양소유가 느꼈던 환희는 대단했을 것이다. 그 환희를 독자도 추체험할 수 있다. 그 결과 『구운몽』 향유 과정에서 더욱 낙관적 분위기가 만들어진다.

4) 세속 삶에 대한 집착과 그것의 극복 방식

양소유는 궁벽한 시골 서생이었지만 마침내 승상이 되고 부마가 된다. 승상과 부마라는 직위는 그가 신분상승과 애욕충족에서 최고 수준에 도달했음을 말해준다. 이로써 서두의 성진이 마음 속에서 요약했던 '유가 대장부'가 추구할 수 있는 최상의 행복이 온전하게 구축되었다.

성진의 세계에 대한 묘사가 양소유의 경우에 비해 지극히 소략하다 하더라도 『구운몽』에서 성진의 세계는 주제의 해석에서 중요하게 다뤄져야 할 부분이다. 몽유록이나 환몽소설에서 액자의 역할은 중요하게 인식되고 특히 『구운몽』에서는 양소유의 세계를 바라보고 의식하는 앞뒤 액자의 시선이 무척 강렬하게 느껴진다. 앞 부분 성진은 양소유로 대변되는 유가 사대부의 일생을 간절히 부러워한다. 뒷 액자의 성진과 육관대사는 양소유가 활약한 세속 세계에 대해 문답을 하며, 그 과정을 통해 성진은 완전히 깨달아 육관대사의 도통을 잇게 된다.

그런 점에서 양소유의 세계로 들어가는 계기와 거기서 나오는 계기, 그리고 나와서 그곳의 삶을 해석하는 부분을 잘 살펴보아야 한다. 먼저 앞 액자에서 성진은 세속 삶을 연모한다. 그는 스스로에게 하는 말로써 마음을 드러내었고, 다음으로 여덟 선녀의 환상을 보기도 한다.[35] 성진은 남악형산의 도량에서 이미 마음 속 생각한 바의 실현을 경험한 것이다. 그러다 스스로 반성한다.[36] 그 무렵 육관대사가 부른다. 육관대사는 세속 욕망에 대한 성진의 마음가짐 뿐만 아니라 그 반성의 철저하지 못함을 질책함 셈이다. 그 질책은 점진적이고 체계적이다.

육관대사가 성진을 불러 꾸중하는 것조차 사실은 성진의 마음 속에서 일어난 일이다. 성진이 속으로 '내가 이런 허튼 생각을 하는 것을 스승님이 아시면 가만 계시지 않으실 거야'라는 성진의 생각이 어느새 육관대사의 소환과 꾸중으로 구체화된 것이다. 작자는 양소유의 삶이 성진의 마음에서 비롯된 것임을 직접 언급하기도 한다.

> 대개 전생에서 수행한 사람은 마음이 맑고 멀리까지 나아가며 가슴도 넓고 넓어 건드리는 것마다 넓어지고 갈라지는 것이 대나무가 칼을 맞이하는 것과 같으니 범속한 무리들에 비교할 바가 아니다.[37]

35) 霎然合眼 則八仙女忽羅列於前矣(노존A본, 170면)

36) '我出家十年 曾無半點苟且之心矣 邪心忽發 今乃如此 豈不有放於我之前程乎'(노존A본, 170면)

37) 盖以前世修行之人 心竇洞澈 胸海恢廓 觸處瀜解 如竹迎刃 非凡流俗士之比也(노존A

여러 사람이 성대한 덕으로 하나의 화목한 가정을 이루었는 바, 그건 아홉 사람들이 남악형산에 있을 때 발원이 이와 같았던 까닭이다.[38)]

또한 여러 낭자들과 서로 만나 뜻이 두터워지고 정도 깊어져 늙어갈수록 더욱 긴밀해졌으니 전생의 다하지 못한 인연이 아니었다면 여기까지 이르지는 못했을 것임에 틀림없다.[39)]

이리하여 성진과 양소유는 완전히 단절되지 않게 되었다. 성진의 세계든 양소유의 세계든 다 성진의 마음 속에서 일어난 생각을 근간으로 하고 있다. 나아가 양소유의 삶은 성진의 생각에서 구성된 것이면서 양소유 자신의 생각에 의해 전개되는 것이기도 하다. 정확히 말하면 양소유의 삶은 성진의 생각 속 인물인 양소유의 생각에 의해 전개된다. 가령 양소유는 용궁과 남악형산을 찾아가는데, 용궁은 성진이 육관대사의 심부름으로 찾았던 곳이고 남악형산은 성진이 살던 곳이다. 만일 양소유가 성진의 완전한 환생(還生)인물이었다면 이런 상황은 일어나기 불가능하다. 성진이 마음 속 생각을 통해 양소유가 되었듯, 양소유도 생각을 통해 성진의 공간을 찾아갈 수 있는 것이다.

양소유는 용왕과 육관대사라는 성진의 주변 인물들을 직접 만난다. 양소유는 스스로 의식을 하지는 못했지만 성진의 공간과 성진의 주변 인물들과 관계를 맺을 수 있었던 것이다. 반면 성진은 양소유

본, 174면)

38) 此雖諸人盛德 能致一家之和 而盖當初九人 在南岳時 其發願如此故也(노존A본, 274면)

39) 且與諸娘子相遇 厚意深情 至老益密 非前生未了之緣 必不及於是也(노존A본, 279면)

의 주변 인물들을 만날 수 없다. 성진은 여덟 선녀를 만나지 이처육첩이나 정사도를 만나지는 못하는 것이다. 이에 대해서는 이런 설명이 가능하다. 즉, 성진의 세속에 대한 마음가짐이 분명하고 강렬하여 마음가짐의 주체가 잊혀지고 대상만이 부각되었으며, 반대로 양소유의 초세속에 대한 마음가짐은 불분명하고 미약한 것이어서 주체의 형상이 그 대상보다 더 강하다는 것이다. 물론 육관대사가 성진의 지향을 부추긴 반면 양소유의 지향은 막았다는 이유도 고려해야 할 것이다.

양소유는 세속생활에 몰두하여 신분상승과 애욕성취의 길을 일도매진하지만, 말년에 가까이 갈수록 자기 삶에 대한 반성을 자주한다. 양소유의 세속 초월 의지가 발현된 것이다. 양소유의 세속 초월은 과거 경험을 떠올리고 그것을 남 앞에서 진술하는 방식으로 시작된다. 낙유원(樂遊原) 잔치에서 월왕의 물음에 대해 자기가 여인들을 만나게 된 사연을 이야기했다. 다음으로 우울한 모습을 보이는 양소유에 대해 여덟 여인들이 그 까닭을 묻는데 그에 대한 답변으로 양소유가 완전한 자기 진술을 한다. 이어 양소유가 출가하게 될 분위기가 조성되고 이별의 술잔을 나눌 무렵 육관대사가 나타나 모두들 각성하게 만든다. 이 전후에 깨달음을 위한 『구운몽』의 서사 장치들이 다채롭게 제시된다.

작품의 결말부분에서 육관대사는 성진의 삶의 자세와 인식 태도를 문제삼고 꾸중한다. 성진은 세속 욕망에 집착하여 양소유로 환생했고, 돌아와서는 양소유로서의 경험을 부정했다. 환생 전 성진, 양소유, 돌아온 성진 모두 분별심을 가졌다는 점에서 문제가 있다. 그래서 다시 극복되어야 할 존재들이다.

『구운몽』의 이같은 세속 극복 양상을 작가의 경우에 대입하여 살펴볼 수 있다. 먼저 유가 사대부의 일생의 의의에 대한 우울한 상념에 빠져 있는 말년의 양소유에 대해 김만중이 동일시를 했을 법하다. 김만중은 사대부로서의 정치적 황금기를 보내고 『구운몽』을 쓸 무렵에는 귀양살이를 거듭하는 고난의 말년을 보내고 있었다. 『구운몽』의 잠재적 독자인 윤씨 부인도 크게 다르지 않다. '일체 부귀영화가 모두 꿈이라는 것이니, 아울러 그 뜻을 넓히고 슬픔을 달래기 위한 것이었다'[40]는 『서포년보』의 『구운몽』에 대한 설명도 이런 맥락과 이어질 수 있다. 일체 세속의 부귀영화가 몽환에 지나지 않는다는 것이 그 요지이지만, 거기에 머물지 않고 나아가 그 뜻을 넓혀 슬픔을 위로하기에 이르렀다는 점을 놓쳐서는 안될 것이다. '세속의 부귀영화가 몽환에 지나지 않는다'는 인식은 결코 삶에 지쳐 슬퍼하고 있는 사람을 위로해주지는 않을 것이기 때문이다.

김만중은 그런 허무의식을 극복하기 위해 다른 주제를 덧붙였다고 할 것이다. 먼저 '대승상의 부귀풍류와 여러 낭자들의 옥용화태(玉容花態)가 어느덧 적막으로 변했다고 할 것이니, 이런 인생이란 눈 한 번 깜짝할 순간의 일이 어찌 아니겠소?'라는 양소유의 탄식은 작자 자신의 탄식이기도 하다. 여기서 세속 삶에 대한 허무감이 생겨난다. 허무감은 죽음을 의식하는 데로 연결된다.[41] 이 단계에서 작자 김만

40) 以爲一切富貴繁華 都是夢幻 亦所以廣其意以慰其悲也(김병국 · 최재남 · 정운채 역주, 『西浦年譜』, 서울대 출판부, 1992, 330면)

41) '우리들이 돌아간 후 높은 누각 넘어지고 넓은 연못 메워지며 오늘 춤추고 노래한 곳에는 거친 풀이 돋아나고 찬 안개 일 것이니 나무꾼 목동들 슬픈 노래 부르며 탄식'(吾輩一歸之

중이 일생동안 이념으로 받들어온 유가는 어떤 해결책을 제시해줄 수 있었을까? 양소유의 목소리를 통해 김만중이 답하는 듯하다. '후세에 이름을 남기게 할 따름이다'[42]라고. 유가 사대부라면 죽은 뒤에 남는 이름을 생각하며 만족스럽게 죽음을 맞이할 수 있을지 모른다. 그러나 삶의 허망감이나 죽음의 두려움을 느끼며 고통스럽게 노년을 보내고 있는 사람에게는 죽은 뒤 이름이 남는다는 사실이 위안을 주기 어렵고 그런 점에서 당면한 고통을 해결해주지 못한다. 유배지 선천에서 죽음을 의식하며 삶을 마무리해야 할 절박한 지경에 있었던 김만중에게 삶은 어떤 의미로 다가왔을까? 자신의 죽음 앞에서 도대체 어떤 것이 가치가 있다고 느껴졌고 또 어떤 것이 홀로 계신 어머니를 위로할 수 있다고 여겼을까? 이런 질문에 쉽게 대답할 수 없었던 입장에서 성찰이 시작되었을 것이다. 『구운몽』은 그 성찰의 과정과 결론을 보여준 것이 아닌가 한다.

김만중은 먼저 유가 대장부가 경험할 수 있는 세속 행복의 최고치를 보여주고자 했다. 양소유는 마음먹은 대로 모든 욕망을 실현하고 경험할 수 있게 되었다. 그것이야말로 양소유의 세계에서 도덕적 성찰이나 이념적 문제제기가 이루어지지 않고 다만 걸림없는 욕망 성취의 경험만이 이어지게 한 까닭이다. 조화롭고 행복한 세속 삶을 간

後 高臺自頹 曲池且堙 今日歌殿舞榭 便作衰草寒烟 必有樵竪牧童 悲歌暗歎)할 것이라는 말년 양소유의 진술은, 김만중 자신과 어머니의 죽음에 대한 것이면서, 이미 노산(蘆山)에 묻힌 형의 죽음에 대한 것이기도 하다. 김만중은 이런 시를 짓기도 했다. '지난 해 오늘은 어머님 모시고 형제가 연이어 수를 비는 술잔 올렸지 한번 귀양지에 떨어지니 소식조차 끊어졌는데 노산의 새 무덤엔 이미 가을서리 내렸겠네(去年今日侍萱堂 兄弟聯翩捧壽觴 一落塞垣音信斷 蘆山新塚已秋霜)'(「九月二十五日謫中作」, 『西浦先生集』 卷六)

42) 留名於身後而已(노존A본, 279면)

접적으로나마 경험하는 것은 쓸쓸하게 노년을 보내고 있는 김만중과 그 어머니에게 가벼운 위안을 줄 수 있었을 것이다.

그것을 발판으로 삼아 세속 삶의 의의를 전체적으로 성찰하고자 하였다. 사람의 소원대로 모든 것이 순조롭게 다 이뤄지는 세속 삶을 구성해낸 뒤, '그래 그렇게 완전히 갖춰진 삶이 도대체 어떤 의의가 있단 말인가?'라는 근원적 질문을 던지는 것이다. 세속 삶에서 일어나는 허무감은 부분적으로 극복되는 것이 아니라, 전체로서의 삶의 가치가 인정되고 마침내 삶에 대한 마음가짐을 달리함으로써 극복되는 것이었다. 양소유가 말년에 말한 '불생불멸의 도를 얻어 티끌세상의 고해를 벗어나고자 한다'는 것이 궁극적 지향점이 되었다고도 할 수 있다.

『구운몽』이 보여주는 이와 같은 세속 삶에 대한 극복 방식이야말로 죽음을 앞둔 김만중이 자신과 어머니, 그리고 자기 시대 사람들을 위로하고 그 쓸쓸하면서도 고단한 세속 삶을 극복하려는 방식이었다고 하겠다.

4. 『육미당기』에 형상화된 세속 삶과 그 극복 방식

『육미당기』는 서유영(徐有英, 1801~1874)이 지은 장편한문소설이다. 서유영은 과거를 준비하다가 포기하고 홍길주(洪吉周), 홍한주(洪翰周) 등과 낙산시사(駱山詩社)를 결성하여 시작활동에 전념했다. 1860년 음보로 사릉참봉(思陵參奉) 벼슬을 받았고 그뒤 의령현감의 자리에서

암행어사의 탄핵을 받아 평안도로 귀양을 갔다가 충청도 금계(錦溪)로 낙향하여 생애를 마친다. 『육미당기』는 사릉참봉을 하던 1863년 경에 지었고, 야담집인 『금계필담』은 1873년 경에 지었다.

『육미당기』는 남자 주인공 김소선에 초점을 맞추면 '『현우경(賢愚經) 선사태자입해품(善事太子入海品)』→「적성의전」'으로 이어진 불교 서사의 전통을 계승한 것이라 할 수 있고, 여자 주인공 백운영에 초점을 맞추면 조선 후기 여성영웅소설의 골격을 수용한 것이라 할 수 있다.

1) 모자·부녀간 그리움의 형상화

『육미당기』는 주인공 김소선의 가족 이탈에서 시작한다. 중심 스토리라인은 집을 떠난 소선이 언제 어떤 모습으로 돌아와 부모와 상봉하는가이다. 대부분 사건의 전제는 소선이 가족으로부터 멀어진 것과 그 상황에서 생성된 그리움이다. 더욱이 그는 아버지의 병을 고쳐줄 영순(靈筍)을 얻기 위해 떠났다. 이런 상황에서 부모 자식 간의 그리움이 더 간절하게 형상화된다. 맹인이 된 소선이 모친이 보낸 편지 읽는 소리에 눈물을 흘리다 눈을 뜨게 되는 대목에서 그리움이 절정에 이른다. 가족이 사는 신라로부터 소선이 멀어지면서 사건이 시작되고 다시 소선이 신라로 돌아오면서 사건이 마무리되는 구성도 이와 관련된다.

가족관계를 중시하는 이런 경향은 백운영과 설소저의 경우에도 나타난다. 두 여인 모두 자기 집안의 무남독녀이다. 이들은 아들 못지않게 부모의 처지 변화에 예민하며 가족의 문제를 해결하려는 강렬한 의지를 가진다. 백운영은 소선과의 결연약속을 저버리지 말라는 아버지의 뜻을 끝까지 지킨다. 또 배득량에게 쫓기다 설현(薛顯)에게 구조되어 안정된 생활을 누릴 수 있는데도 아버지를 찾기 위해 다시 험난한 길을 떠난다. 그녀는 세속 욕망에 집착하지는 않지만 아버지의 누명을 벗겨주고 아버지를 복권시켜주기 위해 배연령을 축출한다.

일찍 부모를 잃고 온갖 고난을 겪는 설소저 역시 부모의 존재가 자식에게 얼마나 소중한가를 환기시킨다. 옥성공주는 황후가 귀비에게 무고를 당하자, '비녀를 빼고 엎드려 고두(叩頭)하고 피를 흘리며' 황후의 억울함을 풀려고 한다. 이 상황은 가정소설의 처첩갈등 모티프와 가족 구성원 간의 긴밀한 관계 설정을 수용한 것이다. 세 여인은 소선을 따라 신라로 갔지만 여전히 부모의 산소와 황제의 통치여건을 걱정하니,[43] 이러한 모습에서도 가족관계가 중시되고 있음을 확인한다. 중시된 가족관계는 세속 갈등 창출의 바탕이 되었다.

소선의 가족이탈과 가족 품으로의 귀환은 「선우태자전」의 골격을 수용한 것이다. 『육미당기』는 거기에다 영웅소설이나 가정소설 등의 가족 관련 모티프를 덧붙였다.

2) 세속 세계의 갈등과 고난 증폭

『구운몽』과 비교할 때 『육미당기』에서는 세속 갈등이 훨씬 강화

43) 金星言於太子曰 妾本無他兄弟 父母祠宇寄在中國 奉祀無人 妾當一至中國拜掃祠宇而回矣 薛夫人曰 妾亦與賢姊私情一般矣 太子曰 此孝道也 何可廢乎 玉星公主曰 妾亦欲一入中國 拜見新皇矣(임명덕 편, 『육미당기』, 『한국한문소설전집』 권5, 중화민국 중국문화학원, 1985)

되었다. 먼저 가족 구성원 간 갈등이 강하다. 세징은 이복동생인 소선이 얻어온 영순을 빼앗고 소선의 눈에 독약을 발라 앞을 못 보게 만든다. 소선은 천성이 인자하고 효성이 지극하지만, 세징은 간사하고 음흉하여 시기심이 많았다. 타고난 성품의 차이가 형제 갈등의 한 원인이 되었다. 『육미당기』의 모태가 된 「선우태자전」에서도 형제 갈등의 원인은 성품의 차이였다. 『육미당기』는 거기다 신분 요소를 덧붙인 것이다. 소선이 정실인 황후 소생인 반면 세징은 후실인 귀인 박씨 소생이다. 세징이 악독한 짓을 하게 되는 것은 그의 성품 때문일 뿐만 아니라 신분적 열등감 때문이기도 하다. 세징은 가정 안에서의 자기 위치에 대해 정확하게 의식하였다. 신분상 우위에 있는 소선이 영순을 구해가서 부친의 병을 낫게 한다면 신분상 열등한 세징 자신은 왕권이나 부모의 사랑으로부터 결정적으로 멀어질 것이라는 점을 정확하게 간파하였기에 나름대로 먼저 조치를 취한 셈이다.

황후에 대한 귀비 곽씨의 모함은 가정 내 신분갈등이 더 직접적으로 드러난 경우이며 가정갈등의 확장이기도 하다. 곽씨는 황후를 제거하려는 음모를 직접 꾸며 궁중 하인들을 사주한다. 관련자들이 황후요 귀비이기에 이런 갈등은 국가 차원의 갈등으로 비화될 여지가 있다. 다만 귀비가 다른 정치 세력과 결탁하지 않았기에 정치적 갈등으로 비화되지는 않았다.

또 다른 새로운 갈등이 백운영과 그 모친 석부인과의 갈등이다. 석부인은 석시랑의 꾐에 빠져 백운영으로 하여금 배득량과 혼인하라고 권한다. 백운영이 배득량과 혼인을 하기만 하면 백운영의 아버지 백승상이 풀려나고 또 부귀영화를 누릴 수 있다고 하는 배득량 쪽의 사기에 석부인이 넘어간 것이다. 백운영은 모친의 권유를 단호히 물리치고는 고난의 길을 걸어간다.

설소저의 고난은 백운영보다 훨씬 더 심각하다. 설소저는 자기 고난을 스스로 극복할 능력을 갖지 못하다. 그녀는 고아가 되자 유일한 친척 소어사(蘇御使) 댁을 찾아서 나서는데, 그 길이 고난으로 점철된다. 왕파(王婆), 전구(錢嫗)라는 인신매매범들이 그녀를 괴롭히고, 정욕에 눈이 어두워진 뇌구자(雷嫗子)는 끝까지 추격한다. 화주(華州)에서는 거리의 부랑자들로부터 봉욕을 당하다가 이면(李勉)에 위해 구조된다. 소어사 댁에 도착했지만 소어사는 이미 죽었고 그 집안도 망해 자취가 없었다. 설소저의 여정은 세속의 고난이 가장 심각하게 형상화된 경우라 하겠다.

정치적 갈등으로는 먼저 승상 배연령(裴延齡)과 육지(陸贄) 사이의 갈등이 제시된다. 배연령은 권력을 독점하여 선량한 충신들을 모함하고 해친다. 공부상서 육지는 그를 비판하는 간언을 올렸다 귀양을 가게 된다. 배연령이 정치적 공작을 일삼는다면 그 아들 배득량은 절세 미녀를 얻으려는 개인적 욕망만을 추구한다. 백운영이 배득량의 청혼을 거부하면서 갈등은 윗대로 번져, 백승상이 배연령의 모함을 받아 좌천당한다. 이들 사이의 갈등은 집단적 갈등으로 확장된다. 배연령은 공부좌시랑 황보박(黃甫鎛)과 한 패거리를 만들어 정권을 장악했기에 다른 신하들은 불만은 있지만 어쩔 수 없이 방관했다.[44]

---

44) 이런 점에서 『육미당기』의 작자는 정치적 문제의식을 강하게 가졌다고 볼 수 있다. 그 점은 천자에 대한 소선의 다음과 같은 말에서 두드러진다. "尙書對曰 凡國家治亂之機 在於賢邪之進退 此不難知也 開元之時 始任姚宋而誠心求治 故民樂其業而天下安 天寶之後 寵任李任甫楊國忠而日事遊宴 怠於爲政 故民生困而天下亂 由此觀之 治亂之機 不

반면 백승상, 육지, 설현 등은 정치적 박해를 무릅쓰고 도덕성의 회복을 위해 앞장을 선다. 배연령과 배득량의 박해는 집요한데, 백승상을 좌천시키고 도망간 백운영과 석부인, 추향을 체포하려 한다. 그게 여의치 않아지자 자객을 거듭 보내어 백승상을 살해하려 한다. 마침내는 후환을 걱정하여 소선과 백운영을 제거하려고 승산이 없는 전쟁에 두 사람이 출전하도록 추천하는 것이다.

3) 초월적 존재 및 천명의 적극적 개입과 세속의 극복

『육미당기』의 주요 인물들과 그들이 엮어가는 사건들은 전연(前緣)이나 천명(天命) 혹은 천정(天定)에 종속된다. 서술자는 전연과 천정을 자주 환기함으로써 사건의 귀추를 암시하고 등장인물들에게는 어떤 상황에서 마땅히 행동해야 할 바를 알려준다. 초월적 요소의 개입 빈도나 정도 면에서 고전소설 중 매우 두드러진 경우라 하겠다.

먼저 소선과 백운영의 태몽이 두 사람의 앞날을 암시한다. 소선의 모친인 왕비 석씨의 꿈은 장차 태어날 소선이 주 영왕(周靈王)의 태자인 왕자 진(王子晋)의 후신임을 알려준다. 백운영의 태몽은 더 구체적이다. 모친의 꿈에 한 선녀가 옥함을 받들고 내려와서는 "소첩은 옥황상제의 시녀입니다. 이 옥함 속에 들어 있는 것은 태음성의 정기인데, 부인과 숙세의 인연이 있어 옥황상제께서 귀댁에 의탁케 하였습니다. 뒷날 복록이 한량없고 큰 사업을 이루어 이름이 우주에 떨쳐지

獨在於賢邪之進退 而惟在於人主一心之誠與不誠也"(60면) 이것은 『옥루몽』의 정치적 발언에 비한다면 소략하다 하겠지만 그 발언의 강도는 약하지 않다.

고 영광이 역사의 기록에 남을 것이니, 속세 보통 여자에 비할 바가 아닙니다. 또 주 영왕의 태자 진과는 선가의 오랜 인연이 있사오니 부인은 어여삐 여기시고 이 말씀을 잊지 마소서"[45]라는 계시를 준다. 소선과 백운영의 만남은 이미 태몽에서 예언되었는데, 그것은 다른 고전소설에서도 나타난다.

그런데 그 뒤로도 천명이나 천정이 계속 환기된다. 초월적 존재를 직접 등장시키기도 하고 매개인물을 활용하기도 한다. 소선은 영순을 얻기 위해 해운암(海雲庵)에 도착하여 도인을 알현한다. 도인은 효행과 전생인연이 소선으로 하여금 해운암으로까지 오게 했다 말해주고는 소선의 앞날을 예언한다.

> 태자의 이번 길에 화성(禍星)이 닥쳤으니 반드시 참혹한 재앙을 만나겠습니다. 그러나 중국 귀인의 구원을 받아 무사할 것이요, 이 이후로는 비록 수년간의 액운이 있을지라도 녹명(祿命)이 대통할 것입니다. 태자는 본국에서보다는 중국에서 발신할 것이니, 출장입상하여 후왕(侯王)의 위치에 높이 오르고 한둘이 아닌 어진 배필들을 만날 것입니다. 이 모든 것은 하늘이 명하신 것이요 인력으로 할 바가 아니니 태자는 삼가소서.[46]

여기서 소선의 장래는 완전하게 예언되었다. 소선은 그 천명을 유

---

45) "妾玉帝侍女也 此玉函中所藏 是太陰星精 與夫人有夙世因緣 玉帝特命托生于貴宅 他日福祿無量 做出一大事業 名垂宇宙 光輝竹帛 此非塵世尋常女子之所可與比也 且與周靈王太子王子晋 有仙家宿緣 夫人善視之 無忘此言"(10면)

46) 太子此行 禍星當頭 必遭死慘之厄 然前途當有中國貴人相救 自得無事 過此以往 雖有數年厄運 祿命大通 太子發身不在本國 在於中國 出將入相 尊居侯王 又賢配不止一再 此上天攸命 非人力之所能爲也 太子其愼之(7면)

념하며 따라가기만 해야 한다. 소선은 그 뒤 백승상의 집에서 쫓겨나 화산(華山) 아래 보제사(普濟寺)에서 형산(衡山) 도인 장과(張果)를 만나는데, 장과도 해운암 도인의 예언을 환기하며 "무릇 세간의 인연은 하늘이 정한 것이니 피할 수 없다"[47]라고 충고한다. 세속의 일이란 하늘이 이미 정해놓은 것이기에 좋든 나쁘든, 즐겁든 고통스럽든 거쳐가야 한다는 것이다. 『구운몽』이 사념에서 비롯된 인연을 고리로 하여 세속을 꾸려갔다면, 『육미당기』는 천명을 원리로 삼아 세속을 꾸려간 셈이다.

백운영은 애주(厓州)로 좌천된 아버지를 만나러 가는 길에 풍랑을 만나 남해 보타산에 표착하여 해운암에 이른다. 해운암 도인은 백승상의 근황을 알려주고 백운영이 아버지를 만나는 것이 어렵다 하고는 소선에게 준 알려준 예언을 그대로 백운영에게도 알려준다. 백승상은 몇 백년의 액을 거치면 길상(吉祥)이 거듭되고 복록이 끝없을 것이라는 것, 소선은 신라국 태자인데 전신이 왕자진이며 백운영과는 숙세의 인연이 있다는 것 등이다. 그런데 그 다음의 말을 잘 살펴볼 필요가 있다.

> (김소선은) 너와 숙세의 인연이 있는데, 인간세상으로 귀양 와 서로 만나게 되어 있다. 만일 소선이 어릴 때 화액을 거치지 않으면 어찌 너와 만리타국에서 인연을 맺을 수 있겠나? 지금 이미 액운이 다했고 길상이 와 멀었던 두 눈을 뜨고 벼슬도 경상에 올라 이름이 온 나라에 가득하고 그 아름다운 인연도 한 곳 뿐이 아니니 이 또한 전세의 인연이라. 내가 너로

---

47) 20면.

> 하여금 여기서 1, 2년 머물게 하여 너의 액운이 소진하기를 기다린 뒤 인간세상에 나아가 큰 사업을 이룰 수 있게 할 요량으로 너로 하여금 표류하여 이 땅에 이르게 하였으니, 모든 것이 내가 시킨 바이다.[48]

이 대목 중 소선의 불행을 언급하는 대목이 눈길을 끈다. 소선이 어릴 적이 화액을 겪지 않으면 만리 타국에서 백운영과 결연을 맺는 것이 어렵다는 것이다. 소선과 백운영이 결연을 맺어야 하는 것은 천정과 인연 소관이다. 그런데 그 만남은 두 사람이 공간적으로 떨어져 있고 또 다른 몇 가지 요인이 작용하여 지연된다. 이 지연의 과정에서 ① 세속적 고난과 불행이 나타나며, ② 소선의 자비와 인욕이 실현된다. 그리고 그 만남은 백운영의 활약을 통해서 완성된다.

다음으로 도인이 자기가 백운영을 해운암으로 불러왔다는 사실을 밝히는 대목이 눈길을 끈다. 그 점은 소선이 효행과 전생 인연의 힘으로 해운암에 도착한 경우와 대조된다. 도인은 백운영으로 하여금 액운을 피하게 하기 위하여 백운영을 불러왔다. 액운을 피한 뒤 다시 인간세상으로 나가 대사업을 이루게 하려 했다. 그런 점에서 백운영은 도인의 사자(使者)로 간택된 것이다. 도인은 백운영에게 천서(天書)를 주는데, 그 용도는 '위로는 태평하여 세상을 다스릴 수 있고, 아래로는 난리를 평정할 수 있으며, 천지, 풍운, 조수(鳥獸)와 귀신을 부리는 것'이다. 천서에는 인간세상과 천지만물을 다스릴 방안이 제시되

48) 與汝有宿世因緣 謫降人間 好得相逢 簫善若不於稚少時備經禍厄 何能與汝結緣於萬里他國乎 今則厄運已盡 吉祥泰來 旣盲之兩眼自開 位列卿相 名滿一國 且其芳緣不但一處 此亦前世因緣 吾欲留汝住此差過一二年 俟汝厄運盡消 始出人世做出一大事業 故中洋飄風泊於此地者 卽吾之所使也(43면)

어 있다. 특히 인간세상에 국한하자면 화란을 평정하여 태평한 세상을 만들게 한다. 도인은 백운영을 통하여 인간세상을 태평하게 만들려 하였다. 그러기 위해 백운영 스스로도 열심히 수행하여 정직무사(正直無邪)하게 되고 육근(六根)을 끊을 수 있어야 한다.

백운영은 천서를 통독하고 선가 수련을 시행하여 청정(淸靜)을 좋아하고 무사무려(無思無慮)하게 되었다. 세간의 부귀영욕도 '원추(鵷雛, 봉황의 일종)가 썩은 쥐 보듯' 하게 되었다. 그래서 영원히 산문 안에서 살지 세속세계로 나아가지 않으려 한다. 이런 백운영의 경지는 의미심장하다. 그녀는 세속 삶에 대해 성찰한 결과, 그것을 초월하려 한 것이다. 그러나 세속세계를 완전 부정할 수는 없었다. 무엇보다 그녀는 부모의 은혜를 갚아야 하기 때문이다. 세속세계와 청정세계 사이에서 고민하고 있는 백운영에게 도인은 이렇게 충고한다.

> 내가 밤에 하늘 기운을 보건대, 중국에 일이 많이 일어나고 있다. 너의 액운도 다 하였으니, 이제 너는 한시 빨리 인간세상으로 나아가서 배운 것을 모두 펴서 힘을 다해 나라에 보답하거라. 위로는 사직을 편안하게 하고 난리를 평정하며, 아래로는 부모의 얼굴을 다시 뵐 것이로되, 부디 부용헌의 옛 언약을 저버리지 말지어다.[49]

백운영은 도인의 사자로서, 배운 바에 따라 사직을 편안하게 하고 화란을 평정하기 위해, 그리고 부모와 상봉하고 소선과의 혼약을 지

---

49) 吾夜觀乾象 中國多事 且汝之厄運已盡 今汝亟往人世 展盡所學 陳力報國 上可以安社稷平禍亂 下可以重會父母之面 愼勿負芙蓉軒舊約也(46면)

키기 위해 인간세상으로 나아간다. 세속 문제를 해결하는 해결사로서 백운영의 활약이 시작된다. 그 뒤로 백운영은 세속 현실에 문제가 생기면 세속 현실로 갔다가, 그곳의 문제가 해결되고 질서가 회복되면 해운암으로 다시 돌아오기를 반복한다. 그녀의 왕복이 거듭될수록 세속은 이상 공간인 해운암을 닮아간다. 도인의 목표는 세속 현실이 해운암을 완전히 닮도록 하는 것이다. 도인은 백운영을 통해 해운암의 정신을 세속에 옮기려 한 것이기도 하다. 바로 이 점에서 『육미당기』의 세속 극복 의지가 확인된다.

여기서 해운암이란 공간의 의미를 더 깊이 생각해보자. 해운암은 고전소설에서 흔히 나타나는 단순한 피난처와는 성격이 다르다. 『육미당기』에는 수월암(水月庵), 청원암(淸遠庵), 청련암(靑蓮庵),[50] 옥천암(玉泉庵) 등의 피난처가 따로 있다. 이곳들은 백운영과 백승상, 설소저 등이 위급한 상황에 몰렸을 때 찾아가는 곳이다. 그러나 거기서 그들의 의식이 변하는 것은 아니고 또 거기가 그들에게 어떤 이념적 원칙을 제공하는 것도 아니다. 단순한 피난처인 셈이다. 해운암은 그곳과는 성격이 다르다. 해운암의 서가에 꽂혀 있는 책들은 대부분 도가 수련과 관련된 것이니 그곳은 도선적 이상향이라 할 수 있다. 또 불가적 성격[51]도 있다. 이곳은 남해 밖 보타산에 있으며 '선불이

50) 청연암에 거주하며 설소저의 장래를 점쳐 준 묘정(妙淨)은 해운암 도인의 제자다.(149면)

51) 이와 관련하여 「제승벽(題僧壁)」 제3수인 '我聞觀世音 白衣號大士 普陀紫竹林 迺在南海沚 慈筏渡衆生 念念恒如是'를 참조할 수 있다. 장효현은 이에 대해 '서유영의 깊어진 불심을 단적으로 보여주는 시로서, 衆生을 제도하는 보살인 관음보살을 향한 신심이 깊어져 이제 남은 생애를 불제자로 귀의하여 보내겠다는 마음이 절실하게 표현되어 나타나 있다고 보았다. 관음보살이 계시는 남해 보타산 자죽림에 대한 동경이 펼쳐지는 점에서 이 시는 『육미당기』의 내용을 그대로 연상시켜주는데'라 설명하고 있다.(장효현, 앞의 책, 64~65면)

주재하는 곳이며, 진세 인간이 도달할 수 없는 곳'[52]으로, 세속 공간과는 분명 구분된다.[53] 해운암의 도인은 천명과 전연(前緣)을 통찰하고 있으며 그 통찰력에 의해 세속을 이끌어가려는 의지를 갖고 있다. 그래서 해운암은 세속의 고난을 피할 수 있는 공간일 뿐만 아니라, 세속의 문제를 극복할 힘과 이념을 제공해주는 공간이기도 하다. 특히 백운영은 도인에 의해 그곳으로 가서, 세속을 초월하고자 하는 지향을 갖게 되고 아울러 세속을 개선할 능력을 얻는다.

『육미당기』는 이 해운암이란 공간을 가장 높은 곳에 설정하고, 그곳과 세속공간의 관계에 대해 시종 강렬한 시선을 던지고 있다. '해운암→세속'의 지향이 강하게 느껴지다가도 '세속→해운암'의 지향이 강하게 느껴지기도 한다. 전자의 지향에서 서술자의 강렬한 정치의식을 드러낸다면, 후자의 지향에서는 서술자의 세속 초월 성향을 나타낸다. 전자의 지향은 배연령으로 대표되는 부정적 정치세력과 세징으로 대표되는 가정 내 악인을 척결한다. 후자의 지향은 주로 백운영의 세속 이탈 성향을 진술한다.[54] 이런 양상은 마침내 후자로

---

52) 仙佛所在 非塵世間人所能至(6면). 이 부분은 소선이 갔을 때 해운암을 묘사한 것이다. 백운영이 갔을 때는 다음처럼 묘사한다. '峯巒高聳 松篁交翠 果然是福地佛界 靈區仙界 淸虛人事少 寂寞道心生'(43면)

53) 이곳은 남해 밖 중국으로부터 만리나 떨어진 곳에 있으며(在於南海之外 距中國有萬里之遙), 중국의 영역이 아니다(海山非中國地方; 86면). 해운암이 세속공간인 중국에 포함되지 않음을 강조한 것이다. 이에 비해 다른 피난처들은 모두 중국 땅에 있다.

54) 백운영은 해운암에서 지낼 때, 육근(六根)을 단절하고 청정의 경지에 들어가 인간세상으로 나가고자 하는 뜻을 버린다. 세속에 머무를 때는 해운암으로 돌아가려는 바람을 강하게 가진다. 또 세속 삶을 대표한다 할 소선으로부터도 비록 혼인한 관계이지만 멀어지려는 경향을 보인다.[願明公從此 置妾於相忘 勿復思念 千萬至祝(86면)] 그외 백운영은 기회가 있을 때마다 자신의 세속 초월 의지를 나타낸다. 가령 "신첩의 타고난 운명이 기박하여 어려서부터 유리표박하다 산문에 의탁하여 이미 물외의 몸을 이루어 인간세상 부귀 영욕에 대해서는 일체 바람에 지는 꽃, 물결에 떠내려 가는 꽃술과 같이 보아 조금도 걸림이 없습니다. 다만 노부의 원통함을 씻지 못하고 또 두 역적의 원수를 갚지 못해 잠시 세상에 나왔지 당초 혼

귀결된다. 작품 결말부에서 소선과 소선의 여인들은 모두 해운암으로 떠난다. 그들의 생각은 다음과 같다.

소선:

대저 사물이 성하면 반드시 쇠하고 사람은 모이면 반드시 흩어지니 …… 과인이 일찍이 선왕의 병환을 고치기 위해 도인의 말을 듣고 남해보타산으로 가서 영약을 구하다가 해운암에서 도인을 만나 과인의 평생을 논했는데, 이제 모두 그대로 되었도다. 그곳은 신선이 사는 깊은 곳이요 불가의 영험한 지경이라. 과인이 항상 그리워하며 잊지 못했는데, 이제 태자에게 자리를 물려주고 홀로 보타산으로 가서 도인을 방문하고 신선을 구하여 장생술을 얻고자 하니[55)]

백운영:

보타산 도인은 첩의 사부님입니다. 첩으로 하여금 남장으로 발신하여 출장입상하게 한 것도 사부님이 지도한 바요, 두번이나 약을 바쳐 위태로운 지경에 계신 대왕을 구제하게 한 것도 사부님이 지도한 바이며, 첩 등으로 하여금 한 집에 모여 인간세상의 즐거움을 두루 누리게 한 것도 사

인에 사사로운 뜻이 있었던 것은 아니옵니다.(臣妾賦命崎薄 自幼流離漂泊 托跡山門 已成物外之身 至於人世間富貴榮辱 一切視若風花浪蘂 素無關係於心 而只有老父之寃未雪兩賊之讐未報 所以暫出於世間 初非有私意於婚姻之故也"(79면)), "이로부터 가이 세상을 사절하고 먼 해산에 은둔하여 수련하고 연단의 약을 복식하여 기꺼이 적송자를 좇아 노닐고자 하나이다.(自此可以謝絶世事 遠遁海山 修煉服食 快從赤松子遊耳"(80면)), "소녀가 타고난 운명이 기박하여 일찍 산문에 몸을 의탁하였으니 인간세상 즐거움에 대해서는 전혀 괘념하지 않나이다.(小女稟命崎薄 早已托身山門 人世之樂都無掛念矣"(82면))

55) 夫物盛則必衰 人聚則必散 … 寡人嘗爲先王之病 聞道人之言 到南海普陀山訪靈藥 與道人相遇於海雲庵 歷論寡人之平生 今亦皆驗矣 盖其地神仙奧區 佛家靈境 寡人每戀戀不忘於心 今欲傳位於太子 獨往普陀山 訪道求仙 以求長生之術(149면)

> 부님이 지도한 바입니다. 이제 첩과 인간세상의 인연이 다하여 대왕을 영원히 사직하고 보타산 사부님께 돌아가려 하는데, 뜻밖에 대왕의 뜻 역시 그러하니 이는 삼생의 인연이 있기 때문입니다.[56)]

두 사람의 이 말은 자신들의 세속 일생을 요약한 것이며 앞으로 지향하는 바를 밝힌 것이다. 소선이 자신의 일생이 도인의 예언대로 되었다 하여 도인의 예언을 중시했다면, 백운영은 도인의 지도를 중시했다. 도인은 예언의 능력이 있을 뿐만 아니라 그 예언대로 사람이 일생이 꾸려지도록 인도하고 지도하는 능력도 있는 것이다. 그렇다면 『육미당기』의 해운암 도인은 『구운몽』의 남악형산 육관대사와 비슷한 위력을 지닌 존재라 할 수 있다. 다만 『구운몽』의 남악형산과 육관대사가 양소유의 세계에 적극적으로 개입하지 않는데 비해, 『육미당기』의 해운암과 도인은 끊임없이 세속 세계에 개입하여 세속을 이끌어간다는 점에서 차이가 있다.

소선과 백운영은 해운암에 대한 강렬한 회귀의식을 가져왔다고 했다. 이 점이야말로 『육미당기』가 세속을 넘어서는 이상 공간에 대한 열망으로 가득 차 있음을 입증하는 것이다. 그런데 설사 그들이 이상 공간을 열망하고 마침내 그곳으로 간다 하더라도, 그들이 세속과 완전히 단절되지는 않는다. 해운암 도사는 세속이 다시 혼란해지고 불의의 인간들이 활개를 친다면 언제든지 백운영과 같은 사자를

56) 普陀山道人卽妾之師父也 使妾男裝發身出入將相者 師父之指度也 兩度進藥丸 救大王於危地者 師父之所指度也 使妾等相聚於一室 備享人世之樂者 亦師父之指度也 妾今人世之緣已盡 將欲永辭大王 歸師父於普陀山 不意大王之意亦如是 此三生之有緣矣(같은 곳)

세속으로 보낼 것이기 때문이다. 해운암은 세속과 분명하게 구분되는 공간이면서 세속에 대해 열린 관계를 지속하는 공간이기도 하다.

서유영은 익종(翼宗, 1809~1830)의 개혁 정치에 큰 기대를 걸은 바 있다. 익종은 새로운 정치세력을 형성하여 안동 김씨의 벌열세력을 견제하려 했지만 1830년 죽음을 맞이하면서 그런 개혁은 물거품이 되었다. 익종이 사망하자 서유영도 현실에 대한 기대를 접고 과거도 포기했다. 그 뒤로 학문과 시작(詩作)에 몰두하며 현실과 거리를 두었다. 다만 1860년 사릉참봉(思陵參奉), 1865년 의령현감(宜寧縣監) 등 낮은 벼슬을 한다. 서유영은 과중한 세금을 부담해야 하던 민중들의 고난과 이서배들의 수탈상을 목격하며 수령으로서 직무를 다하려 했지만, 암행어사의 무고로 유배를 가게 되고 1870년 해배되어 고향 금계(錦溪)로 내려가 생을 마감한다. 그는 세속과 타협을 거부하고 사대부로서의 의리 명분을 지키며 곤궁하게 살았다.[57] 사대부로서 유가 이념을 저버리지는 않았지만 도선(道仙)과 불교에 대한 관심으로 세속 삶을 보완하려 한 셈이다. '부귀를 나도 원하기는 하지만 / 인력으로 어찌할 수 없는 것 / 구하는 것이 도에 맞지 않으면 / 필경 화가 되고 빌미가 되는 것 / …… / 명을 아는 선비는 / 더욱 굳게 숨을 뜻 간직하네'[58]라 하기도 하고 '불문은 본디 청정하니 / 인간 속세와는 아득히 다르지 / 이곳에서 이틀 머무니 / 속세의 티끌 문득 없어진다

57) 서유영의 생애와 사상에 대해서는 장효현, 『서유영 문학의 연구』, 아세아문화사, 1988, 9~69면 참조.

58) 富貴雖我願 人力不可致 所求非其道 畢竟禍爲祟 … 所以知命士 彌堅栖遁志(「夜坐東寮隨意得五古雜題十一首」 제10수, 『雲皐詩選』, 장서각. 앞으로 서유영의 한시 인용은 이 책으로부터 함)

네'[59]라고도 한다. 유가 사대부로서 세속을 성찰하는 것은 의리와 명분, 윤리의식에 바탕을 둔 것이어서, 세속의 불의와 타락, 모순 등을 보여주기는 하되 불의와 타락을 철저히 응징함으로써 문제를 해결하려 한다. 그러나 그 방식은 현실적이지 않다. 현실의 결락부분은 메워지고 여러 문제는 해결되어야 하지만 작자는 더 이상 현실적 매개항을 확보하지 못했다.

그러나 이념적 문제의식은 결코 약해지지 않았다. 작자는 자기 시대의 세속 문제들을 해결하려는 강렬한 의지를 시종 견지했다. 천명과 초월적 존재의 빈번한 개입은 현실 악의 제거와 세속 혼란 극복에 대한 작자의 강렬하고 철저한 의지에서 비롯된 것이다. 도인의 사자인 백운영이 세속적 성격보다는 초월적 성격을 더 강하게 지니는 것도 작자가 매개인물을 설정하는 데 여의치 못했음을 암시한다. 이 점은 작가의 신비주의적 세계관[60]과 연결시킬 수 있을 것이다.

이와 관련하여 소선의 자기진술 방식을 점검할 필요가 있다. 소선은 백승상, 모친, 백운영 등에게 자기 경험을 진술한다. 그런데 한결같이 그가 눈이 멀게 된 것에 대해서는 '두 눈에 장독이 올랐'[61]기 때문이라 하여, 세징의 악행을 숨긴다. 반면 그의 구원자이며 장인인 백승상이 배연령 등에 의해 고난을 받게 된 점에 대해서는, '백문현은 당시 조정의 권흉들에게 짓밟혀'[62]라 하여 정치적 악인들에 대한

59) 佛門本淸淨 逈與人世殊 今我已信宿 頓覺俗塵無(「夜坐東寮隨意得五古雜題十一首」 제8수)
60) 이강옥, 『한국야담연구』, 돌베개, 2006, 476~480면.
61) 兩目爲瘴毒所傷(47면)
62) 文賢爲當朝權凶所捏(30면)

적개심을 강하게 드러낸다. 소선은 세징이 보낸 자객에 의해 살해될 뻔하였는데도 여전히 세징에 대해 관대한 처분을 내리도록 부왕에게 간청한다. 소선에 대한 세징의 행위는 눈에 독을 뿌리는 짓에서 암시되듯 가장 극악한 것이다. 더욱이 둘은 이복이기는 하지만 형제 사이이다. 작자는 소선으로 하여금 극악한 행위를 한 세징에 대해 시종 관용과 자비를 베풀게 하였다. 이 점은 불교서사에서 가장 빈번하게 강조하는 자비와 인욕을 실현한 것이다. 그러나 이런 인성을 갖춘 소선이 정치적 악인에 대해서는 적개심을 숨기지 않는다. 이런 설정에 작자의 정치의식이 개입하였다고 하겠다.

요컨대, 작자는 백운영을 통해 의롭지 못하고 혼란스런 세속 현실을 천명이 관철되는 이상 사회로 만들려 하였다. 소선을 통해서는 모자간 지극한 사랑이 소중한 것이며 자비와 인욕의 마음이 세속을 구제하는 동력임을 입증해주려 했다. 작자는 사회적 악행과 개인적 악성이 뒤섞여 어지러운 세속을 그 자체로 응시하며, 그것을 궁극적으로는 이상 사회로 만들어야 한다는 강렬한 의지를 갖고 있었다. 그런 점에서 『육미당기』의 세속 극복의 특징이 설명될 수 있다. 『육미당기』는 관념적으로 세속의 의의를 부정하거나 망각하려 하지 않고, 세속의 문제들을 실천적으로 개선하려 했다. 노년의 사대부 작자에게 타락한 세속이란 허구를 통해서라도 자기 이상에 맞게 개조해야 할 것이며, 그런 과업을 이룸으로써 세속은 극복될 수 있었던 것이다.

5. 『구운몽』과 『육미당기』의 대비

『구운몽』의 세속은 욕망의 원리에 충실한 자유인의 일생을 보여주었다. 양소유는 유가적 도리나 가문의식으로부터 자유로웠다. 양소유에게 가문의식이 희박하도록 설정한 것은 가문이 그 구성원에게 요구하는 규범이나 도리로부터 양소유를 자유롭게 해주기 위한 것이었다. 『구운몽』에서 세속의 인간들은 자기 욕망을 두루 나타낸다. 『구운몽』의 세속 인간들은 자기 개인의 욕망에 충실하지 도리나 규범에 연연해하지 않는다. 그러므로 양소유는 품을 '한'이라는 게 없다. 세상을 자기 욕망 충족의 원리로만 이해하는 인간은 실패를 경험할 수는 있어도 그에 연연하며 한을 품지 않는다. 자기 욕망을 추구하는 소용돌이 속에 있는 한, 자기 삶에 대한 관조나 반성은 이루어지지 않는다. 양소유는 말년에 가서야 본격적으로 자기 과거를 되돌아보았다.

반면 『육미당기』의 세속에는 자기의 위치를 항상 되돌아보고 자신이 마땅히 수행해야 할 도리를 먼저 생각하여 실천하는 공인들로 가득 차 있다. 소선이나 백운영은 유가적 도리나 가문의식을 철저하게 고수한다. 이들의 가문의식은 자기 삶을 지속하게 해주는 원동력이다. 부모와의 이별과 재상봉이 서사의 중심 골격을 만든 것도 이와 관련된다. 이들이 부모와 이별하였다 다시 만나는 것이 서사의 중심축이 되는 것도 이 연장에 있다. 이들의 세속 세계에서는 자기 욕망이 절제되거나 억제되고 대신 유가적 도리나 윤리, 가족 간 정리(情理)가 강조된다. 소선은 관용과 인욕이라는 덕목을 보여준다. 소선과 백운영은 자신들이 추구하는 이념이 세속에서 배반되는 것을 목격하고는 한을 품기도 한다. 그들에게는 개인적 욕망 충족 시도가 좌절될 때보다 가족이나 사회의 구성원으로서 제 도리를 다 하지 못할 때 더 큰 한을 품게 된다. 그래서 끊임없이 자기 처지와 삶의 자세, 능력 등에 대해 성찰하고 반성한다. 소선은 여러 번 남들 앞에서 자기 과거를 술회하였고, 백운영은 세속에 대해 절망하여 해운암으로 떠나곤 했던 것이다.

『구운몽』은 세속의 앞과 뒤에 초세속 공간을 설정하였다. 남악형산은 세속과 엄격하게 구분되는 공간이다. 세속은 초세속 공간 성진의 사념 속에서 구성된 것이라 하더라도 중간 단계에서 의미있는 경험의 공간으로 존재한다. 사람은 그 각각의 공간을 경험하면서 마침내 해탈과 깨달음의 차원으로 나아간다. 그것은 세속의 극복이면서 초세속의 극복이기도 하다. 세 공간은 인연과 사념이라는 연결고리를 통해 수평적으로 이어진다. 마침내 생각하기로부터 해방되면서 그곳으로부터 해방된다. 이는 모든 인간적 욕망이나 마음으로부터 해방됨을 뜻한다. 그런 점에서 자기 삶을 반성하는 작자의 시선은 성진 → 양소유 → 성진 → 육관대사로 나아갔음을 알 수 있다.

『육미당기』에서는 소선과 백운영이 활약하는 중국의 공간과 그 앞뒤에 신라의 공간이 배치된다. 그런데 신라는 중국과 다를 바 없는 세속 공간이다. 오히려 등장인물들이 중국에서 활동하는 동안 자주 등장했던 남해 밖 해운암이 초세속의 성격을 가진다. 『육미당기』가 초세속을 세속과 엄격하게 구분하려 했다면 『구운몽』처럼 초세속을 액자 부분에 놓았을 터인데, 그렇게 하지 않았다. 여기서 『육미당기』

서사문법의 특징이 나타난다. 『육미당기』의 작자는 초세속 공간의 힘과 이념을 세속 쪽으로 끊임없이 보낸다. 초세속인 해운암과 세속인 중국은 동시적으로 존재하며 수직적 관계를 맺고 있다. 해운암은 세속을 굽어보고 계시하며 지도한다. 그로써 천명이 세속에 전달되고, 천명대로 세속이 꾸려진다. 인연은 천명을 실현시키는 수단이다. 『육미당기』의 '세속 극복'은 세속의 모순과 무질서를 해결하는 데서 시작되어, 초세속으로 이동함으로써 완성된다. 그런 점에서 자기 삶을 반성하는 작자의 시선은 해운암 도인에서 소선과 백운영으로, 소선과 백운영에서 해운암 도인으로 이동했음을 알 수 있다.

서사문학의 전통을 고려하자면, 『구운몽』은 불교경전에 실린 불교설화 중 가족관계를 초월함으로써 종교적 구원이나 극락천도를 이루었던 계열과 상대적으로 더 긴밀한 관련이 있다. 또 수도체험을 바탕으로 한 불교서사의 맥을 잇고 있다. 물론 「조신」이나 「남가태수전」 등 환몽설화류로부터 모티프나 서사문법 면의 영향을 받은 것도 분명하다. 『육미당기』는 불교설화 중 부자와 모자 관계를 중심으로 한 서사와 더 긴밀하게 관련된다. 또 신불체험을 바탕으로 한 이야기의 맥을 잇고 있다. 『구운몽』과 『육미당기』는 불교서사문학의 전통 계승이란 면에서도 변별된다 하겠다.

두 작품은 세속의 극복 방식 면에서 양 극단에 놓여 있다. 『구운몽』은 세속 일생을 전체로 떠올려 그 가치와 의의를 성찰함으로써 세속을 초월했다. 『육미당기』는 세속 일생의 단계 단계에 초세속 요소를 개입시켜 세속을 극복했다. 세속 일생을 형상화하는 부분에서 『구운몽』은 이완된 문체를 구사하고, 『육미당기』는 긴장되고 압축된 문체를 구사하는데, 그것도 세속 삶에 대한 태도와 극복 방식의 차이에서 비롯되었다고 하겠다.

두 작품은 서사문법에서 명백한 차이를 보이지만, 남악형산과 해운암이란 초세속 공간을 설정하고 그 속 인물의 시선과 서술자의 시선을 간헐적으로 혹은 지속적으로 일치시킴으로써 세속을 대상화한 점에서는 동일하다. 세속에 대한 명시적 대상화는 세속에 대한 작자의 철저한 성찰에서 비롯되었다 하겠는데, 그 성찰의 정도 면에서 두 작품은 우리나라 고전소설 중에서 단연 두드러진다고 본다.

6.『구운몽』·『육미당기』와 소설사의 전개

『구운몽』과 『육미당기』는 서사문법에서도 양 극단에 자리 잡는다. 고전소설사에서 양 극단 사이를 메우는 작품들을 이상에서 활용한 틀을 이용하여 분석하면 소설사 전개의 한 국면을 밝힐 수 있을 것이다.

먼저 김만중이 『사씨남정기』와 『구운몽』이라는 이질적인 소설을 함께 지었다는 점에 유의한다. 『사씨남정기』는 『구운몽』과는 달리 철저히 세속 자체의 문제를 다룬다. 『사씨남정기』는 주인공의 일생을 보여준다기보다는 주인공이 특정 시기에 봉착한 심각한 세속 문제가 어떤 과정을 거쳐 생겨나고 마침내 해결되는가를 보여준다. 『구운몽』의 양소유가 부친을 만나지 않아 가업 계승이란 부담을 직접적으로 떠안지 않는 것과 달리, 『사씨남정기』의 유소사는 아들 유연수에게 가업 계승을 당부하는 분명한 유언을 남긴다.

> 네 충효를 다하여 나라를 갚고 문호를 빛내며 제사를 정성으로 받들고 네 고모의 명을 노부의 말같이 하여 범사를 그르게 말고 가내사는 의부의 말을 들어 상의하라[63)]

유소사의 유언은 가문의 질서를 유지하여 가문을 지속하게 하는 지혜를 제시한 것인데, 『사씨남정기』 서사는 이런 문제의식을 바탕에 깔고 전개된다. 결말부에서 살려 달라 애원하는 교씨를, '현숙 인자'한 사씨조차 '나를 해하려 함은 개의치 않거니와 상공과 조종께 득죄함은 구치 못하리로다'[64)]며 죽게 하는 것도 이런 문제의식에 이어진 것이다.

가문 내 악인들의 악행에 대해 철저히 응징함으로써 가문의 질서를 회복하고자 하는 『사씨남정기』의 서술의식은 정치적 악인에 대한 응징과 연결되었다. 서술자의 잦은 개입[65)]이나 조상과 아황, 여영, 관음보살 등 초월자들의 현몽 및 계시 등도 이와 관련된다.

그러나 근본적으로 볼 때, 『사씨남정기』의 관심은 세속의 테두리를 벗어나지 않는다. 세속은 온갖 악행과 음모, 실수로 더렵혀지지만, 사필귀정의 정신으로 최선을 다하여 세속의 문제들을 해결해야

---

63) 『사씨남정기』 331면. 『사씨남정기』의 원문 인용은 김동욱, W.E.Skillend, D.Bouchez, 『경인 고소설판각본전집』 4에서 함. 필자가 현대표기로 바꿈.

64) 위의 책, 342면.

65) 가령 "슬푸다 셕ᄌᆞ의 셩인이 법을 엄숙히 ᄒᆞ샤 음난ᄒᆞᆫ 풍뉴를 듯지 아니시고 간ᄉᆞᄒᆞᆫ 일을 먼니 ᄒᆞ믄 근본을 ᄇᆞᆰ키고 긔 악을 막ᄌᆞ르미여ᄂᆞᆯ 이졔 뉴한림은 안으로 뇨첩을 ᄉᆞ랑ᄒᆞ고 밧그로 소인을 친히ᄒᆞ며 가온ᄃᆡ 간악ᄒᆞᆫ 종년이 뉴명을 일위여 가문을 욕먹이니 엇지 ᄋᆡ돏지 아니ᄒᆞ리오"(314면)

한다. 그리고 초월자들을 세속 사람들의 꿈에 등장하여 세속 사람들의 그런 노력이 헛되지 않도록 도와준다. 그러나 『사씨남정기』에는 이러한 문제의 발생과 해결 과정을 대상화하여 바라보는 시선이 존재하지 않는다. 모든 등장인물과 서술자의 시선은 사건 속에 들어가 있다. 그에 반해 『구운몽』에서 서술자나 작자의 시선은 세속 사건으로부터 벗어나 그것들을 바라보곤 한다.

한편 『옥루몽』은 천상계에서의 인연을 지상계에서 완벽하게 실현시켜 가는바, 그것은 천명의 관철보다는 인연의 실현을 중심으로 한 것이다.[66] 세속에는 다양한 인간 군상들 간의 갈등이 일어나고 있고, 그들이 유발하는 문제들이 뒤엉켜있지만, 결국 세속 인간들의 활약으로 서서히 해결되고, 마침내 취성동(聚星洞)의 호사스런 풍류와 향락으로 나아간다. 중간에 백운도사와 관음보살 등 초월적 존재가 개입하기는 하지만 그 역할은 세속 인간들이 구사하는 도술이나 검술 이상이 아니다. 특히 백운동의 백운도사는 『육미당기』의 해운암 도인을 연상시키지만, 백운도사가 맡은 일은 천명의 제시가 아니라 병법의 전수이다.[67] 강남홍은 그 병법을 전수받아 양창곡이 주도하는 세계로 옮겨간다. 이렇게 마련된 다양한 병술과 검술은 흥미진진한

66) "由情根而言因緣ᄒᆞ고 由因緣而使覺舊境ᄒᆞᄂᆞ니"(18면. 『옥루몽』의 원문은 동국대 한국학연구소 편, 『활자본고전소설전집』 권6으로부터 함), "道士이 呼謂紅娘曰 汝在山之日은 不多ᄒᆞ고 出世之日은 不遠ᄒᆞ니 此莫非一時緣分이라"(143면), "望須速了人間塵緣ᄒᆞ고 歸于上界極樂ᄒᆞ라"(145면)

67) "道號ᄂᆞᆫ 白雲道士ㅣ라 陰陽造化之術과 天地玄妙之理를 無不通知ᄒᆞ니 若非此人이면 明兵을 不可敵이어니"(140면), "紅이 拜受ᄒᆞ니 自此로 夜則侍道士而講論兵法劍術"(142면), 강남홍에게 병법을 전수한 백운도사는 그 뒤로 강남홍에게 나타나지 않는다.["鸞城이 笑曰道士消息은 更不得聞이어니와"(630면)]. 이 역시 백운영이 필요할 때마다 나타나고 또 백운영이 찾아갔던 『육미당기』의 도인과는 다르다.

군담을 만들어내었다.

양창곡의 세계는 시종 세속의 생리에 충실하게 꾸려진다. 천상계의 요소들이 슬그머니 세속으로 들어와 두 세계 사이의 긴장이 풀렸다. 특히 천상계의 세속에 대한 반성적 시선이 흐트러졌다. 세속 인물들은 자신이나 상대인물이 천상의 존재라는 사실을 무심결에 피력하면서도 바로 그 점의 의미를 진지하게 생각하지 않는다.68) 그들은 세속에서 확보한 특권으로 풍류생활을 즐길 뿐 다른 생각을 할 겨를이 없다. 그리고 그런 태도는 자식에게 이어진다. 자식들을 다른 특권 집안과 혼인 관계를 맺게 함으로써 특권을 강화시켜간다.

『옥루몽』은 세속 인물로 하여금 천상으로 돌아가게 하지도 않는다. 세속 욕망에 대한 집착이 그만큼 강렬하거나 애초 천상계 설정 자체가 세속적 만남을 유도하기 위한 장치에 지나지 않았을 것이기 때문이다. 그 결과 세속의 일생이 대상화되지 않고 반성적 성찰의 시선이 형성되지 않는다. 『옥루몽』의 이런 경향은 『구운몽』의 결말부분을 패로디한 점에서 가장 뚜렷이 나타난다. 즉 『구운몽』의 결말부분에서는 육관대사가 세속 삶에 대한 태도를 반성하게 만들기 위하여 장자 호접지몽을 우화로 인용하였는데, 『옥루몽』은 다만 유쾌한 풍류생활을 환기하는 비유로 그것을 활용하였다.69)

---

68) "鸞城이 見兩娘而歎曰 吾輩ㅣ 若終人間塵緣ᄒᆞ고 更會於玉京淸道면 不忘今夜之同盟이라ᄒᆞ고"(446면), "原來鸞城이 從白雲道士ᄒᆞ야 以師事之ᄒᆞ니 道士ᄂᆞᆫ 卽文殊菩薩이라 自有傳授佛法이ᄂᆞ 平生에 不曾發說이러니"(532면)

69) "氷娘曰先生이 行媒於一個美男이라 ᄒᆞ더니 何不做媒오 梅娘曰先生이 欲窺江南富豪之意러니 果何如乎아 風이 笑曰 美男子ᄂᆞᆫ 卽江南富豪요 江南富豪ᄂᆞᆫ 卽美男子라 莊周ㅣ 爲胡蝶ᄒᆞ고 胡蝶이 爲莊周ᄒᆞ니 此相公이 卽爲美男子요 或爲江南富豪ㅣ니 張風이 平生無詐言이로라."(606면)

『사씨남정기』와 『구운몽』의 상이한 서사문법은 세속적 삶에 대한 작자의 상이한 태도에서 비롯된 것이다. 『사씨남정기』가 세속적 삶의 의의를 무반성적으로 인정하고 그것에서 발견되는 반이념적이고 비윤리적인 상태나 존재를 바르게 만들고자 한 것이라면, 『구운몽』은 세속적 삶 자체를 반성하여 세속적 삶의 의의나 가치를 성찰하고 마침내 그것까지 초월하고자 한 것이다. 작자 개인사의 관점에서 설명한다면, 『사씨남정기』가 세속적 삶이 활력있게 진행되는 시점이나 혹은 그런 상태를 인정하는 시점에서 창작되었을 가능성이 크다는 점에서 『구운몽』보다 선행한다고 하겠다. 『구운몽』은 세속적 삶이 마무리 되어가면서 그것을 전체로 조망할 수 있는 단계에서 창작되었다고 보이기 때문이다.

작자가 선택할 수 있었던 이념과 관련시켜 『사씨남정기』와 『구운몽』을 이해할 수도 있다. 유가가 세속적 삶과 그 영위 방식을 사유의 중심에 놓는 것이라 할 때, 유가의 가르침을 내면화한 사대부 작자라면 『사씨남정기』식의 서사문법에 충실할 수밖에 없을 것이다. 반면 세속적 삶에 대한 유가의 문제의식과 포괄 범위에 만족하지 못하고 또 다른 대안 이념을 모색하려 하는 사대부라면 『구운몽』식의 서사문법을 추구했을 것이다.

『옥루몽』은 형식 면에서 『구운몽』의 것을 차용하고 있으나, 세속의 대상화와 세속에 대한 반성이라는 『구운몽』의 본질을 계승하지는 않았다. 『옥루몽』은 양창곡과 강남홍의 전반부 활약을 통하여 세속적 삶의 문제들을 다양하게 제시하고 그 해결 방안을 모색했다는 점에서 『사씨남정기』의 전통을 이었다고 할 수 있다. 그러다 군담을 거친 뒤 후반부로 들어가서는 그런 문제의식조차 약화되고 최상층 등장인물들의 향락과 풍류를 묘사할 따름이다.[70] 그리고 결말부에 가서 양창곡의 세계가 문창성과 관음보살의 세계에 의해 대상화되어 극복되지도 않는다.

『육미당기』는 『사씨남정기』의 세속에 대한 비판적 문제의식과 『구운몽』의 반성적 서술의식을 계승하여 그 서사적 긴장을 끝까지 유지한 경우라 하겠다. 물론 그것은 가족 분리와 가족 재상봉을 중심축으로 설정한 「선우태자전」이나 「적성의전」 등 불교 서사의 전통을 바탕으로 한 것과도 관련이 있다고 본다.

『구운몽』과 『육미당기』에 대한 이상의 검토를 통해, 소설이란 세속에서 이룰 수 없는 욕망이나 이념들을 실현시켜 주어 대리 만족을 줄 뿐만 아니라, 세속의 여러 국면에 대한 진지한 반성을 가능하게 해주었다는 사실을 확인할 수 있게 되었다. 그것은 소설이 작품 밖의 문제적 세속과는 다른 대안 현실을 생생하게 형상화할 수 있었기에 가능했다.

세속적 일생의 회고와 반성이라는 작가의식의 면에서 『구운몽』과 『육미당기』를 분석한 이상의 방법과 결과는, 우리 고전소설사의 한 국면을 파악하는데 유용하게 활용될 수 있으리라 기대한다.

---

70) 이런 점에서 '초월적 세계란 현실적 세계에서의 욕망의 성취를 넘어서는 것이 아니라 연장된다는 인식은 주인공의 애당초의 현실비판의식이 끝내는 자신이 속한 계층의식에 의해 기득권의 방어로 귀결되는 것과 똑같은 논리로 기득권의 연장에 기여'(김종철, 「19C 중반기 장편영웅소설의 한 양상」, 『한국학보』 40, 1985년 가을, 107면)한다는 주장은 『옥루몽』의 해법으로는 유용하지만 『육미당기』에 적용되기는 어렵다 본다. 『육미당기』의 경우, 해운암의 성격이나 해운암을 찾아가는 등장인물들이 태도 등을 고려할 때, 『옥루몽』과는 달리 설명되어야 할 것 같다. 조선 후기 장편소설에 형상화된 초월적 세계의 의미는 보다 섬세하게 구명되어야 할 것이다.

김만중의 시문(詩文)에 나타나는 구름

1. 머리말

김만중(金萬重)은 『구운몽(九雲夢)』을 지으면서 '운(雲)'자를 표제에 넣었다. '구름'은 『구운몽』의 서사의 전개에서도 특별한 기능을 한다. 『구운몽』의 주제나 가치를 좀 더 체계적으로 해명하기 위해서 『구운몽』 속 구름의 의미와 기능을 먼저 살펴야 한다. 그러기 위해서는 김만중이 평소 '구름'에 대해 어떤 생각과 느낌을 가졌는가를 알아야 할 것이다. 이 장에서는 『구운몽』에서 '구름'이 함축하는 의미를 해명하기 위한 기초 작업으로서 김만중의 시문에 나타나는 구름의 의미와 기능에 대해 알아보고자 한다. 그럼으로써 아울러 구름이 중요한 소재로 활용되는 김만중 시의 핵심도 탐색해보고자 한다.

김만중의 문집 『서포집』은 오고(五古) 34편, 칠고(七古) 26편, 오율(五律) 59편, 칠율(七律) 56편, 오절(五絶) 10편, 칠절(七絶) 41편 등 총 226편의 시와 소(疏) 32편, 차(箚) 1편, 계(啓) 2편, 제문(祭文) 11편, 악장(樂章) 1편, 비답(批答) 5편, 교서(敎書) 1편, 옥책문(玉冊文) 1편, 표전(表箋) 5편, 서(序) 2편, 발(跋) 1편, 기(記) 1편, 지(識) 1편, 행장(行狀) 1편 등 65편의 문으로 되어 있다.[1] 한시 중에는 만시(輓詩)가 많고, 여성적 정조를 드러낸 향렴시(香奩詩)와 귀양지에서 어머니를 그리워하는 사친시(思親詩)가 여러 편이 있는데, 이들 시들이 '구름'을 중요한 소재로 활용하고 있다.

구름은 하늘에 떠 있으며 자연 풍경의 일부를 구성한다. 다른 한편 '구름'은 어떤 통념을 지칭하거나 함유한다. 구름에 대한 통념 중에서 가장 일반적인 것은 '정처 없음', '덧없음', '허무함', '힘듦' 등이다. 시문에서 구름은 '청운(靑雲)', '백운(白雲)', '채운(彩雲) 등 색깔로 구체화된다. '청운'이 학덕이나 벼슬, 심지어 운둔을 의미한다면, '백운'은 세속으로부터의 초연함, 은둔, 제향(帝鄕)으로 갈 수 있는 수단 등을 의미했다. '채운'은 아름답게 물든 구름으로 신선세계를 연상한다. 또 구름은 '몽(夢)'과 연결되기도 한다. 가장 두드러진 경우가 '운몽(雲夢)'이다. '운몽(雲夢)'은 형주(荊州) 이북 형산(衡山) 기슭의 숲이 우거진 광활한 습지를 지칭한다. '운몽한정(雲夢閑情)'은 송옥(宋玉)의 「고당부(高唐賦)」에 소개된 초회왕(楚懷王)과 무산신녀(巫山神女) 사이

1) 전형대, 「김만중의 한시」, 『김만중 연구』, 새문사, 1983, IV-75면.

의 로맨스에서 비롯된 말[2])로 남녀 사이의 교환을 뜻한다.

'운몽'에서 '구운몽'을 떠올릴 수 있다. 다니엘 부셰는 '구운몽'을 '운몽'과 관련시키면서, '운몽(雲夢)이란 옛 초나라 어디에 위치했다는 늪이 많은 광대한 지역의 이름이었다고 하였다. 그리고 '구운몽'은 '아홉 개의 운몽'을 가리키는데, '운몽(雲夢) 아홉이란 …… 옛 황제들과 같이 천하의 어디든지 다 다녀보았고 대장과 승상자리까지 올라 온 세상의 주인으로 자처할 수 있었다는 사람[양소유]에 대한 이야기에 알맞은 서명이라 하겠다'[3])고 결론지었다. 이런 해석은 『구운몽』의 표제에 대한 해석 중 독특한 경우라 하겠지만, 비약이 심하다. 과연 김만중의 시문에서 '운몽'이 그러한 쪽으로 해석될 가능성을 찾을 수 있을 지 따져본 뒤, 『구운몽』 표제어에 대한 해석의 정당성 여부를 검토해야 할 것이다.

『서포집』의 구름 이미지에 대한 분석은 구름이 서사적 전개에서 중요한 역할을 하는 『구운몽』의 주제를 해명하는 기초 작업일 뿐만 아니라, 구름이 중요한 소재로 활용되는 김만중 시의 특징을 밝히는데도 일정한 기여를 할 수 있을 것으로 본다.

---

2) "昔者楚襄王與宋玉遊於雲夢之臺, 望高唐之觀 其上獨有雲氣 …… 王問玉曰 此何氣也 玉對曰 所謂朝雲者也 王曰 何謂朝雲 玉曰 昔者先王嘗遊高唐 怠而晝寢 夢見一婦人 曰 妾巫山之女也 爲高唐之客 聞君遊高唐 願薦枕席 王因幸之"(宋玉, 『고당부(高唐賦)』, 『문선(文選)』 권19, 正中書局, 1971, 250면)

3) 다니엘 부셰, 「구운몽의 제목에 대하여」, 『동방학지』, 연세대 국학연구원, 2006, 400~403면.

2. 자연 풍경의 전환적 묘사

김만중의 시에서 가장 뚜렷하게 포착되는 구름은 자연 풍경의 일부를 구성하는 경우이다. 이때 구름은 장면을 전환시키는 역할을 한다. '운(雲)은 운(運)을 말한다'[4]는 것도 이런 차원이다. 「모춘(暮春)」(권1, 7면)은 만물이 소생하는 평화로운 늦봄의 정경을 묘사한다.

늦은 봄 따뜻한 기운이 퍼지니	暮春暄氣敷
풀과 나무 내 집을 둘렀네	草樹繞我廬
발 걷고 시절 경치 바라보니	捲簾望時景
눈 닿는 곳 모두가 즐거웁네	觸目皆可娛

시적 자아는 이렇게 늦봄의 만족스런 정경을 그린 뒤, 흰 구름으로 시선을 돌린다.

흰 구름 먼 산등성이로 흩어지니	白雲散遙岑
햇살이 비로소 들판에 가득하네	初日滿平蕪

산등성이로 흩어져가는 '백운'과 들판을 가득 채우는 '초일(初日)'이 대(對)가 되었다. 이미 따뜻한 기운이 퍼지고 돋아난 풀과 자라난 나무가 내 집을 둘러쌌지만, 봄 경치를 온전하게 만드는 데는 햇살이 필수적이다. 그런 햇살을 불러오기 위해서는 구름이 흩어져야 한다.

4) '雲之爲言運也'(『사문유취(事文類聚)』 天, 서광학술자료사, 1991, 49면)

그런데 흩어지는 구름의 모습이 부정적 심상을 만들지 않는다. 그 자체로도 아름답다. 이 시가 '대경(對境)의 진면목을 그린 회화적인 시'[5]로 평가된 것도 이런 차원에서일 것이다. 흩어지는 구름은 햇살을 들판에 내리쬐게 하기에 더 좋다. 어느새 죽순이 약한 잎 속을 뚫고 나오고, 복숭아꽃도 마지막 홍조를 보이며, 둥근 연꽃은 푸른 물결 위로 나오고, 아름다운 나무들도 푸른 시내를 뒤덮는다.[6] 이렇듯 구름은 공간 상황의 전환을 가져온다. 다른 한편 구름은 「등승가사후봉(登僧伽寺後峯)」(권1, 10면)에서처럼 생각의 전환을 초래하기도 한다. 시적 자아는 미끄럽고 높은 승가사 뒷산을 올라가 사방으로 펼쳐진 장엄한 풍경을 목도한다. 끝없이 펼쳐진 들판에서 뭇 산들이 한양을 경배하고, 온갖 시내들은 바다로 흘러간다. 때는 해질녘이어 하늘과 물은 붉게 물들었다. '구름과 놀이 서로 보내고 맞이하여, 큰 섬 작은 섬 나타났다 사라진다'[7]는 구절은 이런 장엄한 해질 무렵 풍광을 그냥 바라보고 감동하는 데 머물지 못하고 급박하게 돌아가는 속세의 일을 떠올리게 하는 것이다.[8] 놀과 마주하여 동적 상황을 연출하는 구름은 시적 자아의 생각을 전환시켰다.

그 외 「춘진만흥(春盡謾興)」(권6, 50면)에서 구름은 천태만상으로 변하는 속성을 가진 존재이다.[9] 또 천제(天帝)나 신선이 사는 곳을 신비

5) 전형대, 앞의 논문, IV-79면.
6) 竹抽嫩綠排 桃謝殘紅鋪 圓荷出綠波 嘉木蔭淸渠(『서포집』 권1, 『한국문집총간』 148집, 민족문화추진회, 8면; 이하 책 표시없이 권수와 면수만 제시된 경우들은 모두 이 책의 권수와 면수를 말함.)
7) 雲霞相送迎 島嶼互明滅(권1, 10면)
8) 所嗟塵事迫 無由遲明月(위의 면)
9) 春盡登山病不任 詩成聊復一長吟 浮雲解作千般態 啼鳥時傳百種音(「춘진만홍(春盡謾興)」(권6, 50면)

롭게 장식하는 소도구가 되기도 한다.[10] 「중흥동암(重興東菴)」(권3, 26면)에서 구름은 암자가 높은 곳에 있다는 것을 암시하면서 청정한 암자를 세속으로부터 격리시키는 역할을 한다. 시적 자아는 그 구름을 헤치고서야 상방(上方)에 이를 수 있다.[11] 구름은 단순히 차단의 기능을 하는데 그치지 않고 '속세로부터 벗어남'이라는 의미까지 함유하는 것이어 구름에 대한 통념을 동반하게 되었다. 「구월구일 중흥사작(九月九日 重興寺作)」(권3, 26면)은 '백운'으로써 세속을 벗어난 청정의 세계를 암시한다.[12]

이렇듯 자연 풍광의 일부가 된 구름은 동적 이미지로 존재하다가, 그 역동성이 약화되면서 통념적 의미를 담게 된다.

3. 통념의 재현을 위한 수직적 수렴

김만중의 시들에서는 통념을 환기하는 구름도 중요한 자리를 차지한다. 먼저 「잡시사수(雜詩四首)」(권1)의 구름에는 '덧없음'이란 통념적 의미가 실렸다. '흰 구름 하늘에 떠 있었는데 / 어느덧 사라져 푸른 하늘일 뿐'라 하여, 구름의 형상이 금방 사라지는 현상을 환기

---

10) 夢履星辰行 言造紫皇所 紅雲蔽九重 玉女煙中語(「기몽(記夢)」(권2, 19면); 劉安昔日愛神仙 築臺宮中與天連 玉壺銀瓮酒如泉 黃金舟砂合仙丹 賓客窈窕多少年 文章妙絶大小山 八公之徒氷雪顔 其言恍惚非人間 雲中鷄犬誰所傳 天路由來無術阡 宮中侍女雙明璫 一曲悲歌堪斷腸 淮水東流春茫茫 行人欲度川無梁(권2, 23면).

11) 杖策踰層嶺 排雲到上方 梵鐘淸客意 花木閉禪房 海氣三山遠 春風一水香 殘碑留日月 弔古意何長(권 3, 26면)

12) 萬木絢紅葉 祇園淨素秋 入門淸磬發 移席白雲留 塔聳天應逼 泉鳴境轉幽 醉來從落帽 風急莫深愁(「구월구일 중흥사작(九月九日 重興寺作)」(권3, 26면)

한다. 이어 '총애는 오래 기대하기 어려운 것 / 인간사도 영원치 않네'라 산문적 설명으로 나아가 시적 긴장을 상실한다.[13] 반첩여(班倢伃)의 일화를 용사하였는데, 그녀가 지었다는 「원가행(怨歌行)」과 비교할 때 이런 경향이 뚜렷하게 포착된다. 즉, 「원가행」은 '가을철에 내쳐지는 부채'에 빗대어 임금의 총애를 잃게 될 시적 자아의 처지를 선명하게 드러내었다.[14] 총애의 덧없음을 나타내는 시적 상관물로는 흰 구름보다 가을철 부채가 더 알맞다. 「잡시사수」는 부채를 흰 구름으로 대체함으로써 시세계의 파탄을 초래했다. 하늘의 흰 구름이 사라지는 것 자체는 분명 덧없다 하겠지만, 흰구름이 사라지면서 오히려 푸른 하늘이 또렷하게 나타났고 햇살이 땅을 비출 수 있게 된다. 모티프의 대체가 '버려짐'보다는 '생성'의 분위기를 조성한 것이다. 이런 어색한 시적 변용은 상투적 이미지로서의 구름을 그대로 수용한 데서 비롯하였다 판단된다.

다른 한편, 「의고사(擬古詩)」(권1, 8면)와 「증신서장완연행(贈申書狀琓燕行)」(권3, 30면) 등은 구름으로써 고단한 인생길을 암시한다.[15] 「의고사」는 추운 변방에 임을 떠나보내고 밤이 깊도록 베틀을 놀리며 수심에 젖어있는 아낙의 처지를, '달은 떠 깊은 규방 더욱 적막한데 /

---

13) 白雲在天上 須臾變爲蒼 寵愛難久恃 人事不可常 美哉班氏女 千載流芬芳(「잡시사수(雜詩四首)」 권1, 7면)

14) 新烈齊紈素 皎潔如箱雪 裁爲合歡扇 團圓似明月 出入君懷袖 動謠微風發 常恐秋節至 凉颷奪炎熱 棄捐篋笥中 恩情中道絶(황견 편, 『고문진보전집』, 명문당, 1982, 26면)

15) 高臺出雲中 璇房對金屋 羅帷捲流蘇 綉戶文紗綠 中有織錦婦 擲梭指如玉 盛年甘辛苦 爲此遠行客 月出深閨靜 夜永聲轉促 浮雲爲凝結 行路盡悲酸 不怨機杼苦 所悲關塞寒 願爲隴頭月 夜夜照君顔(「의고사(擬古詩)」(권1, 8면); 雪中飛鳥絶 之子欲安之 遼野去無極 燕歌聲正悲 愁雲漢陵樹 落日信公祠 此地難爲客 應多弔古詩(「증신서장완연행(贈申書狀琓燕行)」(권3, 30면)

밤이 길어질수록 베틀소리 더욱 빨라 지네 / 뜬 구름은 엉키고 맺히니 / 가는 길 온통 슬프고 쓰라리네'[16]라고 읊었다. 뜬 구름은 가는 길을 막고 어둡게 하여 인생길을 고달프고 비관적이게 만드는 무엇을 상징한다. 「증신서장완연행」은 연행(燕行)의 고달픔을 한릉(漢陵)의 나무에 드리워져 있는 수운(愁雲)으로 형상화했다. 「왕소군(王昭君)」의 '날 밝으면 군마는 떠나리니 / 관문 구름은 만리까지 드리웠네 / 회오리 바람 원한의 눈물 흩뿌리고 / 차가운 달은 얼룩진 얼굴을 비추네'에서, 만리까지 드리워진 구름은 왕소군이 흉노로 가서 꾸려가야 할 신산한 삶을 암시한다.[17]

「남계잡흥(南溪雜興)」(권4, 36면) 제1수와 「과도봉(過道峯)」(권5, 42면)의 구름은 임금의 총명을 어둡게 하는 간신배나 그런 간신배가 설치는 암울한 현실을 암유한다. 이것은 '녈 구름 근쳐에 머믈셰라'[18] 등으로 일반화된 수사법이다. 「남계잡흥」은 김만중이 38세 되던 1674년(현종 15년) 금성(金城, 강원도 고성)에 유배갔을 때 지은 것이다.[19] 이는 6편의 7언 율시로 구성되어 있는데, 제1, 2, 3수에 구름 모티프가 거듭 나타난다. 제3수가 다음 장에서 거론할 '망운(望雲)'과 관련하여 일단 제외한다면, 제1, 2수의 구름이 여기에 해당한다.

봄은 중반이 되었는데 금성의 풀은 돋지 않고　　春半金城草未生

16) 月出深閨靜 夜永聲轉促 浮雲爲凝結 行路盡悲酸(권1, 8면)
17) 征馬平明發 關雲萬里長 廻風飄怨淚 冷月照殘粧 身已胡王妾 衣猶漢殿香 琵琶塞上曲 千載足悲傷(「왕소군」, 26면)
18) 정철, 「관동별곡」, 『가사문학전집』(김성배), 집문당, 1997.
19) 김만중, 김병국 · 최재남 · 정운채 역, 『서포년보』, 서울대 출판부, 1992, 93면.

역으로 난 쓸쓸한 길에는 행인이 드물다. 蕭條驛路少人行
어두운 구름 땅에까지 드리워져 하늘은 언제나 음산한데 陰雲接地天常曀
눈 쌓인 온 산은 밤에도 환하다. 積雪渾山夜亦明
산 첩첩 길 막혀 천리 밖 꿈꾸니 複峽難通千里夢
사계절은 언제나 늦가을의 느낌이네. 四時長作九秋情
오직 어여쁜 것은 한 줄기 남계의 강물이어 唯憐一曲南溪水
만고에 맑기가 초나라 강과 같네. 萬古淸如楚水淸[20]

봄날이 한참 지났는데도 금성은 풀이 돋아나지 않을 정도로 쌀쌀하다. 이것은 기온과 감촉 차원이다. 반면 시각적으로는 다르게 보인다. 함련(頷聯)의 대구에서다. 어두운 구름이 땅에까지 드리워져 하늘을 언제나 음산하게 만드는데, 그것은 정적인 남인들이 '임금의 총명을 흐리고 있는' 한양의 형편을 암시한다.[21] 그와 대조되어 금성의 산하는 여전히 눈으로 덮여 있어 밤에도 환하다. 금성의 쌀쌀한 봄날은 풀이 자라지 못하게 하지만 눈을 녹지 않게 하여 이 세상을 밝히게도 한다. 이런 대조를 통하여 강렬한 정치적 문제의식을 드러내었다. 남계(南溪)는 금성의 '남강(南江)'[22]을 지칭하는데, 그곳 강의 맑음을 초나라 강의 맑음과 연결시킴으로써 굴원(屈原)의 처지를 환기했다. 이렇듯 이 시는 구름을 '간신배의 소행'이라는 다소 상투적

20) 「남계잡흥(南溪雜興)」(권4, 36면)
21) 김만중은 임금 독대 중 당시 영상이었던 허적(許積, 1610~1680)을 소인배로 몰고 남인을 소인당으로 몰아가다가 임금의 진노를 일으켜 금성으로 유배되었다.
22) 在郡南五里 源出金剛山 過郡底 東入于海(『여지도서』 상, 탐구당, 1973, 553면)

의미와 연결시켰지만, 귀양지 금성의 인상적 산하를 시적 상관물로 이끌어들임으로써 산문적 상투성을 극복하고 견결한 의지와 참신한 서정을 교직했다고 볼 수 있겠다. 그런 점에서 「남계잡흥」 제2수도 마찬가지다. '고신(孤臣)'이 흘린 눈물은 강물에 떨어져 흘러가고, 한가한 날에도 나라 걱정을 떨쳐낼 수가 없다. 궁벽한 산골에 병든 몸으로 누워서 떠올린 과거는 '구름이 대궐을 덮고 있는'[23] 모습이다. 「과도봉」에서도 '고신'이 북쪽으로 떠나가는 길에 발견하게 되는 풍광은 '산 구름이 어둡게 드리워져 있'는 모습이다.[24]

동아시아 한문학에서 통념화된 구름 이미지로서 가장 널리 알려진 것이 초회왕(楚懷王)과 무산신녀(巫山神女)의 로맨스에 나오는 초협운(楚峽雲)이다. 김만중도 「죽동야회가기(竹洞夜會歌伎)」(권4, 37면)에서 초협운을 활용한다.

붉은 촛불 푸른 술잔에 훈훈하기 봄 같은데	紅燭靑尊煖似春
빠른 곡조 애절한 노래 아련히 뒤섞이네	急絃哀唱杳難分
여러 생이 양주몽인듯 헷갈리는데	多生疑有楊州夢
어디서 날아오나 초협의 구름이여	何處飛來楚峽雲
늘어진 음악 가느린 종소리 잔잔한 바람에 실려오고	長樂殘鐘風細細
장대로 돌아오는 말들로 달밤이 어지럽구려	章臺歸騎月紛紛
만당의 묵객들 아름다운 시구를 읊어대니	滿堂詞客饒佳句

23) 雲結金爐殿外浮(권4, 36면)
24) 溪水潺潺響 山雲黯黯垂 孤臣北去路 獨過靜菴祠(「과도봉(過道峯)」(권5, 42면)

그 술집을 향하여 모름지기 귀 기울이네　　　　須向旗亭側耳聞[25]

'양주몽(楊州夢)'과 '초협운(楚峽雲)'이 대응되었다. 두목(杜牧)의 '양주몽'이란 10년간 양주에서의 향락 생활 끝에 남은 것은 청루의 박대뿐이라는 「견회(遣懷)」의 쓸쓸한 귀결을 지칭한다.[26] 그것이 초회왕의 하룻밤 정사를 지칭하는 '초협운'과 대응되면서 전체적 분위기가 낭만적으로 착색되었다. 『구운몽』에서도 초회왕의 로맨스가 언급되는데, 양소유가 가춘운과 헤어질 때 지은 시에서다. '하늘 바람 옥패에 불어오니 / 흰 구름은 어찌 그리 흩어지나 / 무산의 다른 밤비에 / 양왕의 옷 적시기 바라오'[27]에서 구름은 이곳에 머물러 비를 내려주려 했는데, 천풍이 불어와 구름을 흩어버린다. 그러자 구름으로 하여금 계속 머물러 있으면서 무산의 밤비가 되어 양왕[28]의 옷을 적셔달라는 주문을 한다. 이것은 남녀 사랑에 대한 양소유의 소망을 드러낸 것이다. 또 '산을 내려오며 묵던 곳을 바라보니, 새벽 구름이 만학에 가득하여 멍하니 요대(瑤臺)의 한 꿈을 꾼 것만 같았다'[29]라 하여, 구름으로써 다시 초회왕과 신녀의 운우지정을 환기한다. 이런 점에서 김만중의 시문과 『구운몽』 간의 연속성을 어느 정도는 인정할 수 있다.

25) 권4, 37면.

26) 落魄江湖載酒行 楚腰纖細掌中輕 十年一覺揚州夢 贏得青樓薄倖名(김달진, 『당시전서』, 민음사, 1987, 607~608면)

27) 天風吹玉珮 白雲何離披 巫山他夜雨 願濕襄王衣(노존A본, 199면)

28) 무산신녀와 정사를 가진 임금은 양왕이 아니라 그 아버지 회왕(懷王)이다.(『문선』, 250면) 우리나라에서는 종종 양왕과 회왕이 혼동되고 있다.

29) 下山 因望宿處 曉雲籠於萬壑 況然如瑤臺一夢矣(『한국고전문학전집』 27, 고려대 출판부, 109면)

이상의 구름 이미지는 두 가지의 방식으로 통념을 나타내었다. 먼저 구름이 특정 공간에 그대로 펼쳐져 있는 형상이다. 다음으로 구름이 하늘 쪽에서 땅 쪽으로 드리워져 있는 형상이다. 통념을 재구성하기 위하여 김만중은 정적이고 수직적인 구름 이미지를 형상화하였다 하겠다.

4. 그리움의 발현을 위한 수평적 확산

김만중의 시에서 가장 인상적이고도 빈번하게 나타나는 구름 이미지는 '생각의 방향' 혹은 '그리움'을 나타내는 것이다.

「남계잡흥(南溪雜興)」(권4)의 제3수는 그리움을 드러내기 위해 구름을 형상화하는 전형적 양상을 보여준다. '망운(望雲)' 모티프를 시적 형상화의 중심에 놓은 것이다. 이 작품은 부친 김익겸과 함께 강화도 함락 때 분신한 김상용(金尙容)이 지은 「차조운이수(次趙韻二首)」(『仙源遺稿』下, 143면)를 차운한 것으로 볼 수 있다.

차조운이수(次趙韻二首)

남쪽으로 떠나온 뒤 소식 드물어	一自南來消息稀
날마다 높은 곳 올라 날아가는 구름 바라보네	每登高處望雲飛
추운 날 타관 침상 돌아갈 마음 더욱 간절한데	天寒旅榻歸心切
한 해가 저물어도 떠날 길 더디기만 하네	歲暮關河去路遲

반세의 세월이 흰머리 재촉하여	半世光陰催鬢髮
한밤 꿈에 혼이 되어 어버이 계신 방에 갔지	中宵魂夢到庭闈
봄볕같은 은혜 갚지 못하고 몸만 늙어가니	春暉未報身將老
풀보다 못한 작은 정성 스스로 부끄러웠네	自愧誠心寸草微[30]

남계잡흥(南溪雜興)

역촌 산마을마다 사립문 닫아 걸어	數村山驛掩荊扉
한평생 회고하니 만사가 글렀구나	默算平生萬事非
밝은 시절 패옥 받고서 귀양객 되어	受玦明時爲逐客
지난 밤 어머니 꿈에 눈물로 옷을 적셨지	濡衣昨夜夢慈闈
마당 가 풀들에 봄빛은 들고	庭邊細草迎春色
울타리 밖 차가운 시내에 석양빛이 내리는데	籬外寒流漾夕暉
수많은 봉우리들 하늘 끝과 합쳐졌네	無限亂峯天際合
그 어느 곳에 올라가 날아가는 구름 바라볼까	不知何處望雲飛[31]

「차조운이수(次趙韻二首)」가 '고향으로부터 격리 → 망운(望雲) → 객수(客愁) → 몽귀(夢歸) → 어버이 상봉'으로 시상이 전개된다면, 「남계잡흥(南溪雜興)」은 '고향으로부터 격리 → 몽귀(夢歸) → 어버이 상봉 → 격절(隔絶) 확인 → 망운(望雲)'으로 시상이 전개되었다. 귀양객으로 꿈속에서 어버이를 만난다거나, 망운(望雲)한다는 점에서 「남계잡흥」

30) 『선원유고(仙源遺稿)』 下, 민족문화추진회, 143면.
31) 권4, 37면.

은 「차조운이수」의 시상까지 수용했다. 다만 그 순서를 바꾸었다. 「남계잡흥」은 「차조운이수」와는 반대로 '망운'을 맨 마지막 연으로 돌림으로써 간절한 그리움이 '망운'에 실리도록 조처하였다. 첩첩 산들로 둘러싸인 머나먼 유배지에서 벗어나 그리운 어머니를 만나기는 불가능하다. 그래서 먼저 꿈에서 어머니를 만난다. 그러나 꿈에서일 뿐이다. 현실에서 간절한 그리움을 표현할 수 있는 유일한 길은 걸림없이 자유롭게 날아갈 수 있는 구름을 바라보는 것인데, 그 구름마저 하늘 높이 둘러싸고 있는 산봉우리들에 갇혀 버렸다. '망운'마저 불가능하게 된 절망적 상황을 부각시킨 것이다. 사대부 한시에서 공유된 '망운' 모티브를 활용하되 가장 간절한 심성이 실리도록 하였다.

김만중의 조카이며 김만기의 아들인 김진규가 「망운산가(望雲山歌)」라는 제목으로 화답시를 지은 것도[32] 이런 간절함을 포착했기 때문이었을 것이다. 김진규는 김만중이 귀양살이를 하고 있는 남해에 망운산(望雲山)이 있다고 소개한 뒤, 「망운산가」를 지어 숙부 김만중에게 부치려 했지만 인편이 없어 부치지 못했다고 하였다.[33] 그는

32) 太行有孤雲 縹緲山之巓 狄公別母曾遠遊 登山望雲心悽然 自從公去雲亦散 飛落東韓滄海畔 海畔有山似太行 幾年卷舒無人看 阿大中郎孝出天 孺慕不衰耆艾年 晨昏溫凊固尋常 白鬚兒啼慈母前 天公爲憐遠別離 謫居使住玆山邊 山中雲兮喜人過 片片婀娜來相延 離思聊付一望中 朝看暮看心不窮 晴光彷彿媚春暉 秀氣依俙帶凱風 繽紜疑擁 潘母輿 掩映怳遮王孫閭 若爲將身托此間 北堂千里赴須臾 亦知可望不可托 孝子之心那有極 雲山得人不落莫 絶域從此生顔色 山形崔崒似增高 雲影飄翻若逾白 異代殊方豈云遠 坐令佳名屹相敵 小子離親亦南遷 滿地盲風與瘴烟 若能分寄雲一朶 望之欲到雙眼穿(「망운산가(望雲山歌) 奉寄叔父 南海有望雲山 無便不果寄」(『죽천집(竹泉集)』 卷2, 22면); 深深小篋捲萊衣 翳翳高堂照暮暉 白首分離炎海外 望雲山下望雲飛(「우제절구(又題絶句)」, 『죽천집』, 23면)

33) 奉寄叔父 南海有望雲山 無便不果寄(『죽천집(竹泉集)』 卷2, 22면)

숙부 김만중이 출천(出天)의 효자여서 백발이 되어도 아이처럼 어머니 앞에서 울었다 했다. 하느님은 그런 아들이 어머니 곁을 멀리 떠나게 된 것을 불쌍하게 여겨 이 망운산 옆에서 귀양살이를 하게 해 주었다는 것이다.[34] 만약 구름에 몸을 싣는다면 천리 밖 북당(北堂)에도 순식간에 닿겠지만, 현실은 그렇지 못해 구름을 바라볼 수는 있어도 구름에 몸을 맡길 수는 없다. 그러니 효자가 어머니를 그리워하는 마음에 어찌 끝이 있을까?[35] 김진규는 이렇게 「남계잡흥」에 나온 '망운' 모티프에 초점을 맞추어 어머니를 향한 자식의 간절한 그리움을 강렬히 드러낸 것이다. 그것은 「차조운이수」를 차운하되 '망운'에다 시상을 수렴시킨 「남계잡흥」의 의도를 한껏 돋보이게 한 셈이다.

이렇듯 구름에 가탁한 간절한 그리움의 방향은 대상이 있는 곳으로 한정되어 있다. 시적 자아는 오직 그쪽으로 가는 구름에 자기의 마음을 실을 따름이다. '떠도는 구름은 아무 생각 없이 / 아득히 동쪽으로 흘러가네'[36](「근득(近得)」 권3, 32면)나 '군마는 고개 돌려 하늘의 흰구름 바라보네'[37](「송북평사김중화(送北評事金仲和)」 권4, 39면)에서는 그런 소극성이 더하다. 시적 자아는 저기 떠가는 구름에다 다만 자기 마음을 싣고자 할 뿐, 생각을 조정하거나 방향을 수정할 의지가 없다.

---

34) 阿大中郎孝出天　孺慕不衰耆艾年　晨昏溫凊固尋常　白鬢兒啼慈母前　天公爲憐遠別離　謫居使住玆山邊(위의 면)
35) 若爲將身托此間　北堂千里赴須臾　亦知可望不可托　孝子之心那有極(위의 면)
36) 近得慈親信　衰年疾病嬰　極知難送我　何以慰傷情　日暮城鴉亂　天寒櫪馬鳴　浮雲無意緖　杳杳只東征(「근득(近得)」, 32면)
37) 相門才子玉堂仙　暫許從戎赴朔邊　客路相隨淸禁月　征驂回望白雲天　亦知阮瑀能書記　正要淳夫在法筵　瀚海陰山雖壯觀　紅蓮綠水莫留連(「송북평사김중화(送北評事金仲和」)(권4, 39면))

반면 시적 자아가 좀 더 적극적으로 자기 생각을 일으키고 생각의 방향까지 설정하여 그것을 구름에 가탁하기도 한다. 「선천회김장군(宣川懷金將軍)」은 김응하(金應河)가 후금 정벌에 나서는 장면을 형상화하였는데, '검산성(劍山城)[38]에 기대어 서북쪽을 바라보니 / 황운(黃雲)은 일만리에 뻗쳤네 / 긴 창 잡은 모습 떠올리니 / 어느새 군사 행렬 압록강을 건넜네'[39]에서 일만 리까지 뻗쳐 있는 구름은 김장군의 늠름한 기백의 형상화이다. 강한 생각이 구름을 만들어낸 것이다. 「차비파행운(次琵琶行韻)」은 백락천의 「비파행」[40]을 차운(次韻)한 장편으로 김만중이 45세 되던 1679년(숙종 5)에 지은 작품이다.[41] 여기에 구름 비유가 특히 거듭 나타난다. '슬픔과 기쁨이 구름과 비처럼 번복되니'[42]에서는 구름이 덧없이 변화하는 것의 상징으로, '구름 주변 소식 기러기 그림자조차 끊어졌네'[43]에서는 소식의 전달자인 기러기가 날아가는 배경으로 존재한다. 그러다 '마음은 흘러가는 구름을 좇아 북궐에 배알하는데 / 이 몸은 돌이 되어 강가에 머무네'[44]에 이르러, 구름은 마음이 자기 의지를 능동적으로 싣는 대상으로 변한다. 구름이 흘러가는 방향이 생각의 방향인 것이다. 「신춘(新春)」(권4, 40면)에서도 가산(嘉山) 고개를 넘어가는 뜬 구름은 창해가 한강 나루로

---

38) 선천부 20리 북쪽에 있던 성.

39) 鄭莊獨無母 何有尊周義 明明上帝命 賴此行間士 一死固所決 誰論鈍與利 將星隕柳下 夷夏一涕淚 鬱鬱宣川郡 旌旆昔所莅 遺風動謠俗 父老傳往事 罪臣謫茲土 懷古髮上指 秋霜落古槐 逝水淸而駛 <u>倚劍望西北</u> <u>黃雲一萬里</u> <u>想見操吳戈</u> <u>長驅渡鴨水</u>(16면)

40) 백거이, 『비파행』, 다산초당, 2005; 『고문진보』 전집, 151~154면.

41) 김만중, 『서포년보』, 112면.

42) 悲歡飜覆若雲雨(24면)

43) 雲邊消息鴈影絶(같은 면)

44) 心逐行雲朝北闕 身同化石留江干(같은 면)

이어지는 것과 같이 한양에 도달할 것이니,[45] 그 구름이 가는 곳이 내 마음이 가는 곳이다.

이상 그리움이나 생각을 적극적으로 나타내는 구름은 수평적이며 동적인 이미지다. 수평적으로 늘어져 날아가는 구름은 마음이 지향하는 바를 따라, 몸이 가지 못하는 곳까지 자유롭게[46] 마음을 실어 주어다 주는 존재인 것이다.

한편 「첨화령기(瞻華嶺記)」(권9, 94면)는 구름과 마음의 관계를 다른 식으로 보여준다. 김만중은 귀양지 선천으로 떠나오면서 한양의 상징이기도 한 화산(華山, 북한산)을 못 잊어 한다. 백 리까지 왔는데도 비취빛 화산은 따라오는 듯하였다. 송도를 지나서야 화산은 더 이상 보이지 않는다. 살수(薩水)를 건너니 산천이 삭막해져 문득 변방의 기운이 느껴져 객수가 심해졌다. 그럴 즈음 이 고개를 넘게 되었다. 고개는 선천부로부터 동쪽으로 20리 떨어진 곳에 있었다.

> 길은 이 고개를 넘게 되었다. 갑자기 깎은 듯한 세 개의 봉우리가 구름 사이로 나타났다. 마부에게 물었다.
>
> "저 산이 한양의 화산이 아닌가? 어떻게 하여 여기까지 왔을꼬?"
>
> 나뭇꾼이 듣고는 웃으며 말했다.
>
> "나그네께서 틀렸습니다. 저것은 이곳 사람들이 '신미도(身彌島)'라 부르는 곳입니다."

---

45) 天涯風俗似鄉園　蹴踘樗蒲動四隣　何日門閭歸綵服　孤臣關塞見青春　浮雲欲度嘉山嶺　滄海應通漢水津　强把新詩寫懷抱　寒窓殘燭易傷神(권4, 40면)

46) 「무산고(巫山高)」는 '뜬 구름 사방이 막혀 갈 곳을 잃었네'(浮雲四塞迷所之)라 하여 이런 자유를 잃는 특별한 구름을 형상화하였다.(권2, 18면)

> 나는 눈을 문지르고 다시 자세히 살펴보았다. 가파르게 솟은 한 덩이가 중간에 서서 가장 존귀한 듯 보였는데, 그건 화산의 백운대(白雲臺)였다. 그 좌우에 보좌하는 듯 우뚝우뚝 서서 위아래를 가리기 어려운 것은 인수봉과 노적봉이었다 …… 그때 나는 비록 그것이 진짜가 아닌 줄 알았지만, 이런 의심을 아니 할 수 없었다.[47]

이렇게 구름 사이로 나타난 남쪽 바다 가운데 산은 화산이 아니었지만, 김만중은 화산이라 생각하였고 그래서 그 산을 보게 된 고개를 '화산을 바라본 고개'라는 뜻으로 '첨화령(瞻華嶺)'이라 이름 지었다. 김만중은 한양의 화산이 개성 이후로 모습을 감추었다가, 갑자기 선천에서 그 모습을 나타내었다고 생각했다. 생각이 산을 그렇게 보게 한 것이다. 분명 신미도는 선천의 남쪽 바다 가운데 솟아 있는 산이지만, 그것을 화산이라고 부르는 김만중은 자기 생각 속에서 화산을 재구성하였다. 그 '화산'을 둘러싼 구름은 현실이 아닌 가상 세계의 표징 노릇을 하는 셈이 된다. 여기서 구름은 생각에 의해 구성된 객관세계의 일부이다. 구름의 또 다른 성격을 여기서 발견할 수 있다. 다만 그 세계는 새롭게 만들어진 것이 아니라 그리움의 대상이 되는 기존 세계의 모사이다.

47) 路經茲嶺 忽見三峯削成 出於雲際 顧謂僕夫曰 茲豈非漢都之華山歟 何爲而至此哉 有樵者聞而笑曰 客誤矣 此吾鄕所謂身彌島者也 余乃拭目而諦視焉 則其磅礴嶄絶處中而最尊者 華山之白雲臺也 傅其左右 亭亭角立 不相下者 仁壽露積峯也 … 余於是時 雖知其非眞 亦不能不疑也(권9, 94면)

5. 시문의 구름과 『구운몽』 구름의 차이

이렇듯 김만중의 시문에 나타나는 구름은 다양한 의미를 담고 있다. 통념적 의미를 담기도 하고 다소 특별한 의미를 담기도 한다. 가장 두드러진 구름의 원관념은 '그리움'이고 구름은 그리운 대상을 향한 마음을 실어가는 역할을 한다. 그래서 '망운(望雲)' 모티프를 중요하게 활용했다. 그리움이란 이미 존재하는 대상을 향한 생각이다. 그런 점에서 이미 존재하는 것에 대한 그리움으로서의 구름 이미지가 김만중 시문의 중심에 놓인다고 할 수 있겠다.

한편 『서포집』에서 '운몽(雲夢)'이 하나의 어휘로서 시상을 만든 경우는 찾을 수 없다. 대신 「윤충주가적만사(尹忠州嘉績挽詞)」(권4, 39면), 「계축구월십삼일(癸丑九月十三日)」(권6, 45면), 「새상(塞上)」(권4, 40면) 등에서 '몽'과 '운'이 연결되기는 한다. 「윤충주가적만사」에서는 '지난 일 생각하니 꿈 속인듯 의심되나니', '뜬 구름 떨어지고 금대가 저물다'고 하였다.[48] 「계축구월십삼일」에서는 '꿈 속에 붉은 구름을 밟고 천제를 알현하니'라 하였다. 꿈과 연결된 구름은 전자에서 '삶의 무상성'을 암시하고, 후자에서는 현실 궁전과 대비되는 천제의 궁의 신비스런 분위기를 조성한다.[49] 이처럼 구름이 꿈과 연결된 경우, '생각의 구현체'라는 의미를 찾을 수는 없다. 「새상」에서는 오히려 구름과 꿈이 역할 분담을 한다. 변방의 '황색 구름'은 해가 지면서 보이질

---

48) 君曾花縣我湘浦　五馬荊扉盡日留　往事追惟疑夢寐　中年離別隔明幽　浮雲零落琴臺暮　素紼歸來峽水秋　遙想棠陰遺澤在　南州士女淚長流(권4, 39면)

49) 夢躡紅雲拜紫皇　身隨明月度瀟湘　無勞楚客蘭爲佩　携得金爐滿袖香(권6, 45면)

않게 되었다. 그래서 '수심에 찬 사람 어느 곳에 올라 한양을 바라보나?'란 한탄을 하게 된다. 구름이 없어 '망운(望雲)'이 불가능하게 되었기 때문이다. 더 이상 구름에 그리움을 실을 수가 없다. 다음 단계로 마음의 달(心月)을 공산에 걸어두었다. 결국 고향으로 가기 위해 꿈을 이용한다.[50] 이것은 「남계잡흥」 제3수와 반대의 순서다. 구름과 꿈은 시적 자아의 고향에 대한 그리움을 표시하고 그리운 사람과 소통하는 매개자로 설정된다는 점에서 상통하지만 분리되어 있다. 이처럼 '운몽'을 하나의 어휘로 구사하는 경우가 없다는 김만중의 언어 관습을 고려하면, 『구운몽』의 표제어 해석에서 '운몽'을 한 단어로 보는 것은[51] 설득력이 약함을 알 수 있다.

『구운몽』에는 시문에서 나타나는 것과 비슷한 구름이 등장하기는 한다. 그런 점에서 김만중의 시문과 『구운몽』은 전혀 무관하다 할 수는 없다. 그러나 『구운몽』에서 중요한 기능을 하는 구름은 시문의 구름과 매우 다르다. 『구운몽』에서는 등장인물의 사념(思念)이나 염원에 의해, 존재하지 않던 것이 존재하게 되는데, 바로 이런 '비존재의 존재화'에 구름 비유가 활용된다. 『구운몽』에서 구름은 '어떤 생각의 실현', '생각 속에서 재구성될 대상' 등과 긴밀한 관계를 가지고 나타난다.[52] 그런 점에서 주로 '이미 존재하는 것에 대한 그리움'을 나타내는 『서포집』의 구름과 의미심장한 차이가 있다.

---

50) 塞上黃雲日易斜　愁人何處望京華　空山自掛經心月　獨樹還開濺淚花　千里驛書憑定省　五更鄉夢當生涯　深知嶺海容吾道　追逐前脩莫怨嗟(「새상(塞上)」(권4, 40면))

51) 다니앨 부셰, 「구운몽의 제목에 대하여」, 『동방학지』, 연세대 국학연구원, 2006, 400~403면.

52) 이에 대한 상세한 분석은 다음 장에서 한다.

같은 작가의 언어 표현임에도 불구하고 이런 상반된 양상이 나타난 이유는 무엇일까? 『구운몽』의 창작 과정에는 다른 시문의 창작 과정에는 개입하지 않았던 요소가 개입했음을 뜻한다. 필자는 그것이 『금강경오가해(金剛經五家解)』의 독서를 통한 불교적 사유의 수용이라 생각한다.[53] 이와 관련된 새로운 논의는 『구운몽』의 표제에 들어있는 '운'의 의미를 해명하는 실마리도 제공할 것이다. 또 『구운몽』의 주제나 서술지향을 설명하는 데도 요긴하게 참조될 것이다.

6. 맺음말

이 장은 서포 김만중의 시문의 한 특징을 밝히고 『구운몽』의 구름의 의미를 해명하는 기반을 조성하기 위해 『서포집』 소재 시문에 나타난 구름 이미지를 분석하였다.

먼저 자연 풍광의 일부가 된 구름은 동적 이미지로 나타나는 것을 밝혔다. 구름은 공간과 인식의 역동적 전환의 계기를 마련했다. 그것이 정적으로 전환되면서 통념적 의미를 함유하게 되었다. 구름의 통념은 '덧없음', '정처 없음', '허무함', '간신배의 전횡' 등으로 나타났다. 특히 '간신배'들이 설치는 한양에 대한 회념은 유배지의 지역적 소재와 결합함으로써 시적 긴장을 창출하였다. 초회왕과 무산신녀 사이의 로맨스를 암시하는 '초협운'도 거듭 나타났는데, 『구운몽』에

53) 이강옥, 「구운몽에서 구름의 의미와 주제」, 『국어국문학』 151호, 국어국문학회; 및 이 책의 다음장 참조.

도 비슷한 경우가 발견되었다. 통념을 함축하는 구름은 두 가지 형태로 나타났다. 먼저 구름이 특정 공간에 그대로 펼쳐져 있는 형상이다. 다음으로 하늘 쪽에서 땅 쪽으로 드리워져 있는 형상이다. 통념을 재구성하기 위하여 김만중은 정체적 수직적인 구름 이미지를 활용하였다.

김만중의 시에서 가장 인상적이고도 빈번하게 나타나는 구름 이미지는 '생각의 방향' 혹은 '그리움'을 나타내는 것이었다. '망운(望雲)' 모티프를 중요하게 활용했다. 구름의 통념적 이미지가 정적이고 수직적인 데 반해 이 경우는 동적이고 수평적이다. 수평적으로 날아가는 구름은 정확하게 마음의 방향을 잡아, 몸이 가지 못하는 저곳 공간까지 자유롭게 마음을 실어주어다 주는 존재다.

「첨화령기(瞻華嶺記)」는 구름과 마음의 관계를 다른 식으로 보여주었다. 여기서 구름은 생각에 의해 구성된 객관세계의 일부이다. 그 세계는 새롭게 만들어진 것이 아니라 그리움의 대상이 되는 기존 세계의 모사이다.

김만중의 시문에서 '운몽(雲夢)'이 하나의 어휘가 되어 시적 이미지를 구성하는 경우가 없다는 점에서 『구운몽』의 표제를 '운몽'과 관련시키는 것이 근거가 없음을 알 수 있다.

『구운몽』에는 시문에서 나타나는 것과 비슷한 구름이 등장한다. 그런 점에서 김만중의 시문과 『구운몽』은 비교적 긴밀한 관계를 가졌다고 할 수 있다. 그러나 『구운몽』에는 이와는 성격이 매우 다른 구름이 중요하게 다뤄지고 있다. 『구운몽』에는 등장인물의 사념(思念)이나 염원에 의해 존재하지 않던 것을 생성하여 존재하게 하는데,

이런 '비존재의 존재화'에 구름 비유가 활용된다. 『구운몽』에서 구름은 '어떤 생각의 실현', '생각 속에서 재구성될 대상' 등과 긴밀한 관계를 가지고 나타난다. 그것은 '이미 존재하는 것에 대한 그리움'을 지향하는 시문의 구름과 상당히 다르다. 여기서 김만중의 시문과 『구운몽』의 의미심장한 차이를 발견한다. 『구운몽』의 창작 과정에는 다른 시문의 창작 과정에는 개입하지 않았던 요소가 개입했음을 뜻한다. 그것을 밝혀내는 일이 『구운몽』의 표제에 들어있는 '운'의 의미를 해명하는 실마리를 제공할 것이다. 또 『구운몽』의 주제나 서술 지향을 설명하는 데도 요긴하게 참조될 것이다. 다음 장에서는 이상의 논의를 바탕으로 하여 『구운몽』의 구름의 의미를 해명한다.

『구운몽』의 구름과 주제

1. 머리말

표제는 창작과 독서에서 매우 중요한 요소이다. 작자는 표제를 통해 작품의 지향과 주제를 암시한다. 독자는 표제를 보고 작품의 내용과 주제를 예상한다. 『구운몽』 연구가 계속 되면서 표제에 대한 의견도 적잖이 제출되었다. 표제에 대한 다양한 해석은 『구운몽』 담론을 한층 풍성하게 만들어주었다. 그렇지만 아직 표제의 '운(雲)'과 '몽(夢)'의 의미가 온전하게 해명된 것 같지는 않다. 특히 '구름'에 대한 분명한 해명은 드문데, 아마도 '꿈'과 함께 '구름'이 함축하는 의미는 자명하다고 여기고 그냥 지나치지 않았나 생각된다. 사실 『구운몽』 텍스트에서 '구름'이 그렇게 뚜렷하게 부각되고 있지는 않다. 그러나 작자가 '구름'을 표제로 내세운 이상, 그것이 텍스트에서 크게 부각되지 않는다 하더라도 그 용례를 세밀하게 살펴 작자의 의도를 더 정확하게 이해할 수 있도록 노력해야 할 것이다.

『구운몽』의 구름의 의미를 해명하기 위해서는 김만중이 쓴 다른 글에서의 용례를 살펴볼 필요가 있다. 이에 대해서는 앞장에서 상세하게 분석하였다. 또 『구운몽』에 중요한 영향을 준 텍스트들에서의 구름의 용례를 살펴야 할 것이다. 이를 위해 이 장에서는 특히 『금강경오가해』를 중요하게 다룬다. 그리고 그 결과들을 『구운몽』에서의 용례와 연관시켜볼 것이다.

사대부들은 유가 경전 본문과 함께 다양한 주석서들을 함께 읽는다. 주석서 독서는 사대부들의 독서 원칙 중 하나였다고 볼 수 있다. 불경 독서도 이런 관습적 방식에서 벗어나지 않았을 것이다. 김만중도 『금강경』 주석서인 『금강경오가해(金剛經五家解)』를 읽었다 본다.[1] 『금강경오가해』는 정확하게 『금강반야바라밀경오가해(金剛般若波羅密經五家解)』인데, 본문과 함께 쌍림부대사(雙林傅大士)의 찬(贊), 육조(六祖)의 구결(口訣), 규봉종밀(圭峯宗密)의 찬요(纂要), 야부(冶父)선사의 송(頌), 종경(宗鏡)의 제강(提綱), 그리고 조선 세종대 함허당득통(涵虛堂得通) 기화(己和)의 설의(說誼)가 붙어 있다. 김만중은 『서포만필』에서 불서의 핵심을 '진공묘유(眞空妙有)'로 규정하고, '진공이라는

1) 김만중이 『금강경오가해』를 읽고 『구운몽』 창작을 했을 것이라는 견해는 유병환에 의해 처음 제출되었다. 유병환, 『구운몽의 불교사상과 소설미학』, 국학자료원, 1998, 14면.

것은 존재하는 것이 공임을 말하는 것이고, 묘유란 것은 공이 존재하는 것임을 말하는 것이다'[2]는 규봉종밀(圭峯宗密)의 견해를 인용한다.[3] 이 구절은 『금강경오가해』에 그대로 나오지는 않지만, 찬요(纂要)를 통해 규봉종밀이 시종 강조하는 내용이다. 이같이 김만중이 규봉종밀의 소견에 익숙해지게 된 통로가 『금강경오가해』였을 가능성이 크다. 그리고 그런 점을 근거로 하여 김만중이 『금강경오가해』를 익히 읽었을 것이라고 다시 확인한다.[4]

『금강경오가해』는 조선 초 1415년 함허당에 의해 편찬되었다. 세종은 그중 야부의 송과 종경의 제강, 함허당의 설의 등을 선별하여 '삼가해 언해'를 간행하려 했지만 당대에는 이루지 못하고 1482년 성종 13년에 이르러서야 『금강경삼가해』를 간행할 수 있었다.[5] 이처럼 세종이 『금강경오가해』 등 선사들의 『금강경』 주석서를 읽었으며, 또 『금강경오가해』는 세종 무렵부터 그 이후로 줄곧 널리 알려져, 세종 10년에는 유구국과 대마도에, 세조 8년에는 유구국, 세조 10년에는 대마도, 세조 13년에는 유구국 등에 조공의 답례로 보내질 정도였다.[6] 이런 맥락에서 김만중이 읽은 『금강경』이 『금강경오가해』였다고 본다.

---

2) 圭峯宗密謂眞空者 不違有之空也 妙有者 不違空之有也(김만중, 『서포만필』, 일지사, 1987, 홍인표역주, 163면)

3) 김만중, 『서포만필』, 162~163면.

4) 김만중은 선천 유배 시에 그곳 승려인 설형(雪泂)과 교유를 가졌다. 김만중은 설형으로부터 『능엄경』, 『원각경』 등을 빌려 읽었고 시로써 그에 대해 감사를 표시했다. 김만중이 『금강경오가해』를 소장하지 않았다면 이 책도 설형으로부터 빌려 보았을 가능성이 크다. (「次普光僧雪泂韻 乞佛書」(권6), 「雪泂借寄楞嚴圓覺 詩以謝之」(권6) 참조할 것.)

5) 심재완 주편, 「해제」, 『금강경삼가해』 전, 영남대 출판부, 46면.

6) 『조선왕조실록』 CD, 동방미디어.

2. 『구운몽』의 구름에 대한 선행연구의 해석

『구운몽』의 표제에 대하여 언급한 선행연구들은 표제의 해석을 통하여 주제를 추출하는 데로 나아갔다. 표제어의 해석은 『구운몽』 연구에서 매우 중요한 역할을 한 것이다. 먼저 정주동은 '구(九)'를 구혈(九穴), 구계(九界)로 보고 '운몽'을 무상(無常), 무아(無我), 허망(虛妄)으로 해석하여 제행무상(諸行無常), 제법무아(諸法無我)와 결부시켰다.[7] 구계가 허망하다 하여 현실의 존재 가치를 부정적으로 보는 이런 관점은 불교적 세계관을 정확하게 설명한 것이라 보기 어렵다. 『구운몽』도 비관적 세계관을 바탕으로 하고 있다는 주장에 동의하기 어렵다.

사재동은 이 견해를 비판적으로 수용하였다. 그는 정주동의 주장이 너무 관념적이라 비판한 뒤, 먼저 '구(九)'는 일남(一男) 팔녀(八女)를 지칭하는 것으로서, 일체 인생의 표상으로 보았다. '운몽'은 현상적으로는 허망 · 무상 · 무아 · 공상(空想) · 진공(眞空) 등을 표현하고 있으나, 실상적으로는 개시허망(皆是虛妄)의 즉견여래(卽見如來), 무상 · 무아의 열반적정(涅槃寂靜), 제법공상(諸法空相)의 불생불멸(不生不滅) · 무상정각(無上正覺), 진공(眞空)의 묘유(妙有)를 원만 함유하고 있다고 보았다. 그 결과 『구운몽』이 표면상으로는 일체 인생의 허망 · 무상한 표상을 현시하고 있지만, 내면상으로는 제불보살의 정각 · 열반, 영원 · 묘유(妙有)한 실상을 밀시(密示)하고 있다고 주장했다.[8] 이 견

---

7) 정주동, 「구운몽의 불교관적 고찰」, 『동양문화』 6, 영남대 동양문화연구소, 1968, 300면.
8) 사재동, 『불교계 국문소설의 연구』, 중앙문화사, 1994, 366면.

해는 『구운몽』을 불교적으로 해석하면서도 현실의 의의를 긍정하는 쪽으로 나아갈 수 있었다는 점에서 의의를 가진다. 그런데 '구름'과 '꿈'이라는 형상이 어떤 이유나 과정을 통하여 이런 의미를 함축하게 되었는가를 해명하지는 않았다.

한편 설성경은 '구'가 유가의 역철학(易哲學)을 바탕으로 하고, '운'은 선가적(仙家的) 분위기를 자아내며, '몽'은 불가의 선사상(禪思想)을 바탕으로 한다고 보았다. 세 글자의 결합에서도 '구운'과 '운몽'으로 이분화할 수도 있고, '구', '운', '몽'으로 삼분화할 수도 있다고 하였다.[9] '구'에 대해서 '아홉 남녀의 만남과 이별의 의미는 아홉 사람간에 전혀 갈등이 존재하지 않는 대조화의 대동세계를 드러냄에 있다'[10]는 의미를 부여했다. '몽'에 대해서는, 보통의 '몽'이 아니라 구도자의 '몽'이라 했다. 참선을 시작한 승려의 윤회환생이 그 환생을 끝내고 보니 실은 환생이 아닌 한 순간의 '몽'이었다는 것이다. 그 '몽'은 일상적인 꿈과는 구분되는 선(禪)의 한 부분에 해당되니 선몽(禪夢)이다. 그리고 '구'와 '몽'이 호응관계를 이룬다. 즉, 성진의 참선 속 무의식 활동과 여덟 선녀의 꿈 속 무의식 활동이 '구몽(九夢)'에 해당된다는 것이다. 이것은 '구운몽' 표제에 대한 가장 포괄적이고 구체적 해석에 해당한다. '구'를 아홉명 등장인물로 본 것은 상식에 부합하지만, 거기다 역의 상징성을 부여한 것은 지나친 느낌을 준다. '몽'에 대한 의미부여는 창의적이지만 정작 불가에서 말하는 '꿈'의 의미를 놓쳤다. 또 '운'이 선가적 분위기를 자아내고 있다 했지만, 어떤 점에

---

9) 설성경, 『구운몽 연구』, 국학자료원, 1999, 207면.
10) 위의 책, 209면.

서 그러한지 해명하지 않았다.

배영희는 방대한 저술을 통하여 『구운몽』의 표제에 대해 가장 상세한 해석을 시도하였다. 그는 '구'를 용의 상징으로 보아, '구운'은 용이 여의주를 물고 구름 속으로 승천하는 비약의 순간을 형상화하는데, 그것은 구도자가 모든 구도의 과정을 완성한 경지를 암시하니, 그것이 김만중의 바람이기도 하다고 보았다. 그는 불교적 견지에서 접근하기도 하였는데, 용과 구름이 불심을 뜻한다고 보았다. 상서로운 구름은 중생을 고해의 바다에서 구원하겠다는 구도의 상징적 의미를 담고 있다는 것이다.[11] 역학과 동서양 서사에서 찾을 수 있는 수많은 사례들을 망라하여 새로운 해석을 시도했지만 번쇄하여 논지가 분명치 않고 개별 진술 사이에 모순되는 경우조차 있다. 특히 '구운'을 구도의 완성 경지로 보았거나 구름이 구원을 상징한다는 해석은 작품의 실제나 관련 문건에서 구름이 차지하는 위치와는 반대의 속성을 지칭한다는 점에서 설득력이 약하다.

구운몽 표제에 대한 가장 최근의 논문이면서 최초의 단독 논문이라 할 수 있는 것이 부셰의 것이다. 부셰는 도암(陶庵) 이재(李縡, 1680~1746)가 쓴 「삼관기(三官紀)」의 『구운몽』 관련 내용 중 '대개 석가의 우언이고 그 속에는 초(楚)의 소(騷) 작품들로부터 물려받은 뜻이 많다'[12]는 구절을 논의의 실마리로 삼았다. 그는 김만중이 『초사(楚辭)』와 한(漢)대의 부(賦)들에서 영감을 받아 『구운몽』을 지은 것이 틀

11) 배영희, 『구운몽과 동서철학의 만남』(상), 민속원, 2001, 254~267면; 배영희, 『구운몽과 동서철학이 만남』(하—역학을 중심으로), 민속원, 2002, 120면.

12) 盖以釋迦寓言 而中多楚騷遺意云

림없다 하고는, 이들 작품에 나타나는 '신비한 여행(mystical journey)'의 족적을 양소유가 답습하고 있다고 보았다.[13] 한(漢) 대의 부(賦)들에서는 '운몽(雲夢)'이라는 말이 거듭 나타나는데, 운몽이란 '옛 초나라 어디에 위치했다는 늪이 많은 광대한 지역의 이름이었다'[14]고 하였다. 그리고 사마상여가 지은 「자허부(子虛賦)」의 '운몽(雲夢)같은 것을 여덟 아홉 개 삼켜도 가슴 속에서는 가시나 겨자씨만도 못할 것이다'[15]를 근본 출처로 삼았다. 마침내, '구운몽'은 '아홉 개의 운몽'을 가리키는데, '운몽(雲夢) 아홉이란 …… 옛 황제들과 같이 천하의 어디든지 다 다녀보았고 대장과 승상자리까지 올라 온 세상의 주인으로 자처할 수 있었다는 사람에 대한 이야기에 알맞은 서명이라 하겠다'[16]고 결론지었다. 이렇게 부셰는 대단히 해박한 지식을 동원하여 『구운몽』 표제의 의미를 본격적으로 탐색하였다. 사실 '광활한 습지'로서의 '운몽'은 중국 문인은 물론, 임춘을 필두로 한 우리나라 문인들의 한시에 거듭 등장한다. 그리고 거의 예외없이, '서강(西江) 물도 한 입에 들어 마실 만하고 / 운몽(雲夢)은 가슴속에 삼킬 것도 없었네'[17]식으로 호방한 기상을 드러낸다. 그러나 부셰는 '운몽'의 내력을 밝히고 『구운몽』이 『초사』나 한부와 긴밀한 관계가 있다는 점을 내세우기는 했지만, 그렇게 찾아낸 '운몽'이 『구운몽』의 실상을 대변할 수 있는 표제가 될 수 있을지에 대해서는 따져보지 못한 듯하다.

---

13) 다니엘 부셰, 앞의 논문, 400면.
14) 위의 논문, 401면.
15) 呑若雲夢者八九 其於胸中曾不蔕芥
16) 위의 논문, 403면.
17) 西江眞堪一口吸 雲夢不足胸中呑(『익재난고(益齋亂稿)』 卷第一 「황하(黃河)」)

'운몽 아홉 개'가 양소유의 스케일 큰 삶을 대변한다고 볼 수 있을지는 모르지만, 『구운몽』은 양소유의 일생만을 다룬 것이 아니다. '운'과 '몽' 모두 양소유의 삶 자체만을 지칭하기 보다는 성진－양소유의 관계를 지칭하는 것이라는 점을 고려한다면, 그의 '운몽' 해석은 초점을 벗어났다는 인상을 준다.

이렇듯 『구운몽』의 표제에 대한 연구는 아직도 일정한 방향을 잡지 못하고 있다. 표제에 대한 이해가 주제 해명의 관건이 된다고 본다는 점에서 연구가 더 필요하다. 『구운몽』의 표제 구성법은 주인공의 이름을 내세우거나 사건의 줄거리를 알리는 식의 다른 소설의 표제 구성법과는 다르다. 그것은 작자가 표제에다 특별한 의미를 함축하였음을 의미한다. 좀더 차분하게 '구'와 '운'과 '몽', 그리고 '구운'과 '운몽' 등의 의미에 대해 하나하나 따져볼 필요가 있다. '몽'에 대해서는 다음 장에서 따지기로 하고 여기서는 우선 '운'에 초점을 맞춘다.

3. 『구운몽』에서의 구름 형상의 실현

'운(雲)'에 대한 통념 중에서 가장 일반적인 것은, '정처 없는 것' '덧없는 것' '허무한 것' '힘든 것' 등일 것이다. 사대부의 시문에서 '운'은 '청운(青雲)', '백운(白雲)', '채운(彩雲)' 등 색깔이 한정된다. '청운'이 맑게 갠 하늘을 말하거나, 학덕, 벼슬, 심지어 운둔을 의미한다면, '백운'은 세속으로부터의 초연함, 은둔, 제향(帝鄕)으로 갈 수 있는 수단 등을 의미했다. '채운'은 아름답게 물든 구름으로 신선세계를 연상한다.

한편 '운몽(雲夢)'은 형주(荊州) 이북 형산(衡山) 기슭의 숲이 우거진 광활한 습지를 지칭한다.[18] 사마상여(司馬相如)의 「상림부(上林賦)」에는 초(楚)나라에 칠택(七澤)이 있는데 운몽택(雲夢澤)은 그 중 하나로서 사방이 구백리라 되어 있다.[19] '운몽한정(雲夢閑情)'은 송옥(宋玉)의 「고당부(高唐賦)」에 소개된 초회왕(楚懷王)과 무산신녀 사이의 사연에서 비롯된 말[20]로 남녀 사이의 교환을 뜻한다. '조운(朝雲)'이란 말도 여기서 파생하였다.

『구운몽』에서 '구름'은 상술한 통념적 이미지로 나타날 때가 적지 않다. 우선 초회왕과 무산신녀 사이의 사연을 그대로 끌고 와서 남녀 사이의 운우지정을 암시한 경우가 몇 번 나타난다. 선녀로 분장한 가춘운과 헤어질 때 양소유는 '하늘 바람 옥패에 불어오니 / 흰 구름은 어찌 그리 흩어지나 / 다른 날 무산의 밤비에 / 양왕의 옷 적시기 바라오'[21]라는 화답시를 남긴다. 이때 구름은 이곳에 머물러 비를 내려주려 했는데, 천풍이 불어와 흩어진다. 그러자 구름으로 하여금 계속 머물러 있으면서 무산의 밤비가 되어 양왕[22]의 옷을 적셔달라는 주

---

18) "正南曰荊州 其山鎭曰衡山 其澤藪曰雲夢"(『周禮』「夏官」), "衡山在湘南 雲夢在華容"(『鄭玄注』)

19) 사마상여(司馬相如)의 상림부(上林賦)에, "초 나라에는 칠택이 있어, 그중 하나인 운몽택은 사방이 구백 리인데, 운몽택 같은 것 여덟아홉 개를 삼키어도 가슴속에 조금도 거리낌이 없다.(楚有七澤 其一曰雲夢 方九百里 呑若雲夢者八九 其於胸中曾不蔕芥)"고 한데서 온 말로, 전하여 포부가 웅대함을 의미한다.

20) "昔者楚襄王與宋玉遊於雲夢之臺, 望高唐之觀 其上獨有雲氣 … 王問玉曰 此何氣也 玉對曰 所謂朝雲者也 王曰 何謂朝雲 玉曰 昔者先王嘗遊高唐 怠而晝寢 夢見一婦人 曰 妾巫山之女也 爲高唐之客 聞君遊高唐 願薦枕席 王因幸之"(宋玉, 『高唐賦』, 『文選』 권 19, 正中書局, 1971, 250면)

21) 天風吹玉珮 白雲何離披 巫山他夜雨 願濕襄王衣'(노존A본, 199면)

22) 무산신녀와 정사를 가진 임금은 양왕이 아니라 그 아버지 회왕(懷王)이다.(『문선』, 250면) 우리나라에서는 종종 양왕과 회왕이 혼동되고 있다.

문을 한다. 이것은 남녀교환에 대한 양소유의 소망을 드러낸 것이다. 「을사본」에서 양소유는 다음날 다시 선녀를 만났던 곳으로 가서는, 망연자실 푸른 하늘을 바라보고 채운을 가리키며, "선랑이 저 구름을 타고 상제를 조문하셨겠구나. 선랑의 그림자가 이미 끊겼으니 탄식하여 무얼하겠나?"[23]라고 탄식하는데, 여기서 구름은 상제가 계신 곳으로 가는 탈것으로 인식되었다. 반면 바로 앞 대목의 「노존B본」은, '산을 내려오며 묵던 곳을 바라보니, 새벽 구름이 만학에 가득하여 멍하니 요대(瑤臺)의 한 꿈을 꾼 것만 같았다'[24]라 하여, 구름으로써 다시 초회왕과 신녀의 운우지정을 환기한다. 가춘운과 정경패의 양소유 속이기가 끝나는 대목에서 정사도가 웃으며 하는 말[25]과 적경홍의 말[26]도 같은 맥락에서 읽힌다.

구름은 신선과 긴밀한 관련이 있는 것으로 묘사되기도 한다. 양소유에게 이별을 고하면서 가춘운이 남긴 시의 구절, '옛날 아름다운 기약 찾아 채운(彩雲)을 밟으셨고'[27]에서 '채운'은 자칭 선녀인 가춘운 자신이 사는 신선세계를 구성하는 요소이다. 그에 대해 양소유가 차운한 시의 구절에는 '신운(神雲)'이란 말이 그대로 노출되기도 한다.[28]

이상과 같은 『구운몽』의 구름은 김만중의 시문에 거듭 나타나는

23) 悵望青霄 指彩雲而歎曰 想仙娘乘彼雲 而朝上帝矣 仙影已斷 何嗟及矣(노존A본, 332면)
24) 下山 因望宿處 曉雲籠於萬壑 況然如瑤臺一夢矣(노존B본, 109면)
25) 司徒擊掌大笑曰 楊郎文彩風流 與宋玉同 必已作神女賦也(노존A본, 204~205면)
26) 何可遽讓於玉燕乎 世有傾城傾國之漢宮夫人 爲雲爲雨之巫山神女 則或有一分自歉之心 不然彼玉燕 何足憚哉(노존A본, 261면)
27) 昔訪佳期躡彩雲 更將請酌酹荒墳 深誠未效恩先絶 不怨郎君怨鄭君(노존A본, 203면)
28) 冷然風馭上神雲 莫道芳魂寄古墳 園裡百花花底月 故人何處不思君(노존A본, 204면)

구름과 별 차이가 없지만 나머지의 경우는 다르다. 구름이 중의적으로 읽히기도 한다. 겉으로는 일반적 의미로 읽히거나 형상만을 묘사하는 듯하지만, 또다른 의미도 함유한다. 먼저 연화봉 묘사 부분이 그러하다.

> 오악 중에서 오직 형산이 중토에서 가장 멀어 …… 마치 조상이 의젓하게 가운데 있고 자손들이 그 주위에 벌려 서서 손을 모아 읍을 하고 있는 것과 같았다. 칠십이 봉우리가 혹은 우뚝 솟아 하늘을 향해 곤두서 있고, 혹은 가파르고 험준해 구름을 자를 듯하며 …… 그중 제일 높은 봉우리를 축융, 자개, 천주, 석름, 연화의 다섯 봉우리라고 한다. 그 모습이 유별나게 우뚝 솟아 있으며, 산세가 매우 높아서 구름이 그 참모습을 가려 있고 안개가 그 허리를 감싸고 있어 날씨가 깨끗하고 햇빛이 맑지 않으면, 사람들이 그 비슷한 모습조차도 볼 수가 없었다.29)

구름이 연화봉을 가리고 있다는 것과 연화봉을 사람들이 쉽게 볼 수 없다는 진술은 독자에게 강렬한 환기 작용을 한다. 연화봉은 높기 때문에 구름이 연화봉을 덮고 있다는 것은 당연한 자연현상이라고 할 수 있다. 그런데 날씨가 깨끗하고 햇빛이 맑지 않으면 사람들이 그 참모습[眞面]을 볼 수 없다는 언급은 연화봉의 높이 외에 날씨를 문제 삼는 것이기도 하다. 연화봉은 언제나 그 자리에 우뚝 서 있지만

29) 五岳之中 惟衡山距中土最遠 … 若祖宗儼然中處 而子孫羅立 而拱揖焉 七十二峯 或勝踔而矗天 或嶃嶭而截雲 … 其中最高之峯 曰祝融 曰紫盖 曰天柱 曰石廩 曰蓮花 五峯也 其形擢竦 其勢陟高 雲翳掩其眞面 霞氣藏其半腹 非天氣廓掃 日色晴朗 則人不能得其彷佛焉(노존A본, 167면)

날씨가 좋지 않을 때 구름이 생겨 그곳을 가려버리기에 사람들이 볼 수가 없다는 것이다. 이때 '진면(眞面)'이란 말은 불교에서 흔히 쓰이는 '진면목(眞面目)'을 연상한다.[30] 연화봉은 육관대사가 암자를 지어 불법을 일으키고 있는 산이다. 연화봉은 육관대사와 동일시되는 위대한 산인 것이다. 그런 위대한 산을 구름이 둘러싸고 있기에 사람들이 잘 보지 못한다.[31] 이 상태는 양소유의 눈으로 연화봉을 보았을 때까지 계속된다.[32]

사대부들에게 구름은 해를 가린다는 점에서 으레 임금의 총명을 어둡게 하는 간신을 의미했다.[33] 반면 여기서 구름은 육관대사가 사는 연화봉을 가린다. 사대부의 구름이 해에 해당하는 임금의 총명함을 어둡게 하지만, 연화봉의 구름은 연화봉과 동일시되는 육관대사의 청정함을 더럽히지는 못한다. 다만 사람들로 하여금 여전히 청정한 연화봉을 보지 못하게 할 따름이다. 그런 점에서 이때의 구름 이미지는 사대부들에게 익숙한 것이 아니다.

이와 관련시켜 성진과 수작을 하던 여덟 선녀가 사라지는 대목을 읽을 수 있다.[34] 그런데 여덟 선녀들이 바람을 타고 공중으로 올라

---

30) 이와 관련하여 『금강경오가해』「의법출생분(依法出生分)」 제8 함허당의 '설의'를 읽을 수 있다. '구름이 없으면 산봉우리가 드러나고 달이 있으면 물결 중심에 떨어지니라. 달이 있으면 물결 중심에 떨어짐이여. 하늘에 그 빛이 쉬지 않음이요. 구름이 없으면 산봉우리가 드러남이여. 그 펴고 거둠은 늘 있는 일이로다.(無雲生嶺上 有月落波心 有月落波心 上界 光不歇 無雲生嶺上 舒卷 也尋常)(『금강경오가해』, 불광출판부, 무비역해, 1992, 210~211; 앞으로 『금강경오가해』 인용은 이 책으로부터 한다.)

31) 유병환은 '연화봉과 거기 어린 '구름' 대 '청명', '구름' 대 '보다'의 대응 상황은 성진의 전미개오(轉迷開悟)에 대한 암시망'이라 하여 연화봉을 두르고 있는 구름의 존재를 부각시켰다.(유병환, 앞의 책, 111면)

32) 出送於殿門之外 有山突兀 秀出五峯 高入於雲烟(노존A본, 229면)

33) 김만중도 시문에서 이런 구름 용법을 활용했다. 이강옥, 「서포 김만중의 시문에 나타난 구름」, 『한문학보』 19집, 우리한문학회, 2008.12.31, 358면 참조.

간다는 것이 비현실적이다. 사람이 그럴 수 없다면 현실의 다른 존재가 그렇게 하는 장면을 작가가 떠올렸을 것이다. '구름 그림자가 사라지고 향기로운 바람도 진정된 것'이라는 구절을 근거로 한다면, 여덟 선녀가 바람을 타고 공중으로 떠나간다는 것은, 구름이 바람을 받아 솟아오르는 광경을 의인화한 것이라 할 수 있다. 구름과 여덟 선녀가 동일시되어, 구름이 바람에 날아가듯 여덟 선녀가 사라진 것이다.

성진과 여덟 선녀가 염라왕 앞으로 잡혀가 심판을 받은 뒤 내쳐지는 장면[35]도 비슷하게 해석할 수 있다. 갑자기 바람이 일어나 아홉 명은 어디론가 날아가게 된다. 이 순간 아홉 명은 현실 인물인 성진 및 여덟 선녀와 환상 인물인 양소유 및 이처육첩 사이의 경계적 존재이며, 성진의 생각 속에서 구성된 존재들이다.[36] 구름은 물이 증발하여 잠시 만들어낸 다른 형체이다. 구름의 모양은 고정되지 않으며 변화무쌍하다. 이런 구름이 바람에 날려가는 모습은 경계적 인물이 여기저기로 환생하는 것을 비유하기에 적절하다 할 수 있다. 일시성

---

34)몸을 솟구쳐 바람을 타고 공중으로 올라 떠나가니, 성진은 석교 위에 우두커니 서서 머리를 들어 먼 곳을 바라보았다. 한참 뒤 구름 그림자가 사라지고 향기로운 바람도 진정되었다. 무엇을 잃은 듯 멍하였다.(竦身乘風 騰空而去 性眞佇立橋頭 擡首遠望 良久雲影始滅 香風盡散 惘然如失 悋悵而歸)(노존A본, 170면)

35) 閻王定使者九人 招之前 密密分付曰 率此九人 速往人間 言訖 大風倏起於殿前 吹上九人於空中 散之於四面八方 性眞隨使者 爲風力所驅 飄飄搖搖 無所終薄 至于一處 風聲始息 兩足已在地上矣(노존A본, 172면)

36) 성진이 꿈을 꾼게 아니라 생각 속에서 양소유로 환생한다는 견해는, 약간씩 관점이 다르기는 하지만, 설성경, 유병환, 최기숙, 이강옥 등에 의해 제출되었다. '思惟－禪'(설성경, 구운몽의 구조적 연구 I－시간론, 『인문과학』 27 · 29합병호, 연세대 인문과학연구소, 1972); '念念相續'(유병환, 『구운몽의 불교사상과 소설미학』, 국학자료원, 1998); '의식의 자기조작'(최기숙, 『17세기 장편소설 연구』, 월인, 1999); '사념실현'(이강옥, 「『구운몽』에 나타난 환생과 사념실현의 의미」, 『우리말글』 27호, 우리말글학회, 2003)

과 가변성에서 구름은 생각과 연결되었다.

구름이 생각과 관련되는 또 다른 대목은 가춘운(賈春雲)의 이름이다. 가춘운의 본명은 '초운(楚雲)'이었다. 그녀는 서촉(西蜀) 출신이기에 '초(楚)'땅과는 관계가 없다. 그녀의 주변사람 중 초와 관계가 있는 사람은 양소유라는 점에서, '초나라 땅의 구름'이란 말은 '양소유의 구름'으로 해석될 수 있다. 또 초회왕과 무산신녀에 의해 만들어진 남녀의 성적 관계를 연상하기도 한다. 그런데 정경패는 그 '초운'이라는 이름을 바꾸었다. 정경패는 '태도'가 사랑스러운 가춘운에게 한유(韓愈) 시구를 참조하여 새 이름을 지어주었다.[37] '그대의 시는 태도가 다양해 / 봄 하늘 가득한 구름과 같네'[38]에서 시의 태도가 다양한 것을 봄 하늘 구름에 비유한 것이다. '초운'이 양소유의 입장에서 본 구름이라면, '춘운'은 정경패의 입장에서 본 구름이라 할 수 있다. 정경패의 눈에, 춘운은 스스로 변화하는 재주를 다양하게 갖고 있는 것으로 보였고, 그것이 봄 하늘 변화무쌍한 구름과 비슷하다. 물론 여기에는 춘운의 그런 재주를 활용하겠다는 복선도 들어있다. 과연 정경패는 양소유를 속이기 위해 가춘운의 재주를 최대한 활용한다. 가춘운은 선녀도 되고 귀신도 되고 사람도 되어 양소유를 속이는 주역이 된다. 변화무쌍하게 모습을 바꾸는 가춘운을 강렬하게 암시하는 데는 구름만큼 적절한 것이 없을 테다.

그런 점에서 가춘운의 이름자에 들어가 있는 구름은 '존재변이'를

37) 本名卽楚雲 而小姐以其態度之可愛 採韓吏部多態度春空雲之句 改其名云春雲(노존A본, 192)

38) 君詩多態度 / 藹藹春空雲(한유, 「취증장비서(醉贈張秘書)」)

상징한다. 춘운의 존재변이는 경패가 기획한 것이지만, 궁극적으로는 그것도 성진의 생각이 초래한 것이다. 이 지점에서 구름은 생각과 연결된다.

나아가 어떤 강렬한 생각이 구름을 일어나게 만들기도 한다. 궁중에서 양소유와 난양공주가 옥퉁소를 불며 서로 화답하는 장면에서 이 점이 두드러진다. 궁 안에서 난양공주가 퉁소를 불자, '문득 바람편으로 들어보니 퉁소 한 곡조가 구름 자욱한 곳으로부터 점점 다가왔다'[39]고 하였다. 퉁소 소리가 구름 자욱한 곳으로부터 들려왔다는 것은 청각과 시각이 결합하여 이성간 이끌림이라는 강렬한 암시를 구성했다. 그리고 그에 대한 화답으로 양소유가 옥퉁소를 꺼내 몇 곡을 부는데, '그 소리가 곧바로 자줏빛 하늘로 올라가니 채운(彩雲)이 사방에 일어났다.'[40] 퉁소소리가 구름을 일으켰다. 퉁소 소리는 상대방에 대한 간절한 생각을 실은 것인데, 그 소리가 퍼져나가 하늘에다 구름을 일으켰으니, 구름은 곧 간절한 생각의 형상화이다.

나아가 구름은 세계의 일부를 구성하기도 한다. 양소유는 꿈 속에서 동정용궁으로 갈 때 공중의 수레에서 아래를 내려다 본다. '백운(白雲)'이 덮개인양 세상을 덮고 있다.[41] 용궁을 나와서 남악 형산을 바라보니 여전히 오봉(五峯)은 구름 안개 속에 있다.[42] 꿈 속 하늘나라도 마찬가지다. 칠보궁궐들이 다섯 색 구름 속에 있다.[43] 구름은

---

39) 忽因風便而聞之 則洞簫一曲 自雲霄葱蘢之間 漸漸而來矣(노존A본, 213면)
40) 其聲直上紫霄 彩雲四起(위의 면)
41) 楊尚書與龍女登車 靈風吹輪 轉上層空 未知去天 餘幾尺也 距地隔幾里也 而但見白雲如蓋 平覆世界而已(노존A본, 229면)
42) 出送於殿門之外 有山突兀 秀出五峯 高入於雲烟(노존A본, 229면)
43) 乃就寢而睡 一夢蘧蘧飛上天門 七寶宮闕 丹碧煌煌 五彩雲霞 光影翳翳(노존A본, 245

하나같이 가상적이고 환상적인 세계를 덮고 있으면서 가상성과 환상성을 환기한다.

구름의 이러한 성격과 역할이 가장 뚜렷해지는 대목이 마지막 장면이다. 양소유는 십 여 일간의 생일잔치를 마치고 자녀들도 다 돌아간 뒤 취미궁 서쪽 고대(高臺)에 올라 팔백리 진천(秦川)을 내려다 본다. 진천은 춘추전국시대 진(秦)나라에 속했던 곳이다. 때마침 저녁이라 해는 곤명(昆明)[44]에 떨어지고, 구름 그림자는 진천 광야에 드리워져 있다.[45] 그런데 구름 그림자 드리워진 진천의 들판은 진시황의 아방궁과 한무제의 무릉(茂陵), 그리고 현종과 양귀비가 놀던 화청궁(華清宮)의 흔적이 남아있는 곳이다. 그 역사의 흔적들은 환상인양 아련하게 떠올려진다. 그런 곳에 구름 그림자가 드리워져 있음을 강조한다. 그런 점에서 구름은 지난 세월에 대한 아련한 기억을 환기하는 역할도 한다. 이어 결정적 순간이 도래한다.

> 호승이 "그건 어렵지 않지" 하며 손에 든 석장을 높이 들어 난간을 두드리니 갑자기 사방 산골짜기 사이에서 구름이 어지럽게 일어나 몰려와

면); 丞相賜之座 三位上仙 齊會一席 光搖五雲 影眩千門(노존A본, 249면)

44) "한(漢)이 부흥하자 (불서가)다시 나타난다. 또 한무제가 곤명지(昆明池)를 만들 때 홍회(黑灰)를 얻었는데, 동방삭이 「서역도인에게 물어야 한다」 하였는데, 그 도인은 불도(佛徒)이다.(『서포만필』, 235면)
"대저 불법은 한(漢)나라 때부터 동으로 전래되어, 당을 거쳐 송에 이르면서 그 조잡한 것은 도가가 되고, 정밀한 것은 유가가 되어 나머지는 거의 없었다. 그러나 일찍이 불서를 보니, 「관음대사가 32개로 몸을 변화시켜 말속을 교화한다」 하였다. 만약에 그들의 말로 말한다면, 아마도 여러 큰 보살들이 도사와 유자의 몸으로 나타나서 중국을 제도한다고 말하지 않겠는가?"(『서포만필』, 196면)

45) 翠微宮西畔有高臺 登臨則八百里秦川 如掌樣見也 丞相最愛其臺 … 而已返照倒射於昆明 雲影低垂於廣野(노존A본, 278면)

> 서는 대를 둘러싸자 캄캄해져서 지척을 분간할 수 없었다. 승상은 취한 듯 꿈을 꾸는 듯하였다. 한참 뒤 큰 소리를 질렀다. "사부는 정도로 소유를 지도하지 않으시고 왜 환술로 희롱하십니까!" 이 말이 채 끝나기도 전에 구름 기운이 걷혔다. 호승과 두 부인 및 여섯 낭자들이 모두 종적을 감췄다.[46]

호승은 양소유가 스스로의 본질을 깨닫도록 해주기 위해 먼저 석장을 두드린다. 그러자 사방 골짜기로부터 구름이 일어나 양소유 쪽으로 몰려온다. 그 순간 양소유는 '취한 듯 꿈꾸는 듯'한 상태가 된다. 양소유의 세계 지각에 심각한 충격이 가해진 것이다. 구름이 몰려오기 전까지 양소유는 자기와 자기를 둘러싼 세계가 그대로 현실인 줄 알았다. 구름 속에 들어가 있는 사람은 자기가 구름 속에 있다는 사실을 알 수 없기 때문이다. 『구운몽』 서두에서 연화봉을 감싸고 있던 구름은, 중간 양소유가 꿈 속에서 보았을 때도 여전히 연화봉을 감싸고 있었다. 성진은 연화봉 구름을 볼 수 없고 양소유도 자기 세상을 뒤덮고 있는 구름을 자각할 수 없다. 그래서 자기가 구름같은 망념 속 인물임을 깨닫지 못한 것이다. 이에 육관대사가 구름을 일으켜 양소유로 하여금 그 구름을 보게 만들었다. 구름이 몰려오고 세상이 캄캄해지자, 양소유는 그제서야 자기의 세계 지각에 문제가 있음을 느끼기 시작한다. 양소유는 구름을 통하여 자기 존재의 본질을 깨

46) 胡僧曰 此不難矣 高擧手中錫杖 大叩欄干至再 遽有白雲亂起於四面山谷之間 陣陣飛來 環擁臺上 昏昏暗暗 尋丈不卞 丞相若在醉夢中矣 良久乃大聲疾呼曰 師傅不以正道指敎少游 乃以幻術相戲耶 言未盡 雲氣盡捲 胡僧及兩夫人六娘子 皆無蹤跡矣(노존A본, 280면)

닫는 과정에 진입한 셈이다.

양소유와 여인들이 사라지고 연화봉 성진으로 돌아오는 결정적 계기가 '구름 기운의 걷힘'이라는 사실이야말로 핵심 의미를 담고 있다. 양소유와 여덟 여인들은 성진의 생각 속에 존재한 인물들이다. 그런 그들이 사라지는 것과 구름이 걷히는 것이 함께 일어난다는 것에서, 구름이 환상을 초래하는 생각 자체나 생각에 의해 구성된 환상 자체를 의미한다는 결론에 이를 수 있다. 세상을 덮고 있는 구름은 양소유와 여덟 여인들에 의해 추구된 세속적 부귀영달이면서 그에 대한 생각을 형상화한 것이다.

김만중 한시에서의 경우와 비교할 때, 『구운몽』에서는 '망운(望雲)' 모티프가 중요하게 활동되지 않는다는 점이 가장 큰 차이점이다. 한시에서 '망운'은 시적 자아가 고향이나 어머니, 임에 대한 그리움을 나타내는 가장 중요한 행위로서 거듭 나타났다.[47] 이에 반해 『구운몽』에서 '망운'은 양소유가 천자에게 올리는 소문(疏文)에 단 한번 나타난다. 즉, '산에 올라 망운(望雲)도 할 수 없으니, 간장(肝腸)이 모두 끊어져 남은 것이 없나이다'[48]는 명백하게 어머니에 대한 그리움을 강조하기 위해 '구름'을 활용했다 할 수 있다. 그러나 '구름'이 나타나는 『구운몽』의 다른 문맥에서 이런 수준의 그리움과 구름이 연결되지는 않는다.

이상과 같은 점들을 고려할 때, 『구운몽』의 창작과정에서 구름 이미지의 근본적 변환이 이루어졌음을 알 수 있다. 김만중은 한시를 지

47) 망운에 대해서는 이 책의 앞장을 참조할 것.

48) 消息亦不能以時相通 不待陟屺望雲 而肝腸已寸斷無餘矣(노존A본, 257면)

을 때와는 달리, 『구운몽』을 지으면서는 구름 이미지에 뭔가 특별한 새로운 의미를 실어 독특한 암시를 하고자 했다는 뜻이다. 그런 점에서 김만중이 읽었다고 추정되는 『금강경오가해』를 주목하게 된다.

4. 『금강경오가해』를 통한 『구운몽』 구름의 의미 형성

육관대사가 언제나 『금강경』을 지니고 다녔다는 『구운몽』 서두의 진술이나, 육관대사가 돌아온 성진과 여덟 선녀를 위해 『금강경』을 강설하고 사구게를 독송했다는 결구의 진술, 그리고 육관대사가 성진에게 도통을 이어주면서 『금강경』도 전했다는 결구의 진술 등은 김만중이 『구운몽』을 창작하는 과정에서 『금강경』을 뚜렷하게 의식하고 그 취지를 반영했다는 점을 알려준다.

『금강경오가해』의 '오가해' 부분에는 다양한 구름 비유가 나타난다. 구름 비유는 『구유경(九喩經)』의 9개 비유 중 하나인데,[49] 이때 그 원관념은 우리 존재의 원리를 가리키는 것, 주체와 타자의 관계를 가리키는 것, 존재변이를 가리키는 것 등 다양하다.

구름은 먼저 사람의 존재 원리를 설명할 때 유용하게 활용된다. '업은 마음에서 일어나는데, 몸조차 업의 소산이다. 몸은 구름과 같

49) 『금강경』의 마지막 사구게(四句偈)인 '一切有爲法 如夢幻泡影 如露亦如電 應作如是觀'에서는 비유가 6개이다. 이에 대해 규봉종밀(圭峯宗密)은 위본(魏本) 『구유경』을 인용하면서 9개의 비유를 소개한다. 즉 일체 유위법이 별, 눈의 흐림[翳], 등불, 헛것[幻], 이슬, 포말, 꿈, 번개, 구름과 같다는 것이다. '一切有爲法 如星翳燈幻 露泡夢電雲 應作如是觀'(무비 역해, 『금강경오가해』, 709~710면 참조할 것)

아, 상(相)은 있으나 체(體)는 공(空)하다.'[50] 체가 없는 상은 모두 우리의 마음에서 일어나는 것이니, 몸도 그러하다는 것이다. 구름은 우리 눈에 어떤 형상으로 보이지만, 곧 사라진다는 점에서 체가 없다. 그 점에서 구름과 마음(혹은 몸)은 대응된다.

규봉종밀은 9유(喩) 중 '꿈'과 '구름'을 대조하여, 꿈을 과거(過去)와 연결시키고 구름을 미래와 연결시킴으로써, 의미심장한 계시를 주었다. 미래가 구름에 비유되는 까닭은 이러하다. 사람의 제8식인 아뢰야식은 일체법(一切法)과 더불어 근본적 종자(種子)[51]가 된다. 이 '거칠고 악한' 종자는 허공과 같아 마음을 이끌어내는데, 그것은 허공이 구름을 일으키는 것과 같다.[52] 이런 도식화가 가능하다.

아뢰야식 → 마음(→ 업) → 몸

⇕ ⇕ ⇕

허공 → 구름 → 구름

(속성) (형상)

마음이 구름에 비유될진대, 마음이 몸을 구성하는 것은 구름이 무엇을 구성하는 것에 비유될까? 규봉종밀은 '구름 종자가 생(生)을 머금고 있다'[53]고 하였다. 구름 속에는 다채로운 생이 준비되어 있어

---

50) 『속고승전』 제17권 혜사전; 이기운, 「천태의 육근참회와 원효의 육정참회 – 천태의 『법화삼매참회』와 원효의 『대승육정참회』를 중심으로」, 『동서비교문학저널』 15호, 2006, 120면.

51) 만유의 물심 현상이 아뢰야식에 갈무리된 것을 종자라 한다.

52) 雲 喩未來 論云 以於子時 阿梨耶識 與一切法 爲種子根本 無着 云 彼麤惡種子 似虛空引 如雲

앞으로 온갖 생이 실현될 것이다. 그런 점에서 구름이 '미래'와 연결되는 것은 당연하다. 『금강경오가해』 독서를 통하여 김만중은 이런 논리와 비유에 익숙해 있었을 것이다. 김만중이 구상한 『구운몽』에서, '구름이 일어난다'는 것은 '사람의 마음에 의해 앞으로 다른 생이 만들어질 것'[54]을 암시하게 된다. 그것은 김만중의 시문의 구름이 '이미 존재하는 것에 대한 그리움'을 나타낸 경우와는 매우 다르다.

> 색(色)을 보고 색에 집착하고 색에 머물러 마음을 내는 것은 곧 미(迷)한 사람이요, 색을 보되 색을 여의어서 색에 머물지 않고 마음을 내는 것은 깨달은 사람이다. 색에 머물러 마음을 내는 것은 구름이 하늘을 가리는 것과 같고, 색에 머물지 않고 마음을 내는 것은 하늘에 구름이 없어서 해와 달이 널리 비추는 것과 같다. 색에 머물러 내는 마음은 즉 망념(妄念)이요, 색에 머물지 않고 내는 마음은 즉 참다운 지혜이다. 망념이 일어나면 어두워지고, 참다운 지혜가 비추면 즉 밝아진다. 밝으면 번뇌가 일어나지 않고 어두우면 곧 육진(六塵 : 육식(六識)으로 지각하는 색(色), 성(聲), 향(香), 미(味), 촉(觸), 법(法))이 다투어 일어난다.[55]

---

53) 雲種 含生 (무비, 542면)

54) 사람의 생각이 미래를 이끌어내는 과정은 다른 경전에서도 확인할 수 있다. 가령 『잡아함경』 360, 「사랑경」(『대정장』 2,100중)에는 "若思量 若妄想者 則有使攀緣識住 有攀緣識住故 入於名色 入名色故 有未來世 生老病死憂悲惱苦"

55) (六祖)見色着色 住色生心 卽是迷人 見色離色 不住色生心 卽是悟人 住色生心 如雲蔽天 不住色生心 如空無雲 日月 長照 住色生心 卽是妄念 不住色生心 卽是眞智 妄念 生 卽暗 眞智 照 卽明 明 卽煩惱 不生 暗 卽六塵 競起(무비 역해, 「장엄정토분(莊嚴淨土分)」 제10. 『금강경오가해』, 239면))

육조의 구름 비유는 『육조단경(六祖壇經)』에도 명백하게 나타난다. 즉, '日月常明하되 只爲雲覆蓋하여 上明下暗하여 不能了見日月星辰이라가 忽遇惠風이 吹散하여 卷盡雲霧하면 萬像森羅가 一時皆現하니라 世人性淨이 猶如淸天하여 惠如日智如月하니 智惠常明하되 於外著境하여 妄念浮雲이 蓋覆하여 自性不能明이라'(청화 역주, 『육조단경』,

이 구절은 『금강경』 「장엄정토분(莊嚴淨土分)」에 대한 육조 혜능의 해설로, 구름 비유를 통하여 망념과 육진(六塵)의 생성을 설명하고 있다. 그리하여 이 구절은 술을 마신 성진이 시냇가에서 세수를 하다가 여자의 향기를 맡고 석교 위에서 여덟 선녀를 만나 그 모습을 보고 그 목소리에 반했다가는 돌아와서 망념에 의한 환상을 보는 장면을 연상한다.[56] 이렇게 형성된 육진을 계기로 하여 느낌[受] → 갈애[愛] → 집착[取] → 존재[有] → 태어남[生]이라는 12연기의 중심 과정이 진행되며 그 귀결이 양소유로의 환생이다.

『금강경오가해』는 주체가 타자와 가지는 관계에 초점을 맞추어 구름 비유를 구사하기도 한다. 이때는 마음에 대한 가치판단을 덧붙인다. 이른바 망심(妄心)이라 하여 마음이 개입하는 것을 부정적으로 판단한다.

> 여래 심지(心地)의 달이 모든 찰해(刹海)를 비추시니 찰해가 모두 하나의 묶음이요 모든 마음이 한 점의 구름이로다.[57]

여래 심지가 달이라면 모든 마음은 구름이다. 달은 모든 세상을 고루 비출 수 있는데 구름이 가리기에 달빛이 온 세상에 골고루 비춰지지 않는다. 구름이 달빛을 흐리게 하듯, 마음은 여래 심지를 흐려지게

광륜출판사, 2003, 113면); '緣邪見障重하고 煩惱根深하여 猶如大雲이 蓋覆於日하여 不得風吹하면 日無能現이니(위의 책, 151~152면)

56) 이에 대한 자세한 분석은 이강옥, 「『구운몽』에 나타난 환생과 사념실현의 의미」, 『우리말글』 27호, 우리말글학회, 2003, 106~110면 참조.

57) 如來心地月 照臨諸刹海 刹海 都一撮 諸心 一點雲(무비 역해, 「일체동관분(一體同觀分)」 '함허당(涵虛堂) 설의(說誼)', 『금강경오가해』, 412면)

한다. 함허당은 망심에 이끌리는 사람의 행동을 이렇게 묘사한다.

> 타향에서 나그네가 됨이여. 비틀거리는 모습이 애석하구나. 취하여 옷 속에 보배가 있음을 잊어버리니, 어리석고 미혹한 사정이 불쌍하도다. 진(塵; 망상)을 좇으며 진각(眞覺)을 등지니 윤회에 잘못 나아감이 이와 같도다.58)

이처럼 망심에 이끌리는 사람은 자기 옷 속에 보배가 감춰진 것도 모르고 거지가 되어 이곳저곳을 방랑하는 어리석은 존재다. 그것이 고통스런 윤회를 계속할 수밖에 없는 이유이기도 하다. 함허당은 그런 존재를 '백운아(白雲兒)'로 명명했다. 백운아는 만리 밖을 표류한다.

> 흰구름 아이가 만 리 밖으로 표박하나 청산(青山)의 아버지를 잊지 않도다. 석가모니를 대비(大悲)라 부르더니 다시 비로자나를 가장 자비롭다 하도다. 어찌 떠돌던 아이가 돌아올 줄 몰라 여러 번 자부(慈父)가 사람을 보내 찾을까? 돌아올 줄 모름이여. 오랫동안 길을 잃고 풍파를 좇음이로다.59)

청산의 아버지를 떠나 떠도는 '백운아(白雲兒)'는 성진을 연상시킨다. 『구운몽』의 서두에서 성진은 자기를 내치지 말라고 육관대사께

58) 客作他鄉 竛竮事可哀 醉迷衣寶 痴迷情可愍 循塵背眞覺 枉趣輪轉事如然(무비 역해, 위의 책, 412면)

59) 白雲兒向萬里飄 從來 不忘青山父 將謂牟尼是大悲 更有毗盧最是慈 乃何遊子 不知返 累他慈父送人尋 不知還 長在迷途逐風波(무비 역해, 위의 책, 413면)

간절히 호소하지만, 육관대사는 자기가 성진을 내치는 것이 아니라 성진 스스로 가고자 하는 곳으로 간다는 것을 분명히 하였다.[60] 그리고 성진이 돌아오겠다는 생각을 가지게 되면 대사가 데려 오겠다고도 하였다.[61] 그런 점에서 '청산의 아버지를 떠나 만 리 밖으로 떠나가는 백운아'는 '연화봉의 육관대사를 떠나 세속 인간으로 환생하는 성진'에 대응될 수 있다. 성진이 백운아인 이유는, 그가 세속 세상에 대한 망상을 일으킨 주체이기 때문이다. 여덟 선녀도 마찬가지다. 그들 역시 성진과의 만남을 계기로 하여 망상을 일으켰다. 그래서 아홉 명이 동시에 아홉 개의 구름이 되어 공중으로 솟아오른 것이다. 아홉 명이 염라왕에게로 잡혀가 인간으로 환생하는 모습도 구름이 허공에 일어나 바람에 실려서 이리저리 떠가는 형상이다.

이런 점을 확장하면, 『구운몽』은 '가고 오는' 이야기라 할 수 있다. 성진이 육관대사로부터 떠나갔다 돌아오는 이야기이면서, 성진이 떠나서 양소유가 되었다가 다시 성진으로 돌아오는 이야기이다. 성진이 '오는' 방향의 귀결점이라면, 양소유는 '가는' 방향의 귀결점이다. 얼핏 보면 『구운몽』이 가는 것을 경계하고 오는 것을 궁극 목표로 삼은 듯 보이지만 실상은 다르다. 육관대사가 돌아온 성진을 꾸짖기를, '네가 꿈과 인세(人世)를 나누어 둘로 보았다'[62]며 꾸중한 데서 그러하다. 성진과 양소유의 세계는 둘로 나눠질 것이 아닌 것이다. 이와 관련된 '가고 오는' 문제는 『금강경』「위의적정분(威儀寂靜分)」

60) 汝所欲往之處 則汝可歸之所也(노존A본, 171면)
61) 汝必欲復歸於此 則吾當躬自率來(노존A본, 172면)
62) 此汝以夢與人世 分而二之也(노존A본, 281면)

에 압축되어 있다.[63] 가고 옴이 있으면 상(相)이 있는 것이고, 상이 있으면 집착(머무름)이 있게 되니, 여래는 행주좌와(行住坐臥)가 한결 같아 '가고 오는' 것이 없다는 것이다. 이에 대하여 야부(冶父)는 다음과 같은 설명을 붙였다.

> 납승(衲僧)이 가을 구름을 거두어 가고 또 오니
> 몇 번이나 남악(南岳)과 천태(天台)를 돌았던가
> 한산(寒山)과 습득(拾得)이 서로 만나 웃으니
> 또 말하라. 그 웃음은 무엇인가.
> 동행하되 한 걸음도 옮기지 않음을 웃어 보이도다.[64]

'남악' : '천태', '한산' : '습득'은 대립적 의미를 함유하는 짝이다. 남악은 연화봉이 있는 곳이면서 육조 혜능의 제자 회양(懷讓, 677~744)[65]이 주재하던 산이다. 천태는 남악혜사(南嶽慧思)와 천태지의(天台智顗)가 주재하며 천태종을 이끌었던 산이다. 아울러 천태산은 유신(劉晨), 완조(阮肇)와 '천태이녀(天台二女)' 사이의 로맨스가 깃든 곳이다.[66] 한

---

63) 수보리야, 만약 어떤 사람이 말하기를 '여래는 오기도 하고 가기도 하며 앉기도 하고 눕기도 한다' 하면 이 사람은 나의 설한 바 뜻을 알지 못함이니라. 무슨 까닭인가. 여래란 어디로부터 온 바도 없으며 또한 가는 바도 없으므로 여래라 이름하느니라.(須菩提 若有人言如來 若來若去若坐若臥 是人 不解我所說義 何以故 如來者 無所從來 亦無所去 故名如來)(무비 역해, 앞의 책, 499면)

64) 衲捲秋雲去復來　幾迴南岳與天台 寒山拾得 相逢笑 且道 笑箇甚麽 笑道同行步不擡(위의 책, 501면)

65) 714년 남악(南岳)의 반야사(般若寺)에 들어가 30년 동안 교화(敎化)를 펴면서 크게 선풍(禪風)을 떨쳤다. 이 법계(法系)를 「남악하(南岳下)」라 한다. 반야사는 천태종의 2조인 남악혜사(南嶽慧思, 514~577)에 의해 창건되었는데, 남악혜사의 법을 이어받아 천태산에 주재하며 천태종을 일으킨 분이 바로 천태지의(天台智顗, 538~597)이다.

66) 유신(劉晨)과 완조(阮肇)가 천태산에 들어가 약초를 캐었는데, 거기서 아름다운 두 여

편 한산(寒山)은 본질을 추구하는 문수(文殊)와 동일시되는 존재로, 오기만 하고 가지는 않는다. 습득(拾得)은 형상이나 실천을 추구하는 보현(普賢)과 동일시되는 존재로, 가기만 하고 오지는 않는다. 한산과 습득이 남악과 천태를 오가는 상황은, 양소유가 되었던 성진이 청산인 연화봉으로 돌아오거나 양소유가 되어 욕망의 세상으로 나아가는 것과 대응된다. 특히 천태를 로맨스의 공간으로 이해할 때 그러하다. 그러나 한산과 습득은 체(體)와 용(用)이란 한 존재의 두 국면일 따름이어 분리될 수 없다. 그것을 '동행하되 한 걸음도 옮기지 않았다'고 표현하였다. 만약 어느 쪽이든 아상(我相)을 갖게 되면 두 국면은 나누어져 한 사람은 청산에 있고 다른 한사람은 길에 있게 되는 것이다. 이와 관련하여 함허당은 이렇게 설명한다.

> 한산과 습득 두 사람이 서로 따르니 산에 있으나 길에 있으나 그림자가 형상을 좇음과 같도다. 만약 두 사람으로 하여금 아상(我相)을 가지게 한다면, 한 사람은 청산에 있고 또 한 사람은 길에 있으리라. 어떻게 통달했다 하겠는가.[67)]

그렇다면 돌아온 성진이 양소유의 세계를 꿈으로만 보고 자기 세계와 완전 구분되는 곳으로 인식한 것은 성진이 여전히 아상을 갖고

인을 만난다. 두 여인은 진귀한 음식과 술을 대접했다. 여러 여인들이 복숭아를 가져와 남자 얻은 것을 축하했다. 술이 무르익자 두 쌍은 각기 장막 속으로 들어가 즐겼다. 유신과 완조는 거기서 반년을 머물다가 고향으로 돌아왔는데, 이미 10세(世)가 지났다.(「천태이녀(天台二女)」, 『태평광기(太平廣記)』 1, 계명문화사, 1982 영인, 권 61, 383면)

67) 寒山拾得 兩相隨 在山在途影從形 若使二人 如有我 一在青山一在途 作麽生通達(「究竟無我分」「설의」(무비, 앞의 책, 400면))

있었기 때문이며, 바로 그 점을 육관대사가 지적하며 꾸중한 것이라 하겠다.[68] 청산인 연화봉의 육관대사의 품을 떠나 길을 나선 존재가 양소유다. 물론 그는 성진의 생각 속 존재이지만, 성진은 응당 양소유를 타자로 인식해서는 안 되었다.

구름이 존재변이를 비유하는 것은 대체로 '구름의 걷힘' 현상에 초점을 맞춘다. 구름이 끼어있는 상태에서 구름이 걷힘으로써 아주 긍정적 전환이 이루어진다.

> 일념이 미혹하여 구름이 드넓은 허공에 일어나니, 위는 밝으나 아래는 어둡도다. 일념이 깨달아 바람이 미혹한 구름을 걷어내니 위아래가 통철(洞徹)하도다. 더럽혀짐과 깨끗해짐이 이렇게 일어나며 성스러움과 범상함이 이렇게 지어지도다.[69]

한 망념이 일어나 미혹해지면, 마치 하늘에 구름이 일어나 해나 달을 가리는 것과 같다. 이럴 때도 위가 어두워진 적은 없다. 구름 아래만이 어두워질 뿐이다. 그 구름이 걷히면 아래 위가 통철한다.

> 벽력 한 소리에 구름은 다 흩어지고 집에 이르러 보니 원래 길에 나선 적이 없었더라.[70]

---

68) 이 점에 대해서는 이강옥, 「『구운몽』에 나타난 환생과 사념실현의 의미」, 『우리말글』 27호, 우리말글학회, 2003, 118~127면에서 상세하게 분석했다.

69) 一念迷也 雲起長空 上明下暗 一念悟也 風掃迷雲 上下洞徹 染淨所以興也 聖凡所以作(「함허득통선사 서설(涵虛得通禪師 序說)」, 무비, 앞의 책, 23면)

70)(종경)法王權實令雙行 雷捲風馳海岳傾 霹靂一聲 雲散盡 到家 元不涉途程(무비 역해, 「종경서(宗鏡序)」, 『금강경오가해』, 73면).

이렇게 구름이 흩어지니 달빛이 하늘에 가득 차게 되었다.[71] 이 구절을 염두에 두면서 『구운몽』의 마지막 구절을 다시 읽을 수 있다.

> 갑자기 사방 산골짜기 사이에서 구름이 어지럽게 일어나 몰려와서는 대를 둘러싸자 캄캄해져서 지척을 분간할 수 없었다. 승상은 취한 듯 꿈을 꾸는 듯하였다. 한참 뒤 큰 소리를 질렀다. "사부는 정도로 소유를 지도하지 않으시고 왜 환술로 희롱하십니까." 이 말이 채 끝나기도 전에 구름 기운이 걷혔다. 호승과 두 부인 및 여섯 낭자들이 모두 종적을 감췄다.[72]

물론 이렇게 돌아온 성진이 완전한 깨달음의 단계에 이르지 못하고 여전히 아상과 분별심에 머물고 있다는 점에서 종경(宗鏡)의 위 비유와는 다소 거리가 있다. 그렇지만 구름 걷힘의 의미는 상당히 유사한 양상을 보이고 있다. 또 돌아온 성진이 암자 밖으로 확인한 것도 서쪽에 떠 있는 달이다.[73] 김만중이 이 결정적 장면에서 구름을 끌어왔다는 사실이야말로 『금강경』의 구름 이미지에 대해 그가 정통

그 외 구름 비유로써, 비슷한 깨달음의 상태를 나타낸 구절은 다음과 같다.
'(종경)千江 有水千江月 萬里 無雲萬里天'(「如理實見分」 제5)
'(야부)法相非法相 開拳復成掌 浮雲散碧空 萬里天一樣'(「正信希有分」 제6)
'(설의)無雲生嶺上 有月落波心 有月落波心 上界光不歇 無雲生嶺上 舒卷也尋常'(「依法出生分」 제8)

71) 봄바람이 불면 꽃이 땅을 수놓고 구름이 걷히면 달빛이 하늘에 가득함이로다.(風和 花織地 雲淨 月滿天)(「대승정종분(大乘正宗分)」(무비 역해, 앞의 책, 137~138면)

72)遽有白雲亂起於四面山谷之間 陣陣飛來 環擁臺上 昏昏暗暗 尋丈不卞 丞相若在醉夢中矣 良久乃大聲疾呼曰 師傅不以正道 指教少游 乃以幻術相戲耶 言未盡 雲氣盡捲 胡僧及兩夫人六娘子 皆無蹤跡矣(노존A본, 280면)

73) 月在西峯(노존A본, 280면)

해 있었다는 사실을 웅변해준다. 망상에 의한 존재의 형성과 망상 극복에 의한 존재의 사라짐을 구름의 형성과 걷힘에 비유한 사례가 『금강경오가해』에서 가장 두드러지기 때문이다.

5. 맺음말

김만중은 시문에서 무엇에 대한 그리움을 형상화하는데 구름을 자주 활용했다. 구름에 생각과 그리움을 실었고 그래서 '망운(望雲)' 모티프를 중요하게 활용한 것이다. 더 적극적으로는 생각이 구름을 형성하게도 하였다.

『구운몽』에 등장하는 구름 중에는 이런 성격을 가지는 경우도 있다. 그런 점에서 김만중의 시문과 『구운몽』은 비교적 긴밀한 관계를 가졌다고 할 수 있다. 그러나 『구운몽』에는 이와는 성격이 매우 다른 구름이 중요하게 다뤄지고 있다. 등장인물의 사념이나 염원에 의해 존재하지 않던 것이 존재하게 되는 데, 이런 '비존재의 존재화'에 구름 비유가 활용된다. 그런 점에서 『서포집』에 담긴 김만중 시문의 구름과 『구운몽』의 구름 사이에 의미심장한 차이가 있다.

『금강경오가해』에 편재한 선사들의 독특한 구름 비유는 그것을 읽은 김만중이 지은 『구운몽』의 구름 이미지 형성에 결정적으로 작용했다고 본다. 우선 구름은 망념(妄念)의 형상화이다. 구름이 밝은 달빛을 가리듯, 망념은 존재의 진정한 본질을 가린다. 다음으로 구름은 그런 망념에 의해 잠시 형성된 불완전한 세계의 일부를 구성하기도 한다.

이런 구름 비유는 적실하게 여겨진다. 자연계의 구름은 변화무쌍하며 잠시 모습을 드러내었다 곧 사라지는 경우가 많다. 그리고 구름은 하늘의 해와 달을 가린다. 한편 사람의 생각은 한 심찰라에 900번의 생멸을 거듭할 정도로 빠르면서도 강한 형성력을 갖고 있다.[74) 생각은 집중되지 못하여 뒤섞인다. 그것은 망상이 되기에 사람이 자기 속 부처인 자성(自性)을 깨닫지 못하게 만드는 것이다. 이런 생각의 속성을 나타내는 데 구름만큼 적절한 것이 없다. 그래서 『금강경오가해』의 여러 선사들은 구름 비유를 즐겨 활용했고, 오늘날 선지식들도 이런 전통을 계승하고 있다.[75)]

---

74) 『인왕반야경(仁王般若經)』에서 "한 찰나에 구백 번의 생멸이 있고 한 생각 속에 구십 번의 찰나가 있다"라고 하였다. 한 생각 속에 팔만 일천 번의 생멸이 있다는 것이다. 생멸이란 어떤 인연이 모여 생겨난 법이 그 인연이 흩어지면 소멸되는 것을 말하니, 한 생각 속에 팔만 일천 개의 법이 생겨났다 사라진다는 것이다. 이렇게 끊임없이 생멸하면서 수많은 법이 인연 따라 나타났다 인연 따라 흩어지는 것을 연기법이라고 한다.(서산대사, 원순 역해, 『선가귀감』, 법공양, 2007, 32면)

75) 오늘날 선지식으로는 타탕 툴쿠(Tarthang Tulku)의 경우를 들 수 있다. 그는 일찍이 티벳에서 불교 교육을 받고 미국으로 건너가 시간 · 공간 · 지식 프로그램(TSK)을 이끌어가고 있다. 그의 책들도 생각을 구름에 비유하고 있는 것을 보면 생각 → 구름의 비유가 문화적 경계를 넘어서 폭넓게 존재하고 있음을 알 수 있다. 'A characteristic of this stage is that we play without being playful: play in a way that is incomplete, even grim. We may seek various diversions; for instance, in reading or music. We may taste a sweet sadness. Dull and weak, wrapped in clouds of thought, we pass the time like children given toys to amuse them so that they willnot bother the grownups.'(Tathang Tulku, *Dynamics of Time and Space*, Dharma Publishing: Oakland, 1994, p.253)

'A thought arises and then is gone. But its passing leaves a residue like the scent left by a wild animal to mark its territory. Like ripples in oil, like smoke in air, the residue expands, but it does not dissipate. Although the residue remains cloudlike and insubstantial, its expansion brings a shift in focal setting. The available 'field' of awareness has been occupied, and now matters unfold differently. Strong and forceful, the cloud generates patterns of emotional reactions; thick and dark, it reduces the capacity for clear awareness. Whatever is sharp, dynamic, or precise gives way.'(같은 책, 258면)

『구운몽』의 구름은 다양한 의미를 함축한다. 김만중은 『구운몽』의 구름에다 통념적 의미를 불어넣기도 하고 나름의 개성적 의미를 부여하기도 하였다. 그런데 다양한 의미를 함축한 구름들을 그냥 나열한 것은 아니다. 그중 특정 구름 이미지를 부각시키려 한 것이다. 부각된 구름 이미지는 최종적 의미망을 구축하고 그 속에 기타 구름 이미지들을 포괄한다. 김만중이 '구운몽'에서 '운'으로써 나타내고자 한 의미는 바로 이 최종적 의미망을 구축한 구름의 의미일 것이다. 그것은 김만중이 『금강경오가해』의 여러 선지식들이 활발발하게 구사한 구름 비유들을 적극 참조함으로써 이뤄낸 것이라 본다. 『구운몽』의 최종적 의미망의 구름이면서 표제의 '운'이 지칭하는 구름은 결국 '망념(妄念)'을 표상하는 것이며, 망념에 의해 형성된 가상적 인물 및 가상세계를 의미한다고 하겠다. 그런 점에서 '구운(九雲)'은 아홉 명이 일으킨 망념, 그리고 그 망념에 의해 구성된 아홉 명의 가상적 인물들과 세계를 뜻한다고 볼 수 있다.

나아가 『구운몽』은 '어떤 것'이 꿈임을 깨달으라는 더 높은 수준의 메시지를 담고 있다. 이 때 어떤 것에 해당하는 것이 구름이다. 표제 '구운몽'의 의미는 결국 '아홉 사람에 의해 만들어진 아홉 개의 구름이 꿈임을 성찰하라'는 뜻이 된다. 물론 이때 '꿈이다'는 것은 '허망하다'는 뜻이 아니다. 그런 점에서 '구운몽' 표제의 '꿈'에 대한 검토가 필요하다. 『구운몽』의 구름의 의미는 '꿈'과의 관계 속에서 검토할 때 완전한 해독이 가능할 것이다. 다음 장에서 이 문제를 해명할 것이다.

『구운몽』의 환몽(幻夢) 경험과 주제

1. 머리말

지금까지 연구된 『구운몽』 논의에서 꿈이 언급되지 않은 경우는 드물지만 꿈의 의미가 명쾌하게 해명되었다 보기는 어렵다. 그것은 역설적이게도 『구운몽』이 너무나 명백하게 꿈 모티프를 활용하고 있기 때문일 것이다. 남가일몽 류의 꿈 설화나 '몽자류 소설', '몽환소설' 등의 개념들이 『구운몽』의 꿈에 대한 새로운 해석 시도를 거북하게 했다.

『구운몽』의 꿈은 매우 포괄적 의미를 함축한다. 『구운몽』의 꿈은 가상적 상황, 속임수 상황, 환상적 상황 등과 함께 더 높은 범주의 '꿈'속에 넣어 논의해야 할 것이다. 『구운몽』의 꿈을 속임수에 의한 가상, 환(幻) 등과 연관시켜 해명해야 한다는 것이 이 장의 입각점이다. 그것은 작가 김만중의 의식세계를 배려한 것이기도 하다. 김만중은 '불가에서 육용(六用 : 안이비설신의의 작용)을 환망(幻妄)'[1]이라 한다며 '환망(幻妄)'이란 말을 쓴 바 있다. 또 『서포년보』에서 『구운몽』의 주제를 설명하면서 '일체의 부귀번화(富貴繁華)가 모두 몽환(夢幻)이다'[2]고 표현했는바, 여기서도 꿈과 환이 함께 인식되었다.

또 하나 중요한 관점은 『구운몽』에서의 환몽은 등장인물이나 독자의 인식과 관련될 뿐만 아니라 경험이나 수행과도 관련된다는 것이다. 『구운몽』에서 꿈은 직유나 은유 등 수사법으로 사용되기도 하고, 등장인물의 경험으로 제시되기도 한다. 양자를 구분하면서도, 논의 과정에서 함께 고려해야 할 것이다. 작자는 꿈은 물론 꿈과 유사한 상황들을 두루 설정하여 등장인물 및 독자로 하여금 그것을 경험하게 하였다. 등장인물들은 현실을 꿈이나 환상인양 경험하기도 하고 꿈이나 환상을 현실인양 경험하기도 한다. 이런 다채로운 경험이 등장인물과 독자들에게 인식의 전환을 초래하고 일종의 수행을 이끈다고 본다.

앞 장에서 『구운몽』의 제목과 작품 속에 거듭 나타나는 '구름'의 의미에 대해 검토했다. 등장인물의 사념이나 망념에 의해 존재하지

---

1) 其言與佛家以六用爲幻妄者 無異矣.(김만중, 홍인표 역주, 『서포만필』, 일지사, 1987, 173면)
2) 김병국 · 최재남 · 정운채 역, 『서포년보』, 서울대 출판부, 1992, 227면.

않던 것이 존재하게 되는 데, 이런 '비존재의 존재화'에 구름 비유가 활용된다. 『금강경오가해』에 산재하는 선사들의 독특한 구름 비유는 그것을 읽은 김만중이 지은 『구운몽』의 구름 이미지 형성에 결정적으로 작용했다고 보았다. 구름은 망념(妄念)의 형상화이다. 구름이 밝은 달빛을 가리듯, 망념은 존재의 진정한 본질을 가린다. 다음으로 구름은 그런 망념에 의해 잠시 형성된 불완전한 세계의 일부를 구성하기도 한다. 『구운몽』의 최종적 의미망을 구성하면서 표제의 한 부분이 된 '구름'은 결국 '망념(妄念)'을 표상하는 것이며, 망념에 의해 형성된 가상적 인물 및 가상세계를 의미한다고 하겠다. 그런 점에서 '구운(九雲)'은 아홉 명이 일으킨 망념, 그리고 그 망념에 의해 구성된 아홉 명의 가상적 인물들과 그 세계를 뜻한다. 나아가 『구운몽』은 '어떤 것'이 꿈임을 깨달으라는 더 높은 수준의 메시지를 담고 있다. 이 때 어떤 것에 해당하는 것이 구름이다. '구운몽'의 의미는 결국 '아홉 사람에 의해 만들어진 아홉 개의 구름이 꿈임을 성찰하라'는 뜻이 된다. 이때 '꿈이다'는 진술의 의미를 정확하게 해명해야만 '구운몽' 표제어의 의미는 물론 주제도 온전하게 해명할 수 있을 것이다.

2. 속임수의 경험

『구운몽』에는 환(幻), 꿈, 속임수에 의한 가상, 착각 등이 거듭 나타난다. 『구운몽』은 그 장면들을 물끄러미 관찰하게 만드는 서사적 기제를 설정하고 있다. 그 결과 독자들은 꿈, 환, 가상 등을 살피고, 그

의의에 대해 성찰하게 된다. 『구운몽』의 액자구조도 그 서사적 기제 중 하나다. 액자에는 서술자와 육관대사가 존재한다. 독자는 서술자나 육관대사의 입장이 되어 꿈, 환, 가상 등을 관찰할 수 있다. 남전산(藍田山) 도인(道人)의 예언[3]도 또다른 서사적 기제가 된다. 독자는 그뒤 사건들이 과연 예언대로 전개되는지를 살핀다. 꿈이나 환, 속임수 등은, 예언으로부터 약간 벗어난 쪽으로 사건을 이끄는 경우가 있는데, 이런 때 독자의 관찰과 성찰은 더 강렬해진다.

속임수가 서사적 추동력을 만드는 것이 『구운몽』의 서사적 특징임이 지적되었다.[4] 그런데 그 속임수가 『구운몽』에서 특별하게 구사된 근원과 속임수를 통해 작가가 추구한 바가 무엇인가에 대해서는 자세하게 검토되지 않았다.[5] 필자는 양소유가 속임수에서 벗어나서, 속임수는 속임수일 따름이라 깨달았지만, 정작 자기 자신도 가상적 존재라는 점을 깨닫지는 못하는 것을 지적한 바 있다. 독자들은

---

3) 道人大笑曰 婚姻之路 昏黑似夜 天機何輕泄乎 然君之佳緣 在於累處 秦女不必偏自綣戀也(노존A본, 179면); 道士大笑曰 婚姻之路 昏黑如夜 豈可預說天機 雖然君之佳緣 在於累處 不須偏戀秦女也(노존B본, 49면)

4) 신재홍, 『한국몽유소설연구』, 계명문화사, 1994, 347면. 그 뒤 『구운몽』의 속임수에 대한 분석을 시도한 논문으로는 최기숙, 「소설의 기능과 고전의 가치 1－깨달음을 통한 자기완성의 서사 : 『구운몽』 읽기」, 『동방고전문학연구』, 동방고전문학회, 1999, 113~143면; 정길수, 「『구운몽』의 독자는 누구인가」, 『고소설연구』 제13집, 한국고소설학회, 2002, 65~70면; 유광수, 「『구운몽』 : '자기 망각'과 '자기 기억'의 서사－성진이 양소유 되기」, 『고전문학연구』 제29집, 한국고전문학회, 2006, 377~409면.

5) 다만 유광수는 『구운몽』이 '깨달음에 관한 텍스트'일 뿐만 아니라, 깨달음을 주는 '깨달음의 텍스트'라 보고, 독자에게 깨달음을 주기 위해 작가가 의도적으로 꿈을 꾼다는 사실을 숨겼다고 했다. 등장인물 사이의 속임수가 아니라 작가 → 독자의 속임수를 문제 삼았다는 점에서 다른 논자들과 다르다(유광수, 앞의 논문, 377~378면). 필자는 『구운몽』이 독자들에게 깨달음을 주는 텍스트라는 점에 대해서는 동의하지만, 작가가 독자를 속인다는 주장에 대해서는 반대의 생각을 하고 있다. 즉, 작자는 독자에게 끊임없이 현실의 가상성을 관찰하고 깨달으라는 신호를 보내고 있다고 본다.

그런 양소유를 관찰하면서 삶에 대한 근본적인 성찰을 할 수 있게 될 것이다.[6] '가상의 경험'을 가능하게 한다는 점에서 속임수는 꿈과 다를 바 없다.

양소유는 정경패의 얼굴을 훔쳐보기 위해 여장을 하여 정경패를 속인다. 양소유의 그런 경험은 좀 특별한 것이기는 하지만 환상적인 수준에 이른 것은 아니다. 정경패는 양소유에게 속아 양소유가 여자 악관이라고 착각했다. 그리고는 양소유가 연주한 곡조의 이름과 관련 고사를 이야기함으로써 '지음자(知音者)'가 된다. 일정한 시간이 지나면서 정경패는 자기가 속았음을 알아차린다.

정경패의 착각 경험은 깊이 있는 자기 전환을 초래하기 보다는, 양소유에게 되갚음을 하겠다고 다짐하게 만든다. 정경패가 양소유를 속일 계획을 치밀하게 세웠으니 양소유는 속임수에 완전히 말려든다. 양소유는 속임수 속에서 먼저 신선계를 경험한다. 가춘운의 가상적 자기진술은 '신선 적강담'의 모양새를 갖추었다. 홍장고사를 부분적으로 차용한 것이기도 하다.[7] 양소유는 가춘운을 선녀라 믿고 동침하니 환상의 극치를 경험하는 것이다. 그것은 '꿈인 것 같지만 꿈은 아닌 것 같고, 진인 것 같으면서도 진이 아니었다.'[8] 양소유는 가춘운의 존재 자체와 가춘운과 자신의 관계에 대해 환상적이라는 느낌을 가지기는 하지만, 그걸 '꿈'이라거나 '환'이라고 단정하여 부정하지는 않는다. 환과 현실의 경계선을 넘나드는 형국이라 하겠는

---

6) 이강옥, 「문학치료 텍스트로서의 『구운몽』의 가치와 가능성 – 우울증과 관련하여」, 『고소설연구』 제24집, 한국고소설학회, 2007, 163~164면.

7) 노존A본, 199면. 노존B본, 106~107면.

8) 似夢而非夢 似眞而非眞也(노존A본, 199면)

데, 그래서 양소유는 더욱 '선녀 가춘운'과의 관계에 집착하게 된다. 그러다 그게 가상임을 알게 되면서 역으로 현실에 더 집착한다.

이를 바라보는 시선이 많다. 정경패, 정십삼, 서술자, 그리고 독자들이다. 이들은 양소유가 '현실을 환으로 경험하는' 것을 바라본다. 또 가상 속 존재인 양소유가 다시 자기 현실을 정말 현실로 보고 그 현실에 집착하는 것을 관찰하게 된다. 현실을 환이나 꿈으로 보는 수행법이 '몽관(夢觀)' '여몽인(如夢忍)' 혹은 '성시환신법(醒時幻身法)'이다. 깨어있을 때 이 세상 모든 것이 꿈이라는 것을 관찰해 아는 것을 말한다.[9] 이 상태가 지속되는 것이 '여몽삼매(如夢三昧)'[10]이다.

그러나 작자는 양소유를 이 단계에 머물게 하지 않았다. 가춘운을 선녀에서 귀신으로 만듦으로써 양소유로 하여금 환에 더 집착하여 평정심을 잃게 만든다. 양소유는 선녀가 귀신으로 변한 것에 대해서도 '천연(天緣)'과 '숙연(宿緣)'의 소산으로 이해하며 구분하려하지 않았다. 나아가 귀신을 피하거나 싫어하는 사람을 어리석은 존재라고까지 하였다.[11]

양소유는 이 환의 경험을 통해, 귀신과 인간을 구분하지 않게 되었다. 사람이 귀신이 되고 귀신이 사람으로 되니 그 근본은 하나라는

---

9) 『화엄경』, 「십인품」(무비 염화실); 단정자취, 『꿈－삶과 죽음을 바라보는 티베트 사람들의 지혜』, 호미, 2003, 33면; 툴쿠 퇸둡 림포체, 도솔 역, 『평화로운 죽음 기쁜 환생』, 청년사, 2007, 84~86면.

10) 『화엄경』 「십인품」(무비 염화실); 『한글대장경 입능가경 외』, 동국역경원, 1985, 37면.

11) 自解曰 其色之美如此 其情之厚如此 仙亦天緣也 鬼亦宿緣也 仙與鬼 不必卞之矣 … 世之惡鬼神者 愚迷怯懦之人也 人死而爲鬼 鬼幻而爲人 以人而畏鬼 人之騃者 以鬼而避人 鬼之癡者 其本則一也 其理則同也(노존A본, 201~202면)

更念其貌 美如彼 情多如彼 其仙其鬼 何須辨也 厭惡鬼神者 世俗癡人 人爲鬼復爲人 何以辨彼此 吾情如此 君何忍棄之(노존B본, 111~113면)

것이다.[12] 그래서 사람이 자기 현실에서 경험하는 것과 가상에서 경험하는 것은 동일하다. 이를 통해 '현실은 꿈이고 가상이고 환과 같다'는 암시가 만들어진다.

또 양소유 스스로도 불경을 인용하면서 사람의 몸이 사대(四大)인 지(地) 수(水) 화(火) 풍(風)을 잠시 빌려 구성되는 것이라는 점에서 가상과 별 차이가 없다고 보았다.[13] 이와 관련하여 김만중이 읽은 『원각경』에 이런 구절이 있다.

> 사대(四大)가 각각 헤어지면 지금의 허망한 몸은 어디에 있는고? 이 몸은 필경 실체가 없거늘 화합하여 형상이 이루어진 것은 진실로 환화(幻化)[14]와 같음을 알게 되리라.[15]

살아있는 사람의 몸은 사대가 잠시 화합하여 만들어진 것으로 불변의 실체가 아닌 잠정적이고 가상적인 것이다. 그런 점에서 살아있는 사람의 몸은 귀신의 몸과 별 차이가 없다. 사람과 귀신을 동일시하는 이런 관점은 심지어 작품 후반부 가춘운이 구사하는 농담에도 나타나고 있다. 즉, 정경패, 난양공주, 진채봉, 가춘운 등은 양소유 몰래 궁중에서 함께 지내면서 쌍륙 놀이를 하다가 가춘운이 장여랑

---

12) 人死而爲貴 鬼幻而爲人 …… 其本則一也 其理則同也(노존A본, 201면); 人爲鬼復爲人 何以辨彼此(노존B본, 113면)

13) 翰林曰 佛語云 人之身體 以水漚風花 假成者也 孰知其眞也 孰知其假也(노존A본, 201면); 楊生曰 佛言 人身 以地水火風 假借而成 那知誰眞誰假(노존B본, 113면)

14) 실체가 없는 것이 환술(幻術)로 현재 있는 것처럼 보이는 것. 또는 그런 일. '환'은 환술사가 만들어 낸 것이고, '화'는 불보살이 신통력으로 변한 것이다.

15) 四大各離 今者妄身 當在何處 卽知此身 畢竟無體 和合爲相 實同幻化(김월운 역주, 『원각경 주해』, 동국역경원, 2003, 28면)

이라는 귀신으로 분장하여 양소유를 속였던 일을 화제로 삼는다. 이 때 정경패가 이렇게 말한다.

> 단지 겁 내는 모습만 보려했는데 너무나 눈이 멀어 귀신을 싫어할 줄을 모르더군요. 호색(好色)하는 사람을 '여색(女色)에 굶은 귀신'이라 하더니 헛말이 아니었지요. 귀신이 귀신을 무서워 하겠어요?[16]

정경패의 이 농담에 사람을 귀신과 다를 바 없이 보는 관점이 깃들어있다. 이는 작자가 은근히 그런 동일시를 유도하고 있다는 증거다. 사람을 귀신과 동일시하는 관점은 사람으로서의 현실 경험과 귀신으로서의 비현실 혹은 환 경험을 동일시하는 쪽으로 귀결된다. 여기서도 '현실은 환상이다'거나 '현실은 꿈이다'는 명제가 도출되는 것이다.

이와 반대쪽으로의 이끌림도 있다. 환이나 꿈을 현실과 연결시키는 방향이다. 양소유는 선녀를 만나고 돌아와 도저히 선녀를 포기할 수 없어 자각봉으로 가서 다시 선녀를 만난다.[17] 가춘운이 귀신으로 분장하기 직전이다. 양소유가 이 상황에서 자각봉 선녀를 만나는 것은 두 가지로 해석할 수 있다. 첫째, 현실에서 간절한 생각을 함으로써 소원을 이루는 것이다. 생각의 형성력을 보여준다. 둘째, 환상 혹

---

16) 胡不見瞞 但欲見恐怯之狀 甚瞑緩 不知厭惡鬼神 好色之人 色中餓鬼云者 不虛 鬼神何畏鬼神(노존B본, 257면)

17) 默禱曰 幽明雖殊 情義不隔 惟祈芳魂鑑此至誠 更趁今夜 重續舊緣 禱畢拉鄭生還歸 是夜獨在花園 倚枕欹坐 想其美人 思甚渴涸 耿耿不成眠矣 時月光窺簾 樹影滿窓 群動已息 人語正闃 而似有跫音 自暗中而至 翰林開戶視之 則乃紫閣峯仙女也(노존A본, 201면)

은 꿈 속에서 상황을 자기 마음대로 이끌어가려는 자각몽(自覺夢) 혹은 루시드 드림(Lucid dream)[18]이다. 환이나 꿈 속에서 자기 존재를 자각함으로써 상황을 뜻대로 이끌어 가, 현실에서 쉽게 이루지 못한 소망을 성취하는 것이다.

양소유는 속임수에 빠져 철저히 환을 경험한다. 양소유는 선녀 뿐만 아니라 귀신 장여랑까지도 실체라 믿고 그들과 관계를 가진다. 병풍 뒤에 숨어있던 가춘운이 앞으로 나와 속임수의 과정을 실토하기 전까지 양소유는 속임 상태에서 헤어나지 못한다. 가춘운의 모습을 보고 양소유는, "사람이요? 귀신이요? 귀신이라면 어찌 대낮에 나타난단 말이요?"[19]라며 충격을 나타내었다. 앞에서 분명 귀신과 사람이 다를 바 없다며 장여랑과의 관계를 마다하지 않은 양소유였지만, 엄연한 현실에서 주위 사람들이 환시하는 환경에서는 귀신의 존재를 받아들이기가 쉽지 않았던 것이다. 이처럼 사람과 귀신의 동질성을 완전히 인정하지 않은 양소유가 선녀나 귀신과 사랑을 나눈 것은 분명 양소유에게는 충격적인 경험이었을 것이다. 그리고 그를 관찰하는 독자들도 비슷한 경험을 할 수 있다고 하겠다.

태후가 정경패가 죽었다고 양소유를 속이는 놀이를 제안한 것은, '말이 흉하면 일이 길하다'는 속설을 염두에 두었다고 했다. 정경패와 양소유의 관계를 더 돈독하게 만들고, 정경패를 오래 살게 하는 축원의 뜻이 있다는 것이다. 또 은근히 양소유를 골려주고 과연 양소

---

18) 스티븐 라버지, 이경식 역, 『루시드 드림』, 북센스, 2008; 단정자취, 『꿈－삶과 죽음을 바라보는 티베트 사람들의 지혜』, 호미, 2003.

19) 人耶 鬼耶 鬼何以見於白晝乎'(노존B본, 124면)

유의 눈썰미가 어느 정도인지 알아보자는 장난기도 개입하였다. 양소유의 입장에서 보면, 정경패의 죽음이라는 매우 부정적인 가상 상황을 경험함으로써 마침내 그게 사실이 아님을 확인하는 과정에서 자기 현실의 행복을 더 절실히 만끽하게 된다.

양소유는 결국 자기가 속았음을 알고 정경패의 죽음이라는 부정적 상황이 사실이 아님을 확인하게 되었다. 정경패의 생존을 확인한 양소유는 안도하며 환희심을 느꼈다. 문제는, 그와 동시에 양소유가 자신의 현실적 실재를 믿어 의심하지 않는다는 것이다. 작자는 가상적 인물인 양소유가 스스로는 자신의 실재를 당연시하는 이런 착각을 은근히 문제 삼고 있다. 마치 환상적 디즈니랜드가 더 환상적인 미국사회를 환상이 아닌 실재라고 믿게 만드는 역할을 하듯이,[20] 끊임없이 이어지는 환상, 속임수에 의한 가상 상황은 양소유로 하여금 자기 현실이 실재임을 믿게 만드는 역할을 하는 것이다. 작자는 유사 상황을 계속 만들어낸다.

요컨대 작가가 속임수 상황을 거듭 만들어간 것은 등장인물과 독자로 하여금 가상이나 환상을 경험하게 하면서도 그 경험의 주체가 과연 실재인가를 의심하게 만들기 위함이었다.

---

20) '디즈니랜드는 '실제의' 나라, '실제의' 미국 전체가 디즈니랜드라는 사실을 감추기 위하여 거기 있다(마치 감옥이 사회 전체가 그 평범한 어디서고 감방이라는 사실을 감추기 위하여 거기 있는 것과 약간은 유사하게). 디즈니랜드는 다른 세상을 사실이라고 믿게 하기 위하여 상상적 세계로 제시된다. 그런데 사실은 그를 감싸고 있는 로스앤젤레스 전체와 미국도 더 이상 실재가 아니고 파생실재와 시뮬라시옹 질서에 속한다.'(장 보드리야르, 하태환 역, 『시뮬라시옹』, 민음사, 2008, 40면)

3. 환몽(幻夢)의 경험

성진은 현실 인물이지만 양소유 못지 않은 환상성을 보이고 스스로도 환을 자주 경험한다. 용궁으로 가서 동정용왕을 만난다는 대목부터 그렇다. 성진은 '유리같은 파도를 가르고' 수정궁으로 들어간다. 그러니 용왕이 크게 기뻐하며 궁문 밖으로 나와 맞이한다.[21] 성진은 또 복사꽃을 명주로 만드는 요술을 부리고[22] 그 파트너인 여덟 선녀들은 바람을 타고 공중으로 날아가기까지 한다.[23] 여덟 선녀가 공중으로 날아가 사라진다는 장면이 환(幻)으로 느껴지니, 여덟 선녀의 존재 자체가 환처럼 느껴진다.

양소유 세계의 환상성은 더 하다. 양소유 아버지 양처사는 도사로서, 양소유가 성장하자 여러 도사들의 방문을 받고는 신선세계로 난다. 그 장면이 환상적이다. 도사들은 흰 사슴과 푸른 학을 타고 깊은 산으로 들어간다. 양처사는 그 뒤 집으로 편지를 보내는데 공중을 통해서였다. 양소유는 비록 꿈 속에서였지만 동정용궁으로 가서 용왕의 환대를 받고 남해용왕의 아들과 전투를 벌이는 데, 그 장면이 환상의 극치를 보여준다.

환상적 장면들은 독자들로 하여금 '현실 아닌 것'을 경험을 하게 한다. 무엇보다 새로운 공간을 경험하게 한다. 우리가 몸 담고 있는 현실의 공간에서는 대부분의 대상들이 예측 가능한 방식으로 존재

21) 劈琉璃之波 入水晶之宮 龍王大悅 出迎於宮門之外(노존A본, 169면)
22) 手持桃花一枝 以擲於仙女之前 四雙絳萼 卽化爲明珠(노존B본, 170면)
23) 八仙女各拾取一介 顧向性眞 [口+粲]然一笑 竦身乘風 騰空而去(노존B본, 170면)

한다. 익숙해진 공간에서 대상은 비교적 안정되고 익숙한 모습으로 포착된다. 반면 환상적 공간은 익숙한 자기 공간에 대해 무덤덤해진 사람들로 하여금 공간을 주체적이고도 새롭게 경험하게 하여 삶의 감각을 새롭게 한다. 『구운몽』의 환(幻)도 독자들로 하여금 그런 혁신을 가능하게 한다.

꿈도 거듭 나타난다. 양소유는 꿈이 많은 사람이다. 양소유는 토번 정벌 때 반사곡(盤蛇谷)군막에서 꿈을 꾸고 꿈 속에서 백능파를 만나는데,[24] 이때 환을 이중적으로 경험한다. 꿈 경험 자체가 환상적이었고, 그 꿈의 연장선에서 용궁을 방문하는 것도 그러하다.

양소유의 꿈 세계는 그의 '현실 세계'와 뒤섞여 있다.

> ① 찾아 올라갔더니 절 하나가 있었는데 전각이 장려하였다. 늙은 스님이 강당에 앉아 설법을 하고 있었다. 눈썹이 훌륭하고 눈이 맑았으며 골격이 맑고 빼어나 세속 사람이 아닌 듯하였다. 여러 스님들을 거느리고 당을 내려와서는 상서를 맞이하며 말했다.
>
> "산야의 사람이라 귀와 눈이 없어 대원수께서 오시는 것도 알지 못하고 멀리 나가 마중을 못했으니 죄를 용서해주시기 바랍니다. 원수께서 이번에는 돌아오실 때가 아닙니다. 이왕 오셨으니 전에 올라 부처님께 예불이나 하시지요."[25]

---

24) 神氣頗困 倚卓而少眠 忽有異香(노존A본, 225면); 此夜倚枕乍眠 便異香滿營 女童兩人進前 容貌奇異 謂尙書曰 我娘子請富貴人 欲陳懷抱(노존B본, 175면)

25) 尋而上去 有一寺 殿閣極壯麗 老僧坐講堂方說法 眉壽眼淸 骨格淸秀 非世人也 率諸僧 下堂而迎尙書曰 山野之人無耳目 不知大元帥之來 不得遠迎 願赦罪也 元帥今番則非歸來之時 而旣來 請上殿禮佛也(노존B본, 187면)

② 상서가 크게 기뻐하며 꿈이야기를 해주고 병사들을 거느리고 백룡담 위로 가서 살펴보니 고기 비늘이 온 들판에 깔려 있고 피가 흘러 내를 이루고 있었다.[26]

①은 양소유가 백능파를 따라 동정용궁에 갔을 때의 장면이다. 사실 그 용궁은 성진이 육관대사의 심부름으로 갔던 곳이다. 용왕을 만나고 용궁 밖으로 나온 양소유는 앞을 가로 막는 높은 산을 발견한다. 남악 형산이다. 형산을 올라간 양소유는 육관대사를 만난다. 이는 분명 양소유의 꿈 속 장면인데, 성진의 현실 공간과 인물들이 등장하여 양소유와 만난다. 육관대사는 성진이 아닌 양소유에게 '이번은 오실 때가 아니다'라고 말하니, 아무 매개 장치 없이 차원을 달리하는 인물들이 만나 서사 전개와 관련되는 말을 주고 받는 셈이다. 이것을 '루시드 드림'으로 볼 수도 있다. 양소유는 어느덧 성진의 세계로 돌아가려는 마음을 갖게 되고, 꿈을 통해 부분적으로 그 소망을 실현한 것이라 볼 수 있기 때문이다.

②는 양소유가 꿈 속에서 남해용왕의 태자와 전투를 벌여 완승을 거두고는 깨어나서 그 흔적을 확인하는 대목이다. 꿈 속 전투의 흔적이 양소유 현실의 공간에 그대로 나타나는 것이다. 그리고 양소유의 꿈 속 전투는 그 부하들의 꿈에도 나타난 것으로 설정되었다.[27]

이 두 사례에서 꿈과 현실은 분명하게 나눠지지 않고 일정한 영역

26) 尙書大悅說夢 而率將士 往見白龍潭之上 魚鱗鋪野 血流成川(노존B본, 189면)

27) 尙書會壯士問曰 汝輩夜間有何夢乎 衆曰 夢侍元帥與神鬼卒戰 擒其將帥 此必滅胡之吉兆(노존B본, 188면)

에서 겹쳐지고 이어진다. 꿈의 내용이 현실 속으로, 현실의 내용이 꿈 속으로 편입되거나 이어지는 것이다. 그 바탕에는 '꿈이 현실'이고 '현실이 꿈'이라는 시각이 깔려 있다. 꿈이 현실로 이어지는 가장 생생한 경우는 백능파가 월왕 미인잔치에 참석해있는 양소유 앞에 나타나는 장면이다.[28] 그것은 마치 꿈속 백능파가 꿈과 현실 사이에 있는 투명 벽을 뚫고 현실로 뚜벅뚜벅 걸어나오는 형국이다.

토번을 물리치고 돌아오는 길에도 양소유는 꿈을 꾸는데, 하늘나라로 올라가 정경패를 만난다.[29] 꿈 속에서 정경패는 자기의 죽음을 암시한다. 이 꿈은 태후의 양소유 속이기 전략을 지원하는 역할을 한다. 돌아온 양소유에게 가춘운이 하는 말의 내용[30]과 천자가 하는 말의 내용[31] 등도 양소유의 꿈 내용과 동일하다. 그런 점에서 볼 때, 작자조차 속임수에 가담하여 양소유로 하여금 더 쉽게 태후의 속임수에 넘어가게 만든다. 양소유의 입장에서 보면, 이 역시 꿈과 현실을 넘나드는 경험이다. 또 말년의 양소유는 밤마다 자기가 참선하는 꿈을 꾼다.[32] 이는 양소유가 장차 성진으로 돌아갈 것을 암시할 뿐만 아니라, 양소유 '현실'의 변화를 직접 이끈다.

『구운몽』에서 가장 중요한 꿈에 대한 언급은 마지막 장면에 나온다. 돌아온 성진이 양소유로서의 경험을 꿈으로 보는 것이다. 이 점

---

28) 車至帳前 捲朱簾而兩女子出立 前者正是沈裊烟 後者宛然夢中所逢洞庭龍女(노존B본, 292면)

29) 心事小寬 乃就寢而睡 一夢蘧蘧飛上天門 … 胡蝶忽散 乃一夢也(노존A본, 245~246면)

30) 我娘子本是天仙謫降也 還上天上之日 謂妾曰 … (노존B본, 241면)

31) 上又謂丞相曰 前日則婚事在於可否間 故不爲詳言 而朕有御妹二人皆賢淑 今幷釐降於卿矣(노존B본, 245면)

32) 吾自致仕來此之後 每夜着睡 則夢中必參禪於蒲團之上 此必與佛家 有緣也(노존A본, 279면)

을 두고 육관대사와 견해가 갈린다. 성진은 자기가 꿈을 꾸었다고 하지만[33] 육관대사는 그렇지 않다고 했다. 성진의 입장에서 보면 양소유의 일생은 꿈속에서 일어났던 허망한 일이다. 육관대사의 입장에서 보면 양소유의 일생은 꿈속 일이 아니라 성진의 생각에서 비롯된 환(幻)이다. 여기서 성진에게 꿈이란 잠 속에서 실제로 경험하는 것이라면, 육관대사는 '꿈'을 수사적으로 인용했을 따름이다.[34] 이 꿈을 어떻게 해석하는가는 『구운몽』의 주제를 말하는 데 결정적으로 중요한 일인데, 다음 절에서 본격적으로 다룬다.

4. 진망론(眞妄論)의 파기

현실과 환몽, 가상이 뒤섞이는 경험을 하게 된 등장인물들은 현실에 국한되었던 자신들의 인식과 경험의 태도를 재성찰하며 달라져 간다. 특히 『구운몽』을 성진의 성장 과정으로 본다면 양소유로서의 환몽 경험은 성진의 성장과 깨달음에 결정적 기여를 하였다고 할 수 있다. 독자들도 마찬가지다. 이상적 독자라면, 작품 곳곳에 거듭 나타나는 환과 현실의 뒤섞임 현상을 관찰하며 상투적 현실감각을 재조정하게 될 것이다.

---

33) 此必師傅知吾一念之差 俾著人間之夢 要令性眞 知富貴繁華男女情慾 皆妄幻也(노존B본, 326면)

34) 胡僧笑曰 相公猶未覺春夢矣 丞相曰 何以則師父能使少遊覺春夢乎(노존B본, 324면); 大師曰 汝乘興而去 興盡而來 我有何干與之事乎 且汝曰 弟子夢人間輪回之事 此汝以夢與人世 分而二之也 汝夢猶未覺(노존B본, 327면)

속임수에 의한 가상적 상황의 생성은, 그 내용이 환상적인 것이든 현실적인 것이든 역시 등장인물로 하여금 새로운 세계를 경험하게 한다. 작자는 새로운 세계 앞에서 안절부절 못하는 등장인물의 목소리를 통하여 환몽이나 가상이 사람에게 주는 의미와 가치에 대해 사유하기를 요구한다. 그리고 소설의 주제를 형성해간다.

이런 맥락에서 눈을 끄는 대목이 양소유가 궁중 여인들을 속이는 부분이다. 속임수에 넘어가 정경패의 죽음을 기정 사실로 받아들이던 양소유는 우연하게도 정경패가 살아있음을 확인하게 된다. 그러자 양소유는 내색하지 않고, 곧바로 여인들을 속이는 전략을 구사한다. 양소유는 자기가 환 체험을 하였다고 거짓말을 한다. 즉 비몽사몽간에 죽은 정경패가 나타나 약속을 어겼다고 화를 내며 진주 한 알을 집어 주었는데 양소유가 그것을 먹었다는 것이다. 양소유는 지금도 눈을 감으면 정씨가 나타나니 아마 자기의 명이 길지 않을 것이라 했다. 양소유가 환을 경험하였다는 것은 거짓말이지만 옆에서 그 말을 듣는 여인들은 그 경험을 부정할 수 없어 환을 간접 경험하게 된다. 그들은 양소유가 환 경험을 했다는 말을 반신반의한다. 마침내 두 공주는 양소유가 정신이 이상해졌다 판단하고 헛것을 보지 말라 간청한다. 난양공주가 말한다.

> 난양공주가 참을 수 없어 말했다.
>
> "고인이 활 그림자를 보고 뱀이라 했다는데, 승상께서도 그와 같군요. 승상께서 정소저의 귀신을 보았다 하시는데 정말 살아있는 소저가 계시다면 어찌 하렵니까?"[35]

난양공주는 활 그림자를 보고 뱀이라 착각한 옛 사람을 언급한다. 옛 사람이 진짜 활의 그림자를 보고 뱀이라 착각했듯, 양소유도 진짜 정경패를 보고 정경패 귀신이라 착각하고 있다는 것이다. 양소유가 본 것은 정경패 귀신이 아니라 살아있는 진짜 정경패이니, 살아있는 정경패를 바로 보라고 간절히 호소하였다.

난양공주의 이런 말은 불교에서 육근(六根)의 불완전한 지각 작용 때문에 대상을 있는 그대로 파악하지 못한다는 점을 설명할 때[36] 주로 새끼줄을 뱀으로 착각하는 예를 드는 점을 연상한다. 사람이 새끼줄을 보고 뱀이라 착각해도 새끼줄이 뱀이 되는 것은 아니다. 그렇듯, 난양공주 생각에, 양소유가 살아 있는 정경패를 죽은 정경패의 귀신이라 착각해도 살아있는 정경패가 죽은 귀신이 되지는 않는다는 것이다.

난양공주의 이런 설명은 지당하지만 오히려 그 순간 자기들이 속아서 착각에 빠져 있다는 점에서 우스꽝스럽다. 지금까지 태후를 포함한 다섯 여인들은 조직적인 속임수를 써서 양소유로 하여금 정경패가 죽었다고 착각하도록 유도해왔다. 그리고 마침내 소기의 목표를 달성했다. 문제는 그 목표가 과잉 달성되었다는 것이다. 속임수는 일정한 시점에서 가벼운 웃음으로 해소되어야 하는데, 이번 경우 양소유가 정신이상을 보이는 극단적 부작용까지 초래하게 된 것이다. 물론 이것은 여성들의 착각이다.

---

35) 蘭陽不耐謂曰 古人見弓影而得蛇貌云 丞相如此矣 丞相見鄭小姐之鬼神云 若有生小姐 則何以爲之(노존B본, 261~262면)

36) 김만중도 '불가에서 육용(六用; 眼, 耳, 鼻, 舌, 身, 意 등 六根의 작용)이 환망(幻妄)이다라 했다'고 하였다.(其言 與佛家以六用爲幻妄者 無異矣)(『서포만필』 상, 173~174면)

먼저 여인들은 양소유의 이런 모습을 보고 어떤 경험을 하게 되었을까? 착각에 빠진 양소유가 이상하게 보였을 것이다. 바로 옆에 진짜 살아있는 정경패를 두고 죽은 정경패 귀신을 보고 있다고 하니 말이다. 여기서 여성들은 양소유가 착각에 빠졌다 생각하지 그들 자신이 도리어 착각을 하고 있다는 점을 알아차리지 못한다.

그렇다면 이때 양소유는 또 어떤 경험을 하게 될까? 양소유는 지금까지 속아서 정경패가 죽었다고 여기고는 어이없게도 깊은 수심에 잠겼다. 스스로 생각해도 자기가 우스꽝스럽고 어리석게 여겨졌을 것이다. 다음으로 양소유는 자기의 역 속임수에 걸려 우왕좌왕하는 여성들을 바라보며 또 우스꽝스럽게 생각했을 것이다. 여인들은 조금 전까지만 해도 정경패가 죽었다고 우기다가 이제 와서 반대로 정경패가 살아있다고 믿게 만들기 위해 안간힘을 다 쓰고 있는 것이다. 그러자 양소유는 도저히 있을 수 없는 일이라며 다음과 같은 논리를 편다.

승상이 짐짓 믿을 수 없다는 듯 말했다.

"그게 무슨 말이요? 정사도는 딸 하나만 두었고 그 딸이 죽은 지 오래되었소. 죽은 정씨가 지금 내 옆에 있다니 그렇다면 죽은 정씨 외에 산 정씨가 있단 말이요? 죽지 않으면 산 것이요, 살아 있지 않으면 죽은 것. 이것이 상식이라오. 한 사람의 몸이 혹은 죽었다고 하고 혹은 살았다 하니, 그렇다면 죽은 자가 진짜 정씨요? 산 자가 진짜 정씨요? 산 것이 진실로 진(眞)이라면 죽은 것은 망(妄)이요, 죽은 것이 진(眞)이라면 산 것은 허탄한 것일 게요. 귀주의 말씀을 내 믿기 어렵다오."[37]

양소유의 이 말은 소위 진망론(眞妄論)에 입각한 것이다. 진망론은 어떤 존재가 진짜인가 가짜인가를 분별하는 형식논리다. 어떤 존재가 진짜이면 가짜가 아니고, 가짜이면 진짜는 아니라는 당연한 논리다. 진망론은 세속 현실 인간들의 상식적 사유에 부합하는 것이다. 양소유는 진망론에 입각하여 죽은 정경패가 진이고 산 정경패는 망이라며, 정경패가 살아있다는 정경패 자신의 고백조차 인정하지 않는다. 양소유의 이런 주장은 당연한 것이다. 정경패 자신을 포함한 네 여인들이 정경패가 죽었다고 양소유에게 계속 속여왔기 때문에 더욱 그러하다. 양소유의 진망론은 여인들의 주장에 바탕을 둔 것이어 여인들이 인정하지 않을 수 없다. 그런데 이제 와서 여인들 스스로가 그 진망론을 부정한다. 이에 대한 의미부여는 두 가지 차원에서 이뤄질 수 있다. 먼저 양소유는 자기를 속여온 여인들에게 유쾌한 앙갚음을 하기 위해 상식적 논리를 이끌어왔다고 할 수 있다. 다음으로 작자 차원의 해명인 바, 양소유의 이 진망론은 역설적으로 진망론을 극복해야 한다는 암시를 준다. 진망론에만 의지하면 존재에 대한 설명이 원만하게 이뤄지지 않기 때문이다. 독자나 작자의 입장에서는 진망론을 펼치는 양소유의 존재가 더 우스꽝스럽게 보인다. 그가 구사하는 진망론은 쓸모없는 것이다. 그가 어떤 논리를 펼치든 여인들은 정경패가 살아있음을 실토하여 양소유의 진망론과 반대되는 진실을 알리게 되기 때문이다. 이런 상황에서 진망론이란 수사적 장식

37) 丞相佯若不信曰 是何言也 鄭司徒只有一女 而死已久矣 死鄭女既在吾之身邊 則死鄭女之外 豈有生鄭女乎 不死則生 不生則死 人之常也 一人之身 或謂之死 或謂之生 則死者爲眞鄭氏乎 生者爲眞鄭氏乎 生固眞也 死則妄也 死固眞也 生則誕也 貴主之言 吾不信也(노존A본, 255면)

의 기능은 할 수 있어도 진리를 설명하는 엄정한 틀이 될 수 없고 사람 관계를 바꾸는 유용한 전략이 될 수도 없다. 작자는 양소유의 쓸모없어진 진망론을 통하여 '진'과 '망'을 구분하는 것이 유용하지도 정당하지도 않음을 보여주었다.

5. 현실을 꿈으로 관하는 여몽인(如夢忍)

이런 경험을 발판으로 삼아 현실과 환몽에 대한 새로운 관찰과 인식에 이르니, 몽관(夢觀) 혹은 여몽인이 그것이다. 꿈을 성찰하라는 메시지는 먼저 양소유 목소리를 통해 간접적으로 제시된다.

> 승상이 웃음을 참지 못하고 정부인에게 말했다.
>
> "소유가 점을 쳐보니 부인은 다음 생에서나 만난다 했소. 이게 꿈은 아니겠지요?"[38)]

양소유는 정경패를 다시 만난 기쁨에 "이게 꿈은 아니겠지요?"라 했다. 양소유는 털끝만큼이라도 자기가 성진의 생각 속 가상적 인물이라는 점을 자각하지는 못하고 그런 말을 했다. "이게 꿈은 아니겠지요?"라는 말은 자기 현실의 실재를 전제하는 수사법이다.

> 호승이 웃으며 말했다.

38) 丞相不忍大笑 謂鄭夫人曰 少游占卜 逢夫人於後生 此非夢耶(노존B본, 264면)

"상공은 아직도 춘몽(春夢)에서 깨어나지 못했군요."

승상이 말했다.

"그렇다면 사부께서는 소유로 하여금 능히 춘몽에서 깨어나게 할 수 있나이까?"[39]

'춘몽'은 실제로 잠이 들어 꾸는 꿈을 지칭하지 않는다. 이 문장에서 꿈을 꾼다는 서술어의 주어는 '상공'[양소유]이다. 그러나 양소유는 분명 깨어있다. '춘몽'이 진짜 잠 속의 꿈을 지칭하기 위해서는 주체가 '성진'이 되어야 한다. 그런 점에서 여기서 '춘몽'은 '흐리멍덩한 정신상태'를 지칭한다. '취몽(醉夢)'이란 말이 다음에 사용되고 있는 것을 보아도 그렇다.[40]

또 성진은 양소유로서 보낸 일생이 모두 '일장춘몽'이라 했다.[41] 인간세상의 세속적 부귀영화의 경험이 일장춘몽이라는 말은, 그 모든 것이 허망하다는 뜻이다. 그러나 『구운몽』은 여기서 끝나지 않는다.

이는 필히 사부께서 내 한 생각의 어그러짐을 아시고서 인간 세상의 꿈을 빌어 성진으로 하여금 부귀번화 남녀정욕이 모두 망환(妄幻)임을 알게 하셨구나.[42]

39) 胡僧笑曰 相公猶未覺春夢矣 丞相曰 何以則師父能使少遊覺春夢乎(노존B본, 324면)

40) 胡僧曰 是不難 擧手中錫杖 數叩石闌干 忽自四面山谷中雲起 而籠於臺上 昏昏暗暗 尋丈不卞 丞相 若在醉夢中矣(노존B본, 325면)

41) 回念 初被師傅戒責 隨力士往酆都 幻生人世 爲楊家之子 早捷壯元 爲翰林之官 出將三軍 入總百揆 上疏乞退 謝事就閑 與兩公主六娘子 對歌舞聽琴瑟 盃酒團欒 晨昏行樂 皆一場春夢中事耳(노존B본, 326면)

여기서 성진은 분명 자기의 '한 생각의 어그러짐'(一念之差)이 사건의 출발이었음을 지적했다. 부귀영화 남녀정욕이 '망환(妄幻)'이라는 것을 스스로 깨달았다고도 했다. 그리고 사건의 전개와 자신의 깨달음에 육관대사가 시종 개입했다고 판단했다. 이런 생각은 성진이 육관대사에게 불려가 '인간 재미'가 어땠냐는 육관대사의 질문에 대답을 하는 데에도 이어진다.[43]

성진은 자기가 마음을 잘못 가진 죄를 지었기에 윤회의 고통을 받아야 할 터인데, 육관대사가 '하룻밤 꿈'을 일으켜주었다고 생각했다. 여기서 성진은 꿈을 일으킨 주체는 자기가 아니라 육관대사였다고 판단하였다. 바로 그 점을 두고 육관대사가 꾸중을 한다.

> 대사 가로되,
>
> "네 흥을 타고 갔다가 흥이 다하여 돌아왔으니 내가 어찌 간여한 일이 있었다 하느냐? 또 네가 '제자가 인간 세상에 윤회하는 일을 꿈으로 꾸었다'고 하였는데, 이것은 네가 꿈과 인간 세상을 나누어서 둘로 보는 것이다. 너는 아직 꿈에서 깨어나지 못했구나."[44]

육관대사는 성진이 스스로 흥이 나 떠났고 흥이 다해 돌아왔기에,

---

42) 此必師傅知吾一念之差 俾著人間之夢 要令性眞 知富貴繁華男女情慾 皆妄幻也(노존B본, 326면)

43) 性眞已大覺矣 弟子無狀 操心不正 自作之孽 誰怨誰咎 須咎缺陷之世界 永受輪回之咎殃 而師傅喚起一夜之夢 能悟性眞之心 師傅大恩雖閱千萬塵 而不可報也(노존B본, 327면)

44) 大師曰 汝乘興而去 興盡而來 我有何干與之事乎 且汝曰 弟子夢人間輪回之事 此汝以夢與人世 分而二之也 汝夢猶未覺(노존B본, 327면)

자기는 이 일에 간여하지 않았다 했다. 다음으로 육관대사는 성진이 분별심에 빠져 있는 것을 꾸중했다. 즉, 성진은 '꿈[夢]'과 '인간세상[人世]'을 구분하여 둘로 보았는데 그게 잘못 되었다는 것이다.

'꿈과 인간세상을 구분하지 말라'는 구절이야말로 『구운몽』에서 가장 중요한 의미를 담고 있다. 성진은 조금 전까지 자기가 꿈을 꾸고 그 꿈 속에서 양소유가 되어 인간세상의 부귀영달을 다 누렸지만, 이제 깨어나 양소유로서의 인간세상 경험이 부질없고 허무한 것이라 부정한다. 이 부정의 전제는 성진 자기 자신은 꿈 속 존재가 아니고 또 자기 자신의 경험은 꿈의 경험과는 다르다는 것이다. 꿈이란 비유로써 대상을 부정하지만, 정작 자기 자신에 대한 성찰은 게을리 하여 자기 자신의 삶도 꿈이라는 점을 인정하지 못하였다. 육관대사는 그 점을 꾸중했다.

육관대사의 입장에서 보면, 성진은 양소유로 환생하기 전이나 돌아온 뒤나 '머물고' '집착하면서' 생각을 일으켰다는 점에서 문제가 있다. 양소유로 환생하기 전 성진이 색(色)이나 성(聲) 등에 머무르며 생각을 일으키고,[45] 그 결과 양소유라는 환(幻)을 초래했다면, 돌아온 성진은 아상(我相)에 머무르며 생각을 일으켜 그 결과 자신의 존재를 유일한 기준으로 삼은 것이다. 어느 쪽이든 '머무는 바 없이 생각을 내지'[46] 못하였다.

45) 모든 보살 마하살은 마땅이 이와 같이 청정한 마음을 낼지니, 마땅히 색에 머물러 생각을 내지 말며 마땅히 소리, 냄새, 맛, 촉감과 법에 머물러서 생각을 내지 말 것이다.(諸菩薩摩訶薩 應如是生淸淨心 不應住色生心 不應住聲香味觸法生心)(『금강경오가해』「제10 莊嚴淨土分」)

46) 마땅히 머무는 바[집착]없이 그 마음[생각]을 낼지니라(應無所住 而生其心)(위의 책)

육관대사의 입점에서 보면, 이 세상 모든 존재는 내가 어디에 소속되건 모두 꿈같은 것이다. 이것은 『원각경』이나 『금강경』, 『능가경』, 『능엄경』 등이 거듭 가르치는 가장 중요한 현실 경험에 대한 관점이요 결론이다. 현실은 내 생각과 나의 불완전한 지각작용(六根과 五蘊)에 의해 만들어진 꿈, 환상, 가상인 것이다.

육관대사가 호접지몽의 비유를 든 것도 이런 생각에 바탕을 둔다. 장주가 꿈에 나비가 된 것인가? 나비가 꿈에 장주가 된 것인가? 어느 쪽인가 끝내 구분이 되지 않는다. 조금 전 성진은 당연히 성진 자기가 꿈을 꾸어 양소유가 되었다고 했다. 장주는 그런 성진과는 다르다. 장주는 자기가 꿈을 꾸어 나비가 되었다는 생각에만 머물지 않았다.

육관대사는 장주의 비유를 발판으로 하여 다시 되묻는다.

> 어느 것이 꿈이고 어느 것이 진(眞)인지 그 누가 알겠는가? 지금 너는 성진을 너의 몸이라 여기고 꿈을 네 몸이 꾼 꿈이라 생각하니, 너 또한 네 몸과 꿈을 하나로 생각하지 않는구나. 성진과 소유 중 누가 꿈 속 존재이며 누가 꿈 속 존재가 아니냐?[47)]

육관대사는 호접지몽의 비유를 통하여 현실과 꿈을 구분하는 것이 쉽지 않다거나 나아가 현실과 꿈은 구분되지 않는다는 단계에 이른다. 진망론을 완전히 파기한 것이다. 그로써 육관대사는 성진의

---

47) 孰知何事之爲夢 何事之爲眞 今汝以性眞爲汝身 以夢爲汝身之夢 則汝亦身與夢爲非一物也 性眞少遊 孰是夢也 孰非夢也(노존B본, 328면)

몸이 꿈 속 존재일 수도 있음을 암시하였다. '성진과 소유 중 누가 꿈 속 존재이며 누가 꿈 속 존재가 아니냐?'라는 성진에 대한 질문은, 성진이 이미 양소유만이 꿈 속 존재라 말했기 때문에, 성진 자신도 꿈 속 존재라는 것을 받아들이도록 촉구하는 것이다.

꿈과 현실의 관계에 대한 사유와 비유는 불가에서 오랜 전통으로 계승되었다. 우리나라에서 거듭 읽혀온 원효의 「대승육정참회(大乘六情懺悔)」에서 그 전형적 구도를 찾을 수 있다. 사람이 잠 들어 큰 물에 떠내려가는 꿈을 꾸게 된다. 그게 꿈이 아니고 현실인 줄 알고 큰 두려움을 느낀다. 그러다 그 꿈 속에서 또 꿈을 꾼다. 그러면 그게 꿈인 줄 안다. 그래서 다시 물에 빠져도 두려워하지 않는다. 그러나 그 사람은 완전하게 그 꿈에서 깨어날 줄 모른다. 만일 꿈 속의 꿈에서 깨어나고, 다시 꿈에서 깨어나고, 마침내 완전히 깨어나면(현실이란 꿈에서도 깨어나면) 물도, 물에 떠내려가던 몸도 실재가 아니며, 자신은 원래부터 침상에 고요히 누워있었다는 걸 알게 된다는 것이다.[48]

---

48) 猶如眠時睡蓋覆心 비유컨대 잘 때에 잠이 마음을 덮어서,
妄見己身大水所漂 제 몸이 큰 물에 빠져 떠내려가는 허상을 보면
不知但是夢心所作 그게 단지 꿈꾸는 마음이 빚어내는 것임을 알지 못하고
謂實流溺生大怖懅 정말로 물에 빠진 줄 알고 큰 두려움이 생긴다.
未覺之時更作異夢 미처 깨지 못한 채로 또 다른 꿈을 꾸기도 하거니와,
謂我所見是夢非實 내게 보이는 게 이게 꿈이지 현실이 아니지 하면서
心性聰故夢內之夢 마음의 본성은 깨어있는 까닭에 꿈 속에서 또 꿈을 꾸면
卽於其溺不生其懅 그렇게 물에 빠졌다 해도 그리 두려워하지는 않으나,
而未能知身臥床上 아직 제 몸이 침상에 누워 있음을 알지 못하구나.
動頭搖手勤求永覺 머리를 흔들고 손을 내저으면서 완전히 깨어나려고 애를 써라.
永覺之時追緣前夢 완전히 깨어났을 때에 그 꿈을 돌이켜 생각하면
水與流身皆無所有 물도 물에 떠다니던 몸도 다 실재가 아니며
唯見本來靜臥於床 단지 본래 침상에 고요히 누워 있었다는 것을 보게 될 뿐이다.
長夢亦爾 긴 (인생의) 꿈도 또한 그러하니.
(성철넷(http://www.songchol.net) 자료실)

원효의 이 꿈의 비유는 『능가경(楞伽經)』에서 가져왔다 하였다.[49] 한편 『기신론소』에서는 시각(始覺, 깨달음으로 나아가는 과정)의 사위(四位)를 설명할 때 그 비유를 활용한다. 즉 원래 본각(本覺, 궁극적 깨달음의 상태)인 일심(一心)이 무명업력(無明業力)으로 인하여 삼계(三界)의 긴 꿈에 빠져서 육도(六道)를 유전(流轉)하게 되지만, 수행을 통해서 본래 고요한 본각의 잠자리에 있었음을 깨닫게 된다는 것이다. 이 꿈의 비유를 「대승육정참회」와 연결시키면, ① 꿈인 줄 알지 못하고 두려워하는 것은 불각(不覺) 즉 범부(凡夫)의 지위이다. 이는 상념(想念)의 단계이다.[50] ② 문득 다른 꿈을 꾸어서 꿈임을 아는 것은 상사각(相似覺, 피상적인 깨달음), 즉 이승(二乘)과 초발의보살(初發意菩薩)의 지위이며, ③ 제 몸이 자리에 누워 있는지를 알지 못하는 것은 수분각(隨分覺), 즉 법신보살위(法身菩薩位)이다. 이는 개념적 사고의 본질을 깨달은 상태로서 '개념적인 깨달음'이다. ④ 완전히 깨어서 본래부터 고요했던 잠자리에 누워있음을 아는 것은 구경각(究竟覺), 즉 불위(佛位)이다.[51]

---

49) 『능가경』에는 현실을 꿈에 비유하고, 특히 꿈 속에서 강(바다)을 건너는 비유가 거듭 나온다. 가령, '대혜여, 사람이 잠잘 적 꿈에 큰 바닷물을 건너려고 큰 방편을 일으켜 자신을 건너려고 하다가, 건너지 못하고서 중간에 문득 꿈이 깨이면, 이러한 생각을 한다. 「이것이 사실인가 허망인가」 그는 또한 생각하되, 이와 같은 모양은 사실도 아니며, 허망도 아니요. 오직 나의 본래 진실 아닌 경계를 허망하게 분별하는 훈습의 인(因)으로 가지 가지 형색을 본 것이니, 형색의 뒤바뀜은 유무를 떠난 것이 아니며, 의식의 훈습으로 꿈속에 보인 것이라 함과 같다.(『한글대장경 입능가경 외』, 동국대 동국역경원, 1985, 187면; 如人夢中方便度河未度便覺 覺已思惟向之所見 爲是眞實爲是虛妄 復自念言非實非妄 如是但是見聞覺知 曾所更事分別習氣 離有無念意識夢中之所現耳(성철넷, 『대승입능가경』))

50) 불각과 상념은 동일하지는 않다. 정확하게 말하자면, 불각은 '상념의 논리적 형식'이다. 그런 점에서 불각은 때로 '무명(無明)'과 동일한 의미로 사용된다.(이홍우, 『대승기신론통석』, 김영사, 2006, 512면)

51) 김현준, 「원효의 참회사상 – 대승육정참회를 중심으로」, 『불교연구』 2, 한국불교연구원, 1986, 69면.

이런 점에서 현실을 꿈이라고 관하는 몽관(夢觀) 혹은 여몽인(如夢忍)은 수행에서 매우 중요한 단계적 과업임을 알게 된다. 「대승육정참회」에서 말하는 '장몽(長夢)'이 '육도(六道)와 팔고(八苦)에 유전(流轉)하는 것'을 일컫는다면, 몽관이란 '세속 인연의 생멸(生滅)을 관(觀)하는 것'[52]이라고 할 수 있다.

『구운몽』의 꿈은 존재의 본질과 수행의 과정을 설명하는 불교 경전의 꿈의 환기 및 비유와 긴밀히 관련된 것이다.[53] 몽관은 4단계로 나눠지지만, 결국 장몽(長夢)인 세속 인연법이 오직 심(心)의 작용 결과임을 이해하고 내면화 하는 것이 목표다. 모든 현실의 상(相)은 육근과 오온 등 마음이 만들어낸 환이나 꿈일 뿐 실재하지 않는 것인데, 중생들은 꿈을 꾸고 있기에 그 사실을 자각하지 못한다. 몽관은 '현실은 꿈이다'는 것을 분명히 꿰뚫어 아는 훈련인 것이다.

몽관 혹은 여몽인(如夢忍)에 대한 가르침은 불경 곳곳에서 찾을 수 있는데 특히 『화엄경(華嚴經)』 십인품(十忍品)에는 10개의 인(忍)[54] 속에다 '여몽인(如夢忍)'과 '여환인(如幻忍)'을 넣어 설명하고 있다.[55]

여몽인(如夢忍)[56]을 얻으면 더 이상 망상을 일으키지 않고 일체 세

---

52) 원영, 「원효의 『대승육정참회』에서 참회사상의 특성」, 『한국사상사학』 15집, 한국사상사학회, 2000, 40면.

53) 이와 관련하여 설성경 교수는 '선몽(禪夢)'의 개념을 제출한 바 있다(설성경, 『구운몽의 통시적 연구』, 새문사, 2008, 243~250면). 그런데 그는 『구운몽』이 성진과 '그 선적인 꿈속에서 전개되는 양소유의 삶'으로 구성되어 있다고 보고 있는 바, 그것은 다층적 꿈에 대한 불교적 성찰과는 거리가 있는 해석이다. 선몽을 성진의 수준에 맞추기보다는 육관대사나 서술자, 나아가 독자의 자리에까지 확장하여야만 몽관(夢觀)이 성립된다.

54) 자기의 마음에 거슬리는 일에 대하여 진심(瞋心)을 내지 않는 것. 도리에 안주(安住)하여 마음을 움직이지 않는 것.

55) 『화엄경』(무비 염화실:http://cafe.daum.net/yumhwasil)

56) 『화엄경』, 「십인품」(무비 염화실)

간의 존재가 모두 꿈과 같음을 깨닫고 집착을 덜어낸다. 꿈 속에서 온갖 모양을 만들지만 꿈에서 깨어나고 보면 만들어진 것은 아무 것도 없다. 몽관을 계속 수행하여 여몽삼매(如夢三昧)의 경지에 이른다. 화두가 일상생활에서 지속되는 것을 동정일여(動靜一如)라 하는데, 여몽삼매는 몽관 수행이 동정일여하는 상태를 말한다. 이 여몽삼매를 통하여 무생법인(無生法忍)[57]을 얻는다. 무생법인은 모든 존재가 원래부터 생겨나지 않았음을 깨닫는 경지다. 무생법인을 얻음으로써 '인생이라는 장몽(長夢)'에서 문득 깨어나 본래부터 고요한 잠자리에 누워있음을 알게 된다.

또 꿈의 자리에 환(幻)을 대입하면 '여환인(如幻忍)'이 되고 '여환삼매(如幻三昧)'로 나아간다.[58] '여환인'은 일체 세간의 존재들, 온갖 중생과 공간들이 업이나 인연으로 생겨난 것이기에 환이나 요술과 같다고 보는 것이다. 그러니 어떤 존재에 대해서도 집착할 이유가 없어진다. 육관대사가 『금강경』 대법을 설법하고 읊었다는 사구게(四句偈)[59]도 '여환인'과 '여몽인'을 강조한 것이라 볼 수 있다.

이런 수행 전통을 고려하면, 돌아온 성진이 양소유로의 일생을 '일장춘몽'으로 본 것은 여몽인의 변종으로 어느정도 칭찬해줄 법도 하

---

57) 『화엄경』「십인품」(무비 염화실); 『한글대장경 입능가경 외』, 동국역경원, 1985, 37면.

58) 『한글대장경 입능가경 외』, 동국역경원, 1985, 56면; 『楞伽經會譯』 상, 한국정신문화연구원, 130~131면; 『한글대장경 입능가경 외』, 동국역경원, 1985, 62면; 『楞伽經會譯』 상, 한국정신문화연구원, 159~160면; 『한글대장경 입능가경 외』, 동국역경원, 1985, 127면; 『한글대장경 입능가경 외』, 동국역경원, 1985, 81면; 『楞伽經會譯』 상, 한국정신문화연구원, 262면; 『화엄경』「십인품」(무비 염화실)

59) 說法將畢 乃誦四句之偈(노존B본, 330면); 일체 유위법은 / 꿈과 환과 거품과 그림자 같으며 / 이슬같고 또한 번개와도 같으니 / 마땅히 이와 같이 관할지니라(一切有爲法 如夢幻泡影 如露亦如電 應作如是觀. 『금강경오가해』, 무비역해, 704면).

다. 그럼에도 불구하고 육관대사는 성진을 준엄하게 꾸짖는다. 성진은 양소유의 삶을 환(幻) 혹은 망(妄)이라고 단언했지만, 깨어난 뒤 자기 현실은 진(眞)이라고 단정한다. 꿈의 경험이 망(妄)이라면 현실의 경험은 진(眞)이다. 진을 '진짜'라 생각하고 그 진의 자리에서 망을 바라보면, 망은 쓸모없는 헛된 것으로 부정되게 마련이다. 망을 부정하는 정도가 클수록, 진이라고 여기는 현실에 더 강하게 집착한다. 돌아온 성진이 보여주는 단계는 여기에 해당한다. 성진은 자기가 진이라 여기고 자기와 반대쪽에 있는 양소유의 존재를 망(妄)으로 여기는 데 멈추었다. 성진은 진망론에 갇혀 있는 것이다. 여기서 육관대사가 성진을 꾸짖은 이유를 먼저 찾을 수 있다.

6. 『능엄경』의 전유(轉有)와 환몽의 위대함

작자가 육관대사로 하여금 성진을 꾸짖도록 한 더 깊은 뜻은 『능엄경』과의 비교를 통하여 밝힐 수 있다. 『구운몽』은 『금강경』 뿐만 아니라 『능엄경』과도 관련이 있음이 지적된 바 있다.[60] 김만중은 선천 유배시 『능엄경』을 읽었고[61] 『능엄경』을 창조적으로 전유하여

---

60) 유병환, 『구운몽의 사상적 실상』, 다래헌, 2007, 37~40면; 설성경, 『구운몽의 통시적 연구』, 새문사, 2007, 120~122면.

61) 김만중은 선천 유배 시에 그곳 승려인 설형(雪泂)과 교유를 가졌다. 김만중은 설형으로부터 『능엄경』, 『원각경』 등을 빌려 읽었다. 「次普光僧雪泂韻 乞佛書」(권6)(客懷蕭瑟易成哀. 雪擁柴荊午未開. 謫裏相隨無二友. 須君遠寄貝書來)로써 불서를 요청했고, 「雪泂借寄楞嚴圓覺 詩以謝之」(권6)(泂公知我晝饒眠. 爲寄珠函貝葉編. 戰退睡魔三百萬. 菩提樹影滿窓前)로써 불서를 불려준 것에 대해 감사를 표시했다.(『서포집』, 민족문화추진회, 권6 참조)

『구운몽』을 지었음이 분명하다. 『구운몽』 서두에서 육관대사는 망상에 젖은 성진을 염라대왕이 있는 풍도로 내쫓으라고 명령한다. 그러자 성진은 눈물을 흘리며 『능엄경』의 아난존자(阿難尊者, 아난)의 일을 끌어와 자신을 변명한다. 아난존자는 마등가녀라는 창녀의 집에 가서 창녀와 동침하여 몸을 섞었지만[62] 석가모니 부처님께서는 아난존자가 큰 죄를 지었다고 꾸중하지 않고 다만 설법을 하여 가르쳤다는 것이다. 그에 비해 성진 자기는 여덟 선녀와 몸을 섞지 않았으니 아난존자에 비해 죄가 가벼운데도 풍도로 축출되는 게 억울하다 하였다. 이에 대해 육관대사는 아난존자가 요술을 이기지 못해 창녀와 가까이 했지만, 마음은 어지럽히지 않았는데 반해 성진은 속세 부귀를 흠모하는 생각을 일으켰으니 윤회의 괴로움을 면치 못한다는 답을 했다.[63] 『구운몽』은 『능엄경』의 이런 인물 설정을 변형 수용했다. 먼저 아난존자에서 성진의 형상을 만든 것이 그럴듯하다. 아난존자가 다문(多聞)에 능했지만 도력(道力)이 온전하지 못하고[64] 정정(正定)을 닦지 않은 것[65]에 착안했을 것이다. 성진도 '나이 겨우 스물

---

62) 『능엄경』에서 아난존자는 동침 직전에 文殊舍利의 구원을 받는다.(탄허 현토주해, 『능엄경』, 교림, 2008, 20~21면)

63) 性眞聞此言 淚如雨下曰 大師聽性眞之言 昔阿難尊者 往娼女之家 同席交躬 釋迦大佛不之罪 但說法敎之 弟子雖有罪 比阿難尊者 似不重 何以令往酆都乎 大師曰 阿難尊者不制妖術 與娼女親近 心則不亂 而汝則生欽慕塵世富貴之志 何能免一番輪回之苦乎(노존B본, 28~29면) 또 작품의 후반부에 가서는 정경패를 통하여 다시 한번 더 마능가녀를 언급한다. 정경패는 신분의 차이가 결연자매하는 데 걸림돌이 될 수 없다며, 야수부인(耶輸夫人)과 마등가녀의 사이를 언급했다.(耶須夫人 世尊之妻 登伽女子 淫亂之娼女 共爲佛弟 終得正果 以初微賤 何自慊也)(노존B본, 312~313면)

64) '常樂多聞 護持法藏 不取佛果'(『능엄경』, 탄허 현토주해, 20면); 일귀 역주, 『역주 수능엄경(譯註 首楞嚴經)』, 샘이깊은물, 2007, 37면.

65) '一向多聞 不修正定'(탄허 현토 주해, 『능엄경』, 20면); 일귀 역주, 『역주 수능엄경』, 36면.

에 삼장경문(三藏經文)을 통달하지 않은 것이 없고 총명하고 지혜롭기가 여러 중들 가운데서 유독 뛰어'[66]났다고 했다.

이렇게 『능엄경』의 구도와 비교할 때 『구운몽』의 소설적 전유의 오묘함과 위대함이 분명해진다. 『구운몽』은 『능엄경』의 창녀 마등가녀를 여덟 명의 선녀로 치환함으로써[67] 성진으로 하여금 몸을 더럽히기보다는 망념을 일으키게 만들었다. 그 망념의 힘으로 양소유로의 환생이 이루어지게 하였다. 『구운몽』은 부처님과 아난존자 사이의 문답을 양소유의 일생 서사로 바꿈으로써, 다채로운 환몽·가상 경험이 가능하게 만들었다.

	스승-제자	제자의 죄	징벌 유무	제자의 환·꿈·가상 경험	스승의 설법
능엄경	부처님 -아난존자	창녀와 '동침'하는 몸의 죄	없음	없음	환망이 그대로 묘진여성(妙眞如性)이다
구운몽	육관대사-성진	여덟 선녀와 부귀번화를 흠모하는 마음의 죄	윤회	양소유의 일생	양소유의 경험이 허망한 것만은 아니다

『능엄경』「견도분(見道分)」의 부처님 설법 내용은 육관대사가 성진을 꾸중하는 까닭을 이해하는 데 결정적인 도움을 준다. 여기서 아난존자는 대중들과 함께 몸과 마음의 두 가지 성품 즉 진(眞 : 實, 不生滅)과 망(妄 : 虛, 生滅)에 대해 밝혀주시기를 부처님께 간절히 청원한다.[68] 이

66) 年纔二十餘歲 三藏經文 無不通解 聰明知慧 卓出諸髡(노존B본, 16면).
67) 소메야 토모유키는 『구운몽』의 여덟 선녀가 '금강계만다라'의 여덟 명의 천녀와 대응한다는 주장을 했다. 흥미롭지만 설득력을 가지기 위해서 해결되어야 할 문제가 많다.(소메야 토모유키, 「동아시아 고소설과 불교-『구운몽』과 「好色一代男」의 비교」, 『고소설연구』 18집, 한국고소설학회, 2004, 257면)

런 질문을 하는 아난존자는 아직도 진망론에 갇혀 있다. 여기서부터 「견도분」의 문답이 시작되어 다음의 부처님 설법으로 귀결된다.

> 아난아! 너는 아직도 가지가지 들뜨고 장애하는 모든 허망한 것들이 그 자리에서 출생하고 곳에 따라 소멸하는 인연이기에 이러한 환망(幻妄)을 생겼다 없어지는 허망한 현상이라 여긴다. 그러나 그[幻妄] 성품이 참으로 불생불멸(不生不滅)하는 묘각명체(妙覺明體, 오묘한 깨달음의 밝은 본체)임을 알지는 못하는 구나![69]

즉, 오음(五陰),[70] 육입(六入),[71] 십이처(十二處)[72] 등이 다 인연이 화합하면 허망하게 생기고, 인연이 흩어지면 허망하게 없어진다. 그러나 이 생멸거래(生滅去來)하는 환망(幻妄) 그대로가 본래 여래장(如來藏)이 머무는 곳이다. 오음, 육입, 십이처 등 환망이라 지적된 모든 것이 깨어 있는 입장에서 보면, 그대로 여래장의 묘진여성(妙眞如性)이 된다. 바로 이 점을 아난존자가 아직 깨닫지 못한 것을 부처님이 꾸중했다. 아난존자는 환망이 인연에 따라 나타나고 소멸하기에 '허망한 현상'이라 부정할 뿐, 그 성품은 불생불멸의 오묘한 깨달음의 본체임

---

68) '그리고 모두 합장하여 부처님께 예를 올리고, 여래께서 몸과 마음의 진(眞)·망(妄)·허(虛)·실(實)과 눈앞의 생멸과 불생멸 등, 두 가지 성품에 대해서 분명하게 밝혀주시기를 발원하였다.'(일귀 역주, 『역주 수능엄경』, 샘이깊은물, 2007, 93면).

69) 阿難 汝猶未明 一切浮塵 諸幻化相 當處出生 隨處滅盡 幻妄稱相 其性眞爲 妙覺明體 (일귀 역주, 앞의 책, 167면).

70) 五蘊으로 色, 受, 想, 行, 識.

71) 眼, 耳, 鼻, 舌, 身, 意.

72) 일체의 마음의 작용이 일어나게 하는 근거가 되는 곳. 인식 주관인 六根과 인식 대상인 六境.

을 알지 못했다. 육관대사도 그와 같은 취지에서 성진을 꾸중했다고 볼 수 있다. 물론 육관대사는 꾸중만 했을 뿐, 분명한 가르침을 제시하지 않는다. 그러나 바로 그런 결여부분이야말로 이상적 독자로 하여금 깊은 성찰의 세계로 인도하는 데 유리하다. 왜 육관대사는 양소유를 부정한 성진을 꾸중했을까? 양소유의 일생으로 구체화된 환망에서도 소중한 가치를 발견할 수 있다고 보았기 때문이다. 환망 속에서 불생불멸의 본체를 보아야 한다면, 가상적 인물인 양소유로서의 환상적 경험에서도 그것을 찾을 수 있을 것이다. 그런 태도는 곧 세속 현실에 대한 긍정적 의미 부여로 나아간다.

7. 살활론(殺活論)을 통한 희망의 서사

진망론은 존재를 분별하여 한면만을 인정하고 다른 쪽을 부정한다는 점에서 한쪽에 치우친 분별론이다. 단순한 진망론의 입장에서 꿈과 현실을 보기만 하면, 한 쪽에 집착하고 다른 쪽을 부정하여 허무감을 느끼게 마련이다. 이건 어느 쪽을 위해서도 행복한 상황은 아니다.[73]

---

73) 우리나라 선 수행의 교과서 격인 『서장(書狀)』은 이 점을 더욱 분명하게 설하고 있다. 증시랑(曾侍郎)이 꿈에 대혜종고(大慧宗杲)의 방에 들어갔다. 그 말을 들은 대혜종고는 증시랑이 꿈 속에서 대혜종고의 방에 들어간 것이나 실제 현실에서 대혜종고의 방에 들어간 것이나 같다고 보아야 한다고 가르쳤다. 현실과 꿈을 진과 망으로 보지 말고 꿈 속 사람과 현실 사람을 구분하지 말아야 한다는 것이다.

'밤 꿈에 향을 사르고 저[대혜종고]의 방에 들어와서 매우 고요했다고 하니, 간절히 꿈이라는 생각을 하지 말고 참으로 방에 들어왔던 것으로 알아야 합니다. …… 혹 어떤 사람이 "다만 증시제가 밤 꿈에 운문[대혜종고]의 방에 들어갔다고 하니, 또 말씀하십시오. 깨어

살활론은 진망론의 양분법을 극복할 수 있게 한다. 살활론의 '살(殺)'과 '활(活)'은 먼저 본질과 형상으로 이해될 수 있다. 본질과 형상은 한 존재의 양면이기에 분리될 수 없다. 본질에서 형상을 보아야 하고, 형상에서 본질을 동시에 보아야 한다. 손등을 볼 때 손바닥을 떠올려야 하고, 손바닥을 볼 때 손등을 떠올려야 한다는 것이다. 현실이 본질이라면 꿈은 형상이고, 꿈이 본질이라면 현실은 형상이 된다. 그래서 현실과 꿈은 분별되지 않는 것이다.

살에 치우친 사람에게는 활이 필요하기에 활을 강조해주고, 활에 치우친 사람에게는 살이 필요하기에 살을 강조해줌으로써 중도(中道)의 길을 갈 수 있게 한다. 현실에 집착하는 사람[常見]에게는 '현실은 꿈이다[斷見]'는 것을 강조하여 집착을 덜어준다. '현실은 꿈이다'는 생각에 치우쳐[斷見] 허무주의에 빠진 사람에게는 '꿈은 현실이다[常見]'는 생각을 강조하여 생기를 회복하게 하는 것이다.

성진은 양소유의 경험을 꿈으로 치부하고 부정하였다. 육관대사는 먼저 성진이 아상을 버리지 못하고 자기 자신까지 꿈 속 존재로 보지 못한 것을 꾸중했다. 다음으로 양소유의 일생으로 대변된 현실 경험을 부정해버리는 단견(斷見)에 빠진 것을 꾸중하였다. 단견을 넘어서서 상견을 보완하게 했다. 활(活)을 강조한 것이다. 그러기 위해 『능엄경』에서 석가모니 부처가 아난존자에게 한 설법의 취지를 환

있을 때와 같습니까? 다릅니까?"라 묻는다면, 운문은 곧 그를 향하여 이렇게 말하겠습니다. '누가 방에 들어간 사람이며, 누가 방에 들어가게 된 사람이며, 누가 꿈을 꾼 사람이며, 누가 꿈을 말한 사람이며, 누가 꿈이라는 생각을 하지 않는 사람이며, 누가 진실로 방에 들어간 사람입니까?'라고 할 것입니다. 돌(咄)! 또한 허물이 적지 않습니다.'(대혜종고, 전재강 역주, 고우 스님 감수, 『서장-대혜보각선사 서』, 운주사, 2004, 80면)

기했다. 그렇다고 계속 상견에 머물게 해서도 안된다. 『구운몽』 마지막 장에서 육관대사가 설했다는 '『금강경』 대법(大法)'이 그 역할을 했다.[74] 먼저 『금강경』 사구게(四句偈)로써 상견에 머물지 않는 '여몽인' 혹은 '여환인'을 수행하게 했다. 살(殺)을 강조한 것이다. 다음으로 『금강경』의 핵심 가르침인 '머무름 없음'을 떠올린다. 집착하거나 머무름 없이 생하고 또한 멸하는 것을 바로 보고, '마땅히 머무는 바 없이 그 마음을 내는 것[應無所住 而生其心]'[75]이다. 이 세상 모든 존재는 어떤 실체가 영원히 존재한다는 생각이 한 쪽의 극단[常見]이라면, 이 세상 모든 존재는 곧 소멸되어버리고 만다는 생각은 또다른 한쪽의 극단[斷見]이다. 이 양 극단을 떠났으면서도 양 극단이 원융하게 통하는 중도(中道)[76]에 이르러야 한다는 것이다. 그래서 '있는 것도 아니고 없는 것도 아니면서[非有非無]' '또한 있는 것이기도 하고 없는 것이기도 하다[亦有亦無].'[77]

이런 해석에 따라 '九雲夢' 제명의 뜻을 다시 생각할 수 있다. 다음 세 가지 해석이 가능하다.

---

74) 我當說金剛經大法 以悟汝心(노존B본, 328면)

75) 『금강경오가해』 제10 「장엄정토분(莊嚴淨土分)」

76) 성철, 『백일법문』 상, 111면. 유병환도 이 대목을 중도와 관련시킨 바 있다. '그것은 마침내 긍정과 부정 같은 분변의 사고를 동시에 여의어 버리는 平等不二의 세계, 모든 대립적 개념이 존재하지 않는 如如한 無所住의 中道와 통하게 되고, 그것은 차등적 부정의 방식이 아닌 원융적 화합의 방식이라고 할 수 있다.'(유병환, 『구운몽의 사상적 실상』, 도서출판 다래헌, 208면)

77) 성철, 위의 책, 113면. 이를 좀 더 쉽게 풀이하면, '모든 생멸(生滅)을 부정하고 나서 괴로움이 생하면 생하다고 보고 멸하면 멸한다고 보아 이에 분별심이 없이 지혜가 생한다고 하였으므로 여기서 긍정이 성립됩니다. 분별심에 집착하지도 않고 머물지도 않으면 마음이 청정한 것[心淸淨]이고 진공(眞空)이며, 마음이 청정한 상태로 생멸을 보면 마음이 밝게 빛나는 것[心光明]이고 묘유(妙有)입니다.'(위의 책, 109면)

① 아홉 개의 '운몽'

② 아홉 개의 구름 같은 꿈

③ 아홉 개의 구름과 꿈

④ 아홉 개의 구름은 꿈이다

①은 '운몽'을 하나의 단어로 해석한 것으로 받아들이기 어렵다.[78) ②의 해석은 수식관계가 동어반복이기에 설득력이 약하다. ③의 해석은 구름과 꿈을 병치시켰는데, 구름이 망념 혹은 망념에 의해 형성된 가상적 인물을 의미한다면[79) '아홉 개의 구름과 꿈'은 '양소유 · 이처육첩과 성진 · 여덟 선녀'가 된다. ④의 해석은 제명에다 아주 강한 메시지를 불어넣는 셈이 된다. '아홉 개의 구름은 꿈이다'는 '아홉 개의 구름에 대한 꿈'으로도 이해할 수 있다. 전자가 꿈을 인식의 차원에서 사용했다면, 후자는 꿈을 경험 차원에서 활용했다. ③과 ④는 통합될 수 있다. 성진과 여덟 선녀는 망념의 주체이기에 망념에 의해 생성된 인물인 양소유 · 이처육첩과 함께 망념을 표징하는 '구름'과 연결될 수 있기 때문이다. 그래서 '구운몽'은 '아홉 개의 구름은 꿈이다'는 뜻이 된다.

『구운몽』이 말하는 아홉 개의 구름은 양소유 · 이처육첩은 물론 성진 · 여덟 선녀를 지칭하기에, 양소유와 이처육첩의 삶이 꿈이면서, 성진과 여덟 선녀의 삶도 꿈이다. 그렇다면 이 두 가지 진술은 결

78) 이강옥, 「『구운몽』에서 구름의 의미와 주제」, 『국어국문학』 151호, 국어국문학회, 2009, 214면.

79) 위의 논문, 234면.

국 현실과 환몽을 다 부정하는 것일까? 그렇지가 않다.

통상적으로 보면 양소유와 이처육첩의 삶이 환몽이고 성진과 여덟 선녀의 삶은 현실이다. 그러나 육관대사는 양쪽을 다 꿈이라 보려 했다. 먼저 성진과 여덟 선녀의 삶이 꿈이라는 진술은 '현실은 꿈이다'라고 요약된다. 『구운몽』 완판본에 '인간 세상의 모든 변화는 다 꿈 밖의 꿈이요'[80]란 구절이 그 점을 명백하게 진술하고 있다. 현실은 '꿈 밖의 꿈'인 것이다. 다음으로 양소유와 이처육첩의 삶이 꿈이라는 진술은 '꿈은 꿈이다'가 된다. 이는 동어반복이다. 그러나 앞에서 육관대사는 양소유의 삶을 꿈으로 본 성진을 꾸짖었다. 육관대사는 성진으로 하여금 양소유의 삶을 꿈이라고만 보지는 말라고 계시한 것이다. 그렇다면 거기에는 '꿈(환)은 실체로서의 현실이기도 하다'는 생각이 들어있다. 환몽은 허망한 것이 아니라 『능엄경』의 가르침처럼 그 자체가 깨달음의 경지인 것이다.

그런 점에서 『구운몽』은 '현실은 꿈이다'는 주제와 '꿈[환]은 현실이다'는 주제를 함께 담고 있다. 수행법으로는 전자가 '여몽인' 혹은 '꿈요가'이고, 후자가 '루시드 드림' 혹은 '자각몽'이다.

살과 활을 동시에 고려하며 '구운몽'의 제명을 읽으면, '아홉 사람에 의해 만들어진 아홉 개의 구름이 꿈과 같은 것임을 성찰하라'는 뜻이 되고, 궁극적으로 이 성찰의 주체도 꿈 속 존재이니 그 꿈에서조차 깨어나야 한다는 뜻까지 함축한다.

양소유의 일생은 비록 성진의 망상에 의해 구성된 것이기는 하지만 독자들이 세속 삶으로 동일시하는 대상이다. 양소유의 일생으로

---

80) 정규복 · 진경환 역주, 『구운몽』, 고려대 민족문화연구소, 1996, 541면.

대변된 삶에서 의의를 찾을 수 있어야만 세속 삶의 가치와 의의도 인정할 수 있다. 환몽 · 가상으로 점철되었으며 또 그 자체가 환몽 · 가상인 양소유의 삶이 허망한 것만은 아니고 그 자리에서 불생불멸의 가르침을 바로 찾을 수 있다는 『구운몽』의 암시는 독자로 하여금 세속 삶의 가치를 찾을 수 있게 해준다.[81] 말년의 양소유가 밤마다 참선하는 자신의 모습을 떠올리는 광경은 꿈과 환과 가상 속에 깨달음의 씨가 남아있다는 기묘한 표징이다. 이렇게 『구운몽』을 해석하면 구름 걷힌 하늘에 찬란한 해가 나오듯 『구운몽』에서 위대한 인생 긍정과 인생 예찬의 주제를 얻을 수 있을 것이다. 『구운몽』은 절망과 허무의 서사가 아니라 해방과 희망의 서사가 된다.

8. 맺음말

이 장은 『구운몽』의 꿈의 의미를 천착하여 주제를 밝혔다. 『구운몽』의 꿈을 속임수에 의한 가상, 환(幻) 등과 연관시켜 해석하는 것이 이 장의 입각점이었다. 또 『구운몽』의 꿈은 등장인물이나 독자의 인식과 관련될 뿐만 아니라 경험이나 수행과도 관련된다고 보았다. 다채로운 꿈 경험은 등장인물과 독자들에게 인식의 전환을 초래하고 수행을 초래했다.

---

81) 양소유의 삶에서 이상적 평등과 해방의 경지를 읽을 수 있는데, 이에 대해서는 이강옥, 「『구운몽』의 재해석과 희망의 서사 교육」, 『국어교육연구』 제46집, 국어교육학회, 2010 및 이 책의 마지막 장을 참조할 것.

양소유의 세계에서 환몽과 현실은 뒤섞인다. 현실과 환몽이 뒤섞이는 경험을 하게 된 등장인물들은 현실에 국한되었던 자신들의 인식과 경험의 태도를 성찰하며 달라져간다. 독자들도 마찬가지다. 이상적 독자라면, 작품 곳곳에 거듭 나타나는 환몽과 현실의 뒤섞임 현상을 관찰하며 상투적 현실감각을 재조정하게 된다.

현실과 환몽 · 가상에 대한 시선은 어느 것이 진실이고 어느 것이 가짜인가를 가리는 진망론(眞妄論)을 추구하게 한다. 『구운몽』은 '진'과 '망'을 구분하는 것이 유용하지도 정당하지도 않음을 보여준다. 진망론을 파기하고 그 대신 살활론(殺活論)으로 사유하며 주제를 생성하게 했다.

육관대사는 성진이 분별심에 빠져 '꿈[夢]'과 '인간세상[人世]'을 둘로 구분한 것이 가장 큰 잘못이었음을 말했다. 성진은 자기 자신은 실재인물이라고 당연시하면서 양소유의 일생을 '일장춘몽'이라고 부정했다. 육관대사의 입장에서 보면, 성진은 양소유로 환생하기 전이나 돌아온 뒤나 '머물고' '집착하여' 아상(我相)에 바탕을 두고 생각을 일으켰다는 점에서 문제가 많다.

육관대사는 이 세상 모든 존재는 모두 꿈같은 것이라 보았다. 이런 『구운몽』의 환몽 경험 활용은 불경이 가르치는 몽관 혹은 여몽인(如夢忍), 여환인(如幻忍)과 긴밀한 관련이 있다. 일체 세간의 존재가 모두 꿈과 같고 환과 같음을 바라보라는 가르침이다.

돌아온 성진이 양소유로의 일생을 '일장춘몽'으로 본 것은 여몽인의 한 변형일 수 있다. 성진은 양소유의 삶을 꿈이고 망(妄)이라고 단언했지만, 자기 현실은 진(眞)이라고 단정한다. 꿈의 경험이 망(妄)이라면 현실의 경험은 진(眞)이다. 진을 '진짜'라 생각하고 그 진의 자리에서 망을 바라보면, 망은 쓸모없는 헛된 것으로 부정되게 마련이다. 망을 부정하는 정도가 클수록, 진이라고 여기는 현실에 더 강하게 집착한다. 돌아온 성진이 보여주는 단계는 여기에 해당한다. 성진은 자기가 진이라 여기고 자기와 반대쪽에 있는 양소유의 존재를 망(妄)으로 여기는 데 멈추었다. 그런 점에서 성진은 진망론에 갇혀 있다. 그런 성진을 육관대사가 꾸짖은 것이다.

『구운몽』은 육관대사가 성진을 꾸짖는 깊은 뜻을 친절하게 설명해주지는 않지만, 『능엄경』과의 비교를 통하여 그 뜻을 짐작할 수 있었다. 『구운몽』은 『능엄경』의 창녀를 여덟 선녀로 치환함으로써 성진으로 하여금 육체적 관계를 가지는 대신 망념을 일으키게 만들었다. 그 망념의 힘으로 양소유로의 환생이 이루어지게 하였다. 『구운몽』은 부처님과 아난존자 사이의 문답을 양소유의 일생에 대한 서사로 바꿈으로써, 다채로운 환 · 꿈 · 가상 경험이 가능하게 만든 것이다.

『능엄경』「견도분(見道分)」에는 환망(幻妄)이라 여겨진 모든 것이 그대로 여래장의 묘진여성(妙眞如性)이라는 부처님 설법이 제시되어 있다. 아난존자는 환망(幻妄)이 '허망한 현상'이라 부정했을 뿐, 오묘한 깨달음의 본체임을 알지 못했다. 부처님은 아난존자의 그런 점을 꾸중했다. 육관대사도 이와 같은 취지에서 성진을 꾸중했다고 볼 수 있다. 환망 속에서 불생불멸의 본체를 보아야 한다면, 양소유로서의 환상적 경험도 부정해버릴 것만은 아니다. 그 속에 불생불멸의 가르침이 들어 있기 때문이다.

이런 논리는 살활론(殺活論)인데, 살에 치우친 사람에게는 활이 필요하기에 활을 강조해주고, 활에 치우친 사람에게는 살이 필요하기에 살을 강조해줌으로써 중도(中道)의 길을 갈 수 있게 한다. 현실에 집착하는 사람[常見]에게는 '현실은 꿈이다'[斷見]는 것을 강조하여 집착을 덜어준다. '현실은 꿈이다'는 생각에 치우쳐[斷見] 허무주의에 빠진 사람에게는 '꿈은 현실이다'[常見]는 생각을 강조하여 생기를 회복하게 하는 것이다. 자기 삶의 허망함을 떠올린 성진에게는 활을, 남녀애욕과 부귀영달에 빠진 양소유에게는 살을, 양소유의 일생을 일장춘몽이라 부정하는 성진에게는 활을 시시각각 경험하고 인식하게 함으로써 어느 한 곳에 머무르지 않는 자유로운 삶을 수행하게 해준 것이다.

통상적으로 보면 양소유와 이처육첩의 삶이 몽환(夢幻)이고 성진과 여덟 선녀의 삶은 현실이다. 그런데 육관대사는 양쪽을 다 꿈이라 보려 했다. 먼저 성진과 여덟 선녀의 삶이 꿈이라는 진술을 간략히 말하면, '현실은 꿈이다'가 된다. 또 육관대사는 성진으로 하여금 양소유의 삶을 꿈이라고만 보지 말라고 계시하였다. 그 계시에는 '꿈[환]은 실체로서의 현실이기도 하다'는 생각이 들어있다. 꿈이나 환은 허망한 것이 아니라 그 자체가 깨달음의 경지인 것이다.

이런 논리로써 '구운몽'의 제명을 읽으면, '아홉 사람에 의해 만들어진 아홉 개의 구름이 꿈과 같은 것임을 성찰하라'는 것이 된다. 그리고 궁극적으로 이 성찰의 주체도 꿈 속 존재이니 그 꿈에서조차 깨어나야 한다고 가르친다.

양소유의 일생은 비록 성진의 사념 혹은 망상에 의해 구성된 것이기는 하지만 독자들이 자기의 세속 삶과 동일시하는 대상이다. 환몽 · 가상으로 점철되었으며 또 그 자체가 환몽 · 가상인 양소유의 삶이 허망한 것만은 아니고 그 자리에서 불생불멸의 가르침을 바로 찾을 수 있다는 『구운몽』의 암시는 독자로 하여금 세속 삶의 가치를 찾을 수 있게 해준다. 이로 볼 때, 『구운몽』은 절망과 허무의 서사가 아니라 해방과 희망의 서사라 하겠다.

제2부

『구운몽』의 문학치료교육

우울증 치료 텍스트 『구운몽』의 가치

『구운몽』의 재해석과 희망의 서사 교육

우울증 치료 텍스트 『구운몽』의 가치

1. 머리말

1) 문제의 제기

문학 작품 읽기는 독자가 갖춘 정신적 특징과 다양한 관련을 맺는다. 그것은 평범한 독자들의 정서적 · 정신적 활동을 위한 것이면서도 병적 징후가 있는 독자들의 위안이나 치료를 위한 것일 수도 있다. 그래서 문학 작품 감상이 문학치료학과 연결된다.

문학치료에 대한 논의는 '한국문학치료학회'를 중심으로 하여 꽤 많이 축적되었다.[1] 문학치료 텍스트로는 『구운몽』이 주목을 받아왔다. 정운채는 『구운몽』의 독후감을 통해 자기 서사를 탐색하고 문학치료의 방향을 설정했다. 이를 바탕으로 하여 3편의 논문이 나왔다.[2] 이들 연구들은 자기 서사와 창작치료 쪽에 초점을 맞추어 논지를 전개했다. 연구자 자신이나 일반 독자가 『구운몽』에 대해 반응한 것을 분석 대상으로 삼은 것이다.

우울증과 문학치료를 관련시킨 연구로는 박기석,[3] 조은심,[4] 정운채[5] 등을 들 수 있다. 박기석은 박지원의 우울증 치료 과정과 「민옹전」의 관계를 다루었다. 조은심은 우울 증세를 앓고 있는 두 사람의 환자로 하여금 「민옹전」과 「김신선전」을 읽게 하고 감상문을 작성하게 한 뒤, 그것을 분석하고 상담한 결과를 보고 하였다. 정운채는 「지네장터」를 통해 우울증 문제의 본질과 우울증 극복의 방안 등을 제시함으로써 문학치료 전략 수립 가능성을 확인했다.

기존 연구는 문학치료를 감상치료와 창작치료로 나누고,[6] 어느 한쪽에 초점을 맞춘 경향이 강했다. 이런 방법론은 문학 텍스트와 환

---

1) 김석회 교수는 문학치료학의 전개와 진로를 점검하면서 문학치료학의 미덕과 함께 '사회적 시각의 결여', '문학 텍스트 구조 및 맥락 이해 결여', '텍스트 실현 조건 무시' 등 그 한계를 지적하였다. 특히 우울증 치료에서 문학의 활용 가능성을 강조하였다.(김석회, 「문학치료학의 전개와 진로」, 『문학치료연구』 제1집, 한국문학치료학회, 2004, 17~30면)

2) 정운채, 「『구운몽』의 독후감을 통한 자기 서사의 탐색과 문학치료의 방향 설정」, 『문학치료연구』 제1집, 2004; 최윤경, 「『구운몽』을 이용한 문학치료 연구」, 건국대 교육대학원, 2004; 김미애, 「『구운몽』의 감상과 재창작을 통한 문학치료 연구」, 건국대 교육대학원, 2005; 박미경, 「『구운몽』을 통한 문학치료와 교육적 활용 연구」, 건국대 대학원, 2005.

3) 박기석, 「「민옹전」 연구」, 『고전문학과 교육』 6집, 한국고전문학교육학회, 2003.

4) 조은심, 「불안과 우울 증세에 대한 문학치료의 사례」, 『문학치료연구』 제1집, 한국문학치료학회, 2004.

5) 정운채, 「우울증에 대한 문학치료적 이해와 「지네각시」」, 『문학치료연구』 제5집, 한국문학치료학회, 2006.

6) 정운채, 『문학치료의 이론적 기초』, 문학과치료, 2006, 193~196면.

자의 소통 여지를 넓게 확보하는 장점을 갖춘 것이다. 그러나 어떤 텍스트의 어떤 요소가 어떤 이유로 치료에 유용하게 활용될 수 있는지를 체계화하지 않았다는 점에서 문제가 있다. 다만 정운채는 「지네장터」를 분석하면서 작품 자체의 특징을 문학치료에 정교하게 활용할 길을 개척하였다고 할 수 있다. 이 장에서는 이런 기존연구 성과를 적극 참조하면서, '이해 · 성찰치료'에 초점을 맞춘다. 이해 · 성찰치료란 상담자와 환자가 텍스트를 읽으면서 그 내용에 대한 대화를 나누는 과정에서 환자로 하여금 자기 성찰을 하게하고 인식의 전환을 이루게 하여 치료의 효과를 가져 오는 것이다.

이해 · 성찰치료를 위한 문학 텍스트는 우울한 환자의 정서와 상통하는 우울한 분위기만을 담는 것으로는 부족하다. 텍스트는 환자와 상담자가 말문을 여는 계기로서만 작용할 게 아니라, 대화와 토론을 통하여 치료에 적절한 교훈이나 지혜를 추출할 수 있는 것이 되어야 할 것이다. 문학치료 텍스트는 치료에 도움이 되는 체계적인 메시지를 담고 있거나 최소한 그런 메시지를 추출할 수 있는 바탕을 갖추고 있어야 한다. 그래야만 새로운 삶의 좌표와 방향을 환자에게 제시할 수 있다. 삶에 대한 풍부한 성찰과 지혜를 담고 있는 작품이면 더 좋다. 특히 우울증이란 단순히 '슬픔'을 느끼는 수준이 아니라 자기 스스로를 무능하게 보고 공허한 감정에 휩싸이는 정신병이기에, 환자를 정상적인 심리상태로 되돌리기 위해서는 근본적 자기 성찰을 가능하게 해주는 것이 중요하다. 환자가 세상을 달리 보고 새 삶을 꾸려가는 논리를 함축하거나 최소한 그럴 가능성을 확보한 것이어야 하겠다.

2) 우울증에 대한 이해와 인지치료

우울증은 우울한 기분이 지속되어 거의 모든 활동에서 흥미와 즐거움을 상실하는 정신병이다. 최소한 다음 네 가지 이상의 증상을 동반한다. ① 식욕, 체중, 수면, 정신운동활동에서의 변화, ② 에너지의 감소, 무가치감, 죄책감, ③ 집중력과 결정력의 결여, ④ 죽음 · 자살에 대한 빈번한 생각, 자살 계획 · 시도 등이다.[7]

우울증을 유발하는 원인 중 가장 중요한 것은 '부정적 사고'다. 우울증 환자들은 '자동화된 부정적 사고' 경향을 갖고 있어, 습관적으로 부정적인 사고를 하여 우울해진다.[8] 우울증을 이렇게 정의내리고 살피면[9] 우울증을 앓았거나 앓을 가능성이 있는 사람이 참으로 많다.[10] 그래서 우울증은 '정신적 감기'라 불리지만 치명적 결과를

---

7) 김예식, 『생각 바꾸기를 통한 우울증 치료』, 한국장로교출판사, 2002, 35~41면에 잘 정리되어 있다.

8) 이주영 · 김지혜, 「긍정적 사고의 평가와 활용 – 한국판 긍정적 자동적 사고 질문지의 표준화 연구」, *The Korean Journal of Clinical Psychology*, 한국심리학회, 2002, 648면.

9) 우울증 측정 방법에는 3가지가 널리 알려져 있다. 자기 보고형 척도표인 BDI(Beck Depression Scale), 관찰자평가형 척도표인 HRSD(Hamilton Rating Scale for Depression), 역기능 사고 및 태도에 대한 자기 보고형 척도표인 DAS(Dysfunctional Attitude Scale) 등이다. BDI는 21개 문항으로 구성되어 있는데 각 문항은 우울, 절망감, 죄책감, 열등감, 건강염려, 자살충동, 수면장애 등에 관한 내용으로 점수가 0~9점까지는 정상, 10~23점까지는 경미한 우울증, 24점 이상은 중증우울증으로 규정된다. HRSD는 27개 문항으로 구성되어 있는데 각 문항은 슬픔, 죄의식, 수면장애, 식욕부진, 자살충동, 건강상태 등에 관한 내용으로 점수가 0~6점까지는 정상, 7~24점까지는 경증 우울증, 25점 이상은 중증 우울증으로 규정된다. DAS는 40 문항으로 구성되어 있는데 각 문항은 성격 특성, 부정적 사고경향, 역기능적 태도 등에 관한 내용이다.(이상 우울증 측정도구와 방식에 대해서는 유혜숙, 『노인의 우울증 해소를 위한 독서요법 연구』, 한국학술정보, 2005, 45~57면; Aaron T. Beck, 『우울증의 인지치료』, 학지사, 2005, 458~471면 참조)

10) 1997년 우리나라 15세에서 69세 사이 성인 5,417명을 조사한 결과 경증 이상 우울증을 가진 사람이 25.3%라는 보고가 있다.(김예식, 앞의 책, 18면 참조) 1973년 미국의 경우, 심한 우울증을 경험했거나 경험할 것으로 예상되는 환자는 전체 인구 중 12% 정도가 된다

초래하기도 한다. 약물 치료를 받아야 할 정도의 중증 우울증보다는 경증 우울증 환자가 더 많다. 경증 우울증은 문학치료를 비롯한 비약물치료도 효과가 있다고 한다. 또 문학치료는 우울증 예방의 역할을 하기도 한다.

중증 우울증과 경증 우울증의 치료법은 시작부터 다르지만, 치료가 어느 단계에 이르면 비슷한 증상을 보인다.[11] 처음부터 삶의 의미를 상실했다는 '실존적 증상'을 호소하는 환자들이 많지만, 중증 우울증 환자는 그 병증이 어느 정도 해소된 단계에 이르러 실존적 증상을 호소하는 경우가 많다. 자신을 지탱해주던 세계관이 의미를 상실하고 자기 삶이 가치 없게 느껴지는 순간이 있는데 바로 그때 실존적 우울증이 생기는 것이다. 이런 실존적 우울증을 위해서는 '실존치료'나 '영적 치료', '인지치료'가 필요하다.[12]

특히 최근 주목 받는 우울증 치료법이 인지치료이다. 사람의 감정은 어떤 사건에 의해 곧바로 생기는 것이 아니라, 그 사건을 생각하는 태도에 의해 결정된다는 것이 인지치료의 전제다. 생각하는 방식을 바꿈으로써 우울증을 고치고 예방할 수 있다는 것이다.

이 장은 실존적 우울증 증상 개념에 유의하면서 부정적 세계관을 긍정적 세계관으로 전환시키는 인지치료에 『구운몽』 텍스트를 활용하는 방안을 모색하고자 한다. 『구운몽』은 여전히 연구자에 따라 다양하게 해석되고 있다. 『구운몽』은 해석하기에 따라 세상을 부정적

고 추정되었다.(Aaron T. Beck, 『우울증의 인지치료』, 학지사, 2005, 15면)

11) 이만홍, 「현대사회에 있어서의 우울증의 영적 의미」, 『기독교상담학회지』, Vol.10, 한국기독교상담심리치료학회, 2005, 102면.

12) 이만홍, 위의 논문, 위의 곳.

으로 바라보고 현실 경험의 가치를 부정하는 소설이 된다. '인생은 일장춘몽일 따름이다'는 허무적 주제를 담고 있는 소설이 『구운몽』이라고 아는 사람이 의외로 많다. 『구운몽』을 이렇게 해석한다면 『구운몽』은 우울한 독자들을 오히려 더 우울하게 만들 것이다. 그래서 『구운몽』은 좋은 문학치료 텍스트가 되기 어렵다.

『구운몽』은 『금강경』에서 완전하게 정립된 무아론과 십이연기론, 그리고 즉비론(卽非論)과 긴밀한 관련이 있다. 이 관점에서 『구운몽』을 해석하면 『구운몽』은 우리 삶에 적극적 의미를 부여하는 심오한 생활 철학서가 되고 그래서 유용한 문학치료 텍스트가 될 수 있다. 이 장에서는 우울증 치료 상담자가 우울증 환자를 치료하는 데 『구운몽』을 문학치료 텍스트로 가장 잘 활용할 수 있는 이론과 방식을 제공하고자 한다.

2. 『구운몽』에서 찾는 우울증 치료 활용 가능 요소들

1) 작품 안팎 인물들의 우울증 징후

「정경부인파평윤씨행장」에서 확인할 수 있는 김만중의 어머니 윤씨 부인의 처지는 노인 우울증을 겪게 할 전형적 상황이다. 남편과 큰 아들을 사별하고 하나 남은 아들조차 귀양살이를 떠나 말년을 고독하게 보내는 정황이 덧붙여졌다. 김만중의 시문을 통해서도 그 점을 어느 정도 짐작할 수 있다.[13] 그것은 한(恨)의 정서와 관련된다.

한이란 어떤 정서가 마음속에 억압된 것이다. 우리나라 노인들의 한은 노인들의 내면세계 속에서 독특한 정서를 형성한다. 심리적으로 보면 그런 욕구좌절이나 욕구불만은 의식이나 무의식 깊은 곳에 가라앉아 있으며 끊임없이 의식 밖으로 드러날 기회를 엿보고 있다.[14] 내면 의식 속에서 꿈틀거리고 있는 이런 정서를 억압하고만 있을 때 우울증이 된다.

'하룻밤 사이에 지었다'는 것은 믿을 수 없다 하더라도 김만중이 어머니의 '수심을 녹여드리기 위해' 『구운몽』을 지었다는 기록들은[15] 문학치료의 차원에서 의미심장하다. 어머니의 수심 혹은 우울증을 감지한 김만중이 우울증상을 경감시키기 위해 지은 것이 『구운몽』인 셈이다.

조선시대 사대부 중 우울증을 앓은 사례를 적지 않게 찾을 수 있다.[16] 김만중도 귀양살이를 하던 말년에 심각한 자기 회의에 빠졌다고 추정된다. 불면의 밤을 시작으로 보내지만 결국 시 짓기에도 싫증이 났다거나,[17] '일체 부귀영화가 모두 꿈이라는 것이니, 아울러 그

13) 近得慈親信 衰年疾病嬰 極知難送我 何以慰傷情(「近得」, 『서포선생집』 권3). 모친의 편지를 보고 병환이 들었다는 것을 알았는데, 자식으로서 '상정(傷情)'을 위로해드릴 것을 생각했다. 육신의 질병보다는 마음의 상처를 더 심각하게 생각한 것이다.

14) 유혜숙, 앞의 책, 51~53면.

15) 『五洲衍文長箋散稿』 「詩文篇 / 論文類」 「小說」 '小說辨證說'; 『弘齋全書』, 「日得錄」 3, 「文學」 3; 김병국 · 최재남 · 정운채 역주, 『서포년보』, 서울대 출판부, 1992.

16) 박지원, 강세황, 사도세자 등. 특히 사도세자는 중증 우울증을 앓았는데, 최근 장인인 홍봉한에게 보낸 편지가 화제가 되기도 하였다. 즉, '(긴장돼) 열은 높고 울증은 극도로 달해 답답하기가 미칠 듯합니다. 이런 증세는 의관과 함께 말할 수 없습니다. 경이 우울증을 씻어 내는 약에 대해 익히 알고 있으니 약을 지어 남몰래 보내 주면 어떻겠습니까."(권두환 교수 발굴 자료, 『동아일보』, 2007.6.15) 외국의 경우 괴테, 발자크, 포, 톨스토이, 버어지니아 울프, 카뮈, 도스토예프스키 등 작가들이 우울증을 많이 앓았던 것으로 보고되었다. (와타나베 쇼스케, 『우울증은 치료된다』, 동도원, 2007, 192면)

17) 家書數紙盡 歸夢五更迷 謾擬詩消遣 詩今亦懶題(「塞邑」, 『서포선생집』 권3); 김병국,

뜻을 넓히고 슬픔을 달래기 위한 것이었다'[18]는 『서포년보』의 『구운몽』에 대한 언급은 김만중의 말년의 심정을 잘 나타내어 준다. 김만중은 말년 귀양살이를 하면서 '일체 부귀영화가 모두 꿈'이라는 허무감을 극복할 수 없었는데, 그것이 우울증이라고 단언하기는 어렵지만 그에 근접한 경우라 추정된다. 『구운몽』은 김만중이 말년에 느끼게 된 삶의 허무감이나 우울함을 극복하기 위해 쓴 소설이라고도 볼 수 있다.[19]

작품 속에서는 성진과 양소유 둘 다 우울증 성향을 보인다. 성진은 여덟 선녀를 보고서 극단적 자기 회의에 빠진다. 우울증 환자의 가장 큰 특징은 자신을 하찮고 쓸모없는 존재라 보는 '자기 비하'다.[20] 여덟 선녀를 보고 돌아온 성진은 유가 사대부의 일생과 대조되는 승려의 일생을 초라하고도 허무한 것으로 생각함으로써 철저한 자기 비하에 빠진다. 여덟 선녀를 만난 것이 계기가 되었지만 순식간에 승려의 일생과 사대부의 일생을 체계적으로 대조한 것은 성진이 평소 그런 생각을 해왔다는 증거가 된다.

양소유는 세속 남자가 꿈꾸던 부귀영달을 다 누린 시점에서 우울한 기분에 젖는다. 자녀들이 열흘 동안이나 생일잔치를 열어주고 돌아가자 부인들과 함께 취미궁 서쪽 누각에 올라 경치를 감상한다. 그

『서포 김만중의 생애와 문학』, 서울대 출판부, 2001, 160~162면 참조.

18) 以爲一切富貴繁華 都是夢幻 亦所以廣其意以慰其悲也(김병국 · 최재남 · 정운채 역주, 앞의 책, 330면).

19) 박지원이 자신의 우울증을 치료하기 위해 노력하면서 경험한 바를 소재로 작품화한 것이 「민옹전」과 「김신선전」이라는 지적을 연상한다.(박기석, 「연암 박지원의 문학과 문학치료」, 『인문논총』 11, 서울여대 인문과학연구소, 2003, 6면)

20) 권석만, 『이상심리학, 침체와 절망의 늪 우울증』, 학지사, 2000, 108면.

런데 즐겁지가 않다. 양소유가 부는 옥퉁소 곡조는 애원하며 우는 듯하다. 부인들이 석연찮게 여기고 그 까닭을 물으니 답변도 우울하다. 양소유는 가을의 화사한 풍경을 바라보면서 황량하고 부정적인 이미지만을 떠올린다. 그리고는 자기와 여덟 여성들의 덧없는 말로를 환기한다. 자기 일생에 대한 양소유의 인식 자세는 비관적이고 염세적이다. 물론 이런 태도는 양소유로 하여금 자기 삶을 반성하고 수행의 길을 선택하는 계기가 되었다는 점에서 깨달음으로 나아가는 존재론적 회의라고도 볼 수 있다. 그러나 그 상황은 자연스럽지 못하다. 그것은 객관적으로 전혀 불행하지 않은 현실을 불행하다고 생각함으로써 불행한 기분을 만들어내는 우울증에 더 가깝다. 양소유의 우울증은 성진의 그것보다 더 근본적이고 심각한 것이다. 다가올 미래에 대한 암울한 예견은 지금 현재의 삶조차 부정적인 시선으로 바라보게 하였다. 여기서 우울증의 인지삼제(認知三題, Cognitive triad)[21]가 발견된다. 양소유는 자기 자신을 부정적으로 생각했고, 자기 경험을 부정적으로 해석했으며, 미래를 암울한 것으로 예상한 것이다.

『구운몽』은 우울증 증세를 보이는 작중인물이 우울증을 극복해가는 과정까지 보여준다. 성진의 우울증은 양소유로 태어남으로써 잠정적으로 극복되었고, 양소유의 우울증은 다시 성진으로 돌아오면서 일정하게 해소되었으며, 돌아온 성진은 육관대사의 설법으로 새로운 수행의 길로 접어들었다. 『구운몽』 서사의 전개 과정은 우울증의 발현과 극복의 과정이라는 측면에서도 볼 수가 있다.

---

21) 환자가 자기 자신과 자신의 미래, 자신의 경험을 부정적으로 바라보는 세 가지 주요 인지 패턴이다.(Aaron T. Beck, 『우울증 인지치료』, 학지사, 2005, 26면)

2) 사념의 강한 영향력과 형성력

『구운몽』에서는 성진과 양소유의 전신(轉身)이 서사축을 이룬다. 성진이 꿈을 꾸어 양소유가 되었다가 꿈에서 깨어난다는 것이 지금까지의 일반적 해석이었다. 이런 해석의 근거는 깨어난 성진을 향하여 육관대사가 한 말이다.

> 네가 또한 '제자 윤회의 일을 꿈꾸었습니다' 했는데, 이로 보면 너는 꿈과 인세를 구분하여 둘로 본 것이니, 너는 꿈에서 완전히 깨어나지 못한 것 같구나.[22]

밑줄 친 육관대사의 말은 성진이 실제로 꿈을 꾸었다 깨어나는 것을 지칭하기 보다는 분별심에 사로잡혀 진실을 알지 못하는 성진의 흐리멍덩한 정신 상태를 지칭하는 일종의 수사법일 따름이다.

성진은 용왕으로부터 거푸 세 잔의 술을 받아 마시고 돌아오는 길에 연화봉 아래에 이르러 세수를 한다. 세수를 하며 물에서 나는 향기를 감지한다. 향기는 여덟 선녀란 욕망의 대상을 환기시키는 가장 앞선 감각이다. 욕망의 대상에 강력히 이끌린 성진은 석교 위에 있는 여덟 선녀를 목격한다. 눈에 포착된 모습으로서의 색(色)이다. 희롱의 말을 나눈다. 귀에 포착된 소리(聲)이다. 색과 성은 색 · 성 · 향 · 미 · 촉 · 법이란 육촉입(六觸入)을 대표하는 것이다. 선방으로 돌아와

22) '汝又曰 弟子夢人間輪回之事 此汝以夢與人世 分而二之也 汝夢猶未盡覺也'(노존A본, 281면)

서도 목소리가 귀에 은은하고 아름다운 자태가 눈에 삼삼하다. 잊으려 해도 잊기 어렵고 생각지 않으려 해도 생각이 난다. 정신이 황홀하여 우두커니 앉아 있으니 생각은 더 강해진다.

성진은 강렬한 사념(思念)을 만들기 시작한다. 사념의 중심에 '어여쁜 여색'에 대한 애착이 있다. 여덟 선녀에 대한 애착은 사념을 통해 확장되어 마침내 유가 사대부로서의 일생을 형성한다.

이 사념의 과정은 십이연기의 원리와 긴밀히 연결되어 있다.[23] 십이연기는 ① 무명(無明) ② 행(行) ③ 식(識) ④ 명색(名色) ⑤ 육입(六入) ⑥ 촉(觸) ⑦ 수(受) ⑧ 애(愛) ⑨ 취(取) ⑩ 유(有) ⑪ 생(生) ⑫ 노사(老死)의 12단계로써, 전생과 현생, 내생의 윤회를 설명한다. 그중 특히 ⑤육입(六入)이 안(眼), 이(耳), 비(鼻), 설(舌), 신(身), 의(意)의 육근(六根)이 갖추어진 것을 말한다면, ⑥ 촉(觸)은 갓난아기가 외경(外境)에 접촉하여 오직 단순한 지각작용만을 일으키는 것을 지칭한다. ⑦ 수(受)가 외계로부터 받아들이는 고(苦), 낙(樂)의 감각이라면 ⑧ 애(愛)는 고통을 피하고 즐거움을 구하는 것이다. 특히 재물(財)과 색(色) 등에 강한 애착을 일으키는 것이다. ⑨ 취(取)는 탐욕하는 바를 취하는 것이며 ⑩ 유(有)는 애(愛)와 취(取)에 의해 지은 선악의 업(카르마)이 미래의 결과를 불러 오는 것을 말한다. 이런 과정을 거쳐 마침내 다음 생의 몸을 받으니 그것이 ⑪ 생(生)이다. 즉 애, 취, 유의 3인(因)에 의하여 다음 생을 받는다.

십이연기를 해석할 때 일찰나에 십이연기가 이루어진다는 것과

---

23) 『구운몽』과 십이연기 사이의 다양한 관련양상에 대해서는 유병환, 『구운몽의 불교사상과 소설미학』, 국학자료원, 1998, 306~345면에서 자세히 다뤘다.

삼세(三世)에 걸쳐 이루어진다는 두 가지 설명법이 있다. 성진이 양소유로 태어나는 과정은 일찰나에 일어나는 십이연기설에 의할 때 더 잘 설명된다. 성진이 여덟 선녀를 만나 갖게 된 감각접촉과 느낌은 곧 애(愛)를 만들었고 취(取)로 이어져 생(生, 태어남)이 된 것이다. 이런 일련의 과정에서의 핵심 동력은 성진의 사념이다. 사람은 한 심찰나(心刹那)[24] 동안 온갖 사념을 다 하게 되는데, 그 사념이 그대로 실현된 셈이다. 이처럼 『구운몽』의 가장 독특한 설정은 성진의 사념 속에서 양소유의 일생이 전개된다는 것이다. 심찰나에 십이연기에 의한 환생이 이뤄졌다.[25]

성진은 육관대사로부터 촉망을 받은 수행승이었지만, 색(色) · 수(受) · 상(想) · 행(行) · 식(識) 등 오온에 의해 구성된 자아를 실체라고 착각했다. 자아에 대한 환상을 바탕으로 하여 사념을 전개하였고 그 사념이 강력한 업[카르마]을 형성하였다. 마침내 순식간에 양소유라는 또다른 환상적 자아를 만들어내어 다채로운 일생을 경험하게 된 것이다.

이처럼 『구운몽』은 사람의 사념이 얼마나 강력한 힘으로 환상적 실체를 만들어내는가를 충격적으로 보여준다. 한 순간 사념의 형성력은 믿기 어려울 정도로 강력하다. 그래서 업의 전개나 십이연기를 수용하기 어렵거나 이해하지 못하는 사람들은 그것을 꿈속에서 일

24) 부처는 마음의 변화만큼 빠른 것이 없다 했다. 『아타살리니(勝義說)』에는 '물질의 한 단위가 일어나 지속되는 동안 16개의 심찰나(心刹那)가 일어났다 흩어지는데, 어떤 예를 든다 해도 그들이 차지하는 시간의 짧음을 표현할 수는 없다'고 했다.(구나라뜨나, 『우리는 어떤 과정을 통하여 다시 태어나는가』, 고요한소리, 1980, 34~35면)

25) 사념의 실현에 의한 성진 → 양소유의 전신 양상에 대해서는 이 책의 1장을 참조할 것.

어난 것으로 착각하는 것이다.

또 '구름'과 '마음'의 비유가 풍부한 『금강경삼가해』는 이런 해석에 대한 방증 자료가 된다. '부처가 수보리에게 고하되 너희 국토 중생들의 약간 종류의 마음을 여래는 모두 알도다'[26]라는 『금강경』 본문에 대해 함허당(涵虛堂)은 '갖가지 마음이 한 점 구름이로다'[27]는 설명을 붙였다. 『구운몽』의 '구름'이 '마음의 작용' 혹은 '사념'을 암시한다고 볼 수 있는 대목이다. 또 함허당은 '흰 구름이 만리 밖을 표박하나 청산의 아버지를 잊지 않는다'[28]라 하여 망심(妄心)의 표류와 진심(眞心)으로의 회귀를 설명했다. 이것은 성진의 사념이 온갖 것을 만들어내지만 결국 청산의 육관대사에게로 돌아오는 것과 대응할 수 있다고 본다.

3) 죽음의 과정

황건역사에게 끌려 풍도 염라대왕에게 가는 것은 성진이 죽어가는 과정에 해당한다. 성진은 육관대사가 쫓아내려 하자 엉엉 울면서 연화도량에서 계속 살게 해달라고 애걸한다. 이에 대해서는 '모태의 신비스러운 안식처로부터 이 소란한 세상에 태어나는 순간의 처절한 공포'를 그린 것이라는 설명이 있지만[29] 본고의 관점에서 보자면

---

26) 佛告須菩提 爾所國土中所有衆生 若干種心 如來悉知(『금강경』 하 「一體同觀分」 제18)

27) 諸心一點雲(『금강경』 하 「一體同觀分」 제18 '說誼')

28) 白雲兒 向萬里飄 從來 不忘青山父(위의 글)

29) 김병국, 『서포 김만중의 생애와 문학』, 서울대 출판부, 2001, 7~14면.

육관대사가 아상을 버리라고 권고하자 아상에 집착한 성진이 그러지 않겠다고 발버둥 치는 모습이라 볼 수 있다. 성진에게 아상을 버리는 것은 죽음으로 여겨졌다.[30] 그래서 성진이 양소유로 환생하기까지의 과정은 죽음의 과정이기도 하다. 성진은 황건역사를 따라 염라대왕 앞으로 끌려간다. 거기서 환생을 위한 심판을 받는데, 그 기준은 전생의 공덕 정도다.

마침내 성진의 혼은 양씨 집안으로 환생하기 위하여 바람을 타고 간다. 성진의 혼은 자기가 환생할 공간을 바라보면서 자기 전생의 육신을 걱정한다.

> 성진이 묵상했다. '지금 나는 인간 세상에 환생할 것이다. 나를 돌아보니 혼만 있을 뿐이네. 내 골육은 연화봉에서 이미 재가 되었을 것이지. 나는 연소한 고로 제자조차 기르지 못했으니 누구가 나의 사리를 거두어줄까?'[31]

성진은 생각할수록 처량하고 슬퍼졌다.[32] 그러다 사자가 떠밀자 성진은 앞으로 나뒹군다. 하늘과 땅이 뒤바뀐듯 하여 '살려줘요, 살

---

30) 이와 관련하여 데이비드 호킨스의 흥미있는 자기 술회를 참조할 수 있다. 즉, '에고가 자신이 무無가 되는 것을 두려워하여 그 존재에 매달리면서 공포스러운 순간이 찾아왔다.' (데이비드 호킨스, 한문화 · 문진희 역, 『나의 눈』, 2001, 435면) 그런데 막상 에고가 죽자 모든 것인 '참 나'가 대신 들어섰다고 했다. '참 나'는 모든 자기 정체성, 모든 성gender, 심지어 인간됨 그 자체도 넘어서는 전체적이고 완전한 존재로서, 또 다시 고통과 죽음에 대한 두려움에 빠질 이유가 없는 존재라고 하였다.(같은 면) 『구운몽』에서 '참 나'의 경지는 육관대사나 성진이 수행의 결과 획득한 것이라고 볼 수 있다.

31) 性眞默想曰 今者我當輪生於人世 而顧此形身 只箇精神而已 骨肉正在蓮花峰上 已火燒矣 我以年少之故 未畜弟子 更有何人 收我舍利(노존A본, 173면)

32) 思量反覆 心切悽愴(같은 면)

려줘요' 소리 쳐도 그 소리가 목구멍 밖으로 나가면서 말이 되지 않고 다만 아기 울음소리가 될 뿐이었다. 혼과 육신이 걸맞지 않은 과도기를 이렇게 묘사하였다. 양소유는 한동안 남악 연화봉의 전생을 기억하기는 했지만 점점 자라면서 전생 일은 잊어 버렸다.

이와 같은 묘사는 죽음과 환생의 과도적 통로인 '바르도'에 대한 불교적 해명과 상통한다.[33] 죽음과 환생 과정에 대한 『구운몽』의 묘사는 우리 소설작품 중에서 쉽게 찾기 어려운 특별한 것이다. 성진의 자리에서 보면, 실제로 죽지 않았지만 관념적으로는 죽어 환생한 셈이다. 독자의 자리에서 보면 비교적 가벼운 마음으로 성진의 죽음을 바라볼 수 있으면서도 실질적으로는 매우 심각하게 스스로의 죽음을 대상화하여 관찰할 수 있다. 『구운몽』은 독자들에게 죽음의 과정을 바라보고 성찰할 기회를 제공한다.

4) 현실과 가상, 진실과 속임수의 뒤섞임

성진은 현실 인물이고 양소유는 성진의 사념 속에서 환생한 인물이다. 그러나 독자들에게는 양소유가 현실 인물로 느껴지고 성진은

---

33) '일반적으로 바르도를 지나는 통로는 7주(49일) 동안 계속되지만 그보다 짧을 수도 있으며 드물지만 더 긴 경우도 있다. 과도적 통로의 전반부에서 우리는 이승의 몸과 감정을 여전히 갖고 있다고 느낄 지도 모른다. 후반부에서는 자신의 몸을 갖고 환생을 하고 있다고 느낄 수 있다 …… 바르도에서 대부분의 사람들은 좁은 길이나 터널을 지나고 있다고 느낄 것이다. 또는 사막을 가로지르고, 거친 강물 위에 놓인 다리를 건너고, 죽음의 왕들에 의해 심판을 받고, 혹은 집행관에 의해 처형당하고, 지옥계나 천상계에 있는 정토처럼 더 높은 세계로 보내진다고 느낄 것이다. 이 모든 만남은 우리가 과거에 키워왔던 자신의 육체적, 문화적, 정신적, 감정적 습관의 반작용이다.'(툴쿠 퇸둡 림포체, 도솔 역, 『평화로운 죽음 기쁜 환생』, 청년사, 2007, 152~153면)

비현실 인물로 느껴진다. 가령, 성진은 '유리같은 파도를 가르고 수정궁으로 들어가' 용왕을 만난다. 또 성진은 복사꽃을 명주로 만드는 요술을 부리고 그 파트너인 여덟 선녀들은 바람을 타고 공중으로 날아가기까지 한다. 이처럼 형식상 설정과 실질적 느낌이 상반되어 독자들은 현실과 환상 혹은 꿈을 반대로 경험하게 된다. 그런 경험은 독자들의 현실 감각에 큰 충격을 준다.

또 기존연구가 지적한 바 있듯이 속임수가 거듭된다. 『구운몽』의 등장인물들은 심각하게 갈등하는 것이 아니라 서로 속이고 속는다. 가장 많이 속는 인물이 양소유다. 정경패, 가춘운, 정사도가 모의를 하여 양소유를 속인다. 물론 양소유가 먼저 속였다. 양소유는 여장을 하고 정경패의 집으로 들어가 정경패를 속인 것이다. 이에 대한 정경패와 가춘운의 분풀이 역시 속임수에 의해 이뤄진다. 심지어 태후까지 양소유를 속이자는 제안을 한다. 정경패가 죽었다고 하여 양소유가 어떻게 반응할 지 시험해보자는 것이다. 게다가 서술자는 정경패의 죽음을 암시하는 꿈을 양소유가 꾸게 하였다. 서술자는 이런 서사 장치를 곁들이면서까지 태후의 속임수가 양소유에게 통할 수 있도록 조치한 것이다.

꿈도 자주 꾼다. 양소유는 토번 정벌 길에 동정용궁으로 가는 꿈을 꾼다. 꿈속에서 백능파를 만나 전생 인연을 확인하고 사랑을 나누며 남악형산을 찾아가 예불까지 한다. 또 양소유의 꿈에 정경패가 나타나 자기가 죽어서 천상으로 갔다고 말한다. 꿈속의 계시는 양소유의 현실에 그대로 실현되기도 하고 실현되지 않기도 한다. 그러나 둘이 다른 것은 아니다. 궁극적으로 양소유의 존재는 가상적 인물이기 때문에 양소유의 꿈 속 사건은 물론 양소유의 현실에서 일어나는 사건도 가상이라는 점에서는 다를 바 없다.

양소유는 속임수에서 벗어나거나 꿈에서 깨어나서, 속임수는 속임수일 따름이고 꿈도 어디까지나 꿈일 따름이라 생각하며 안도한다. 그러나 자기 자신이 가상적 존재라는 점을 깨닫지는 못한다. 성진이나 육관대사의 자리에서 양소유 자신을 돌아보지 못한다는 뜻이다. 독자는 이런 양소유를 바라보는 자리에 있다. 독자는 양소유가 현실과 가상, 진실과 속임수 사이를 방황하는 것을 응시하며 성찰하게 된다.

5) 일생 경험의 의의에 대한 성찰

돌아온 성진은 자기가 꿈속에서 윤회를 겪었다고 생각한다. 성진은 육관대사가 자신으로 하여금 하룻밤의 꿈을 꾸게 하였다가 깨어나게 해줌으로써 자신을 깨닫게 해주었다며 육관대사에게 감사한다. 그러나 육관대사는 '네 흥에 따라 갔다가 흥이 다하자 왔으니 내가 무슨 간여를 했단 말인가'[34]라고 성진을 꾸짖는다. 육관대사의 이 말은 성진의 사념의 결과로서 양소유로의 환생이 이루어졌다는 사실을 분명하게 해준다. 이어 육관대사는 장자와 나비의 비유를 들어[35] 꿈과 인세(人世)를 분명하게 구분하는 것이 불가능하고 바람직

34) '大師曰 汝乘興而去 興盡而來 我有何干與之事乎'(노존A본, 281면)

35) '莊周夢爲蝴蝶 蝴蝶又變爲莊周 莊周曰 莊周之夢 爲蝴蝶耶 蝴蝶之夢爲莊周耶 終不能卞之 孰知何事之爲夢 何事之爲眞耶 今汝以性眞爲汝身 以夢爲汝身之夢 則汝亦以身與夢 謂非一物也 性眞少遊 孰是夢也 孰是非夢也'(같은 곳)

한 것도 아님을 밝혔다. 양소유(꿈)와 성진(인세) 양쪽 다 꿈 속 존재일 수 있다는 것을 설파했다. 그러나 성진은 아직 그 뜻을 이해하지 못한다. 성진은 양소유의 실재를 부정했지만 생각의 주체인 자기 자신도 덧없는 존재라는 사실을 인정하지 못한다. 그런 성진의 미망을 육관대사가 꾸중한 것이다.

『구운몽』이 서두와 결말부에서 떠올리고 있는 『금강경』의 가르침도 이와 크게 다르지 않다. 『금강경』은 결국 '나란 존재는 분명히 있다' '나는 어떠한 존재이다' '내가 궁극적 이상이다'는 인식에 머물지 말라고 가르친다. 인식하는 나와 인식 그 자체조차도 매순간 변하기 때문이다.[36] 육관대사가 성진에게 던지는 메시지는 이런 『금강경』의 가르침에 가까이 간 것이다. 그리고 육관대사의 관점은 작자의 관점을 대변한 것이다.

요컨대 성진→양소유의 과정과 양소유→성진의 과정을 함께 응시한 육관대사의 존재는 서술자, 나아가 작자의 시선을 대변한다. 『구운몽』은 세속의 욕망에서 아직 자유롭지 못한 한 수행승으로 하여금 세속의 욕망을 경험하게 만들어줌으로써 깨달음의 세계로 나아가는 과정을 보여주는 것인데, 육관대사나 서술자, 작자의 시선에서 그 일련의 과정에 대한 성찰이 이루어진다. 그런 점에서 『구운몽』에서는 세속 경험에 대한 성찰이 이루어진다고 할 수 있다.

36) 이에 대해서는 생각 주체도, 생각의 대상도, 생각 자체도 실체가 아니라 공(空)중의 꽃과 같다는 함허당 기화(涵虛堂 己和, 1376~1433)의 설명이 명쾌하다.[見與見緣幷所想相如空中花](『금강경』 하 「一體同觀分」 제18 '說誼')

3. 우울증 치료를 위한 『구운몽』 활용 방안

1) 감정이입에 의한 동일시, 거리두기에 의한 성찰

우울증 환자들은 『구운몽』의 우울한 인물들을 자기와 동일시할 수 있다. 승려의 생활을 회의하는 성진이나 부귀영화의 허망함을 느끼는 양소유는 자기 부정 경향이 강한 환자들이 동일시하기 좋은 인물이다. 깨어난 성진은 심각한 각성의 경험을 한 뒤 뭔가 깨달은 듯한 우쭐한 상태에 빠졌다가 다시 근원적 허망감을 느낀다. 감정의 기복이 심한 조울증 환자들이 동일시할 수 있는 인물이다.

작중인물들과 자신을 동일시할 수 있게 된 환자는 자기 감정을 이입하면서 작중 인물들의 사고와 행동을 구체화하여 간다. 가령 사대부의 화려한 삶을 꿈꾸는 성진을 모델로 삼아 환자는 자기 나름대로 또 다른 삶을 상상할 수 있다. 말년에 우울해진 양소유는 출가를 결심하는데, 환자는 양소유가 의도한 참선 수행을 심화하거나 다른 수행의 방식을 나름대로 추구할 수가 있을 것이다.

그러나 환자가 동일시나 감정이입 단계에 머물면 환자 자신의 변화를 초래하기 어렵다. 자기 동일시는 '자동조종(automatic pilot)' 상태에 빠지게 한다. 자동조종 상태란 나에게 무슨 일이 일어나고 있는지 자각하지 못하는 정신이 멍한 상태에서 어떤 행동을 하는 것을 말한다. 환자가 자신이 자동조종 상태에 빠져 있다는 사실을 알아차리고 그로부터 빠져나오지 못하면 우울증은 더 심화된다.[37] 환자가 자동조종 상태에서 빠져나오기 위해서는 동일시한 인물로부터 다시 멀어져야 한다. 동일시 인물로부터 멀어지는 것은 환자가 자기 자신을 성찰할 수 있는 거리를 확보하는 셈이다. 서사에는 서술자가 존재하기 때문에 이런 거리를 확보하기가 유리하다. 『구운몽』의 서술자는 '성진→양소유→성진'로의 전신(轉身) 과정을 응시하며 그 본질을 꿰뚫어 안다. 숨어있는 서술자를 간파하기 어렵다면 육관대사의 시선으로 옮겨가도 좋다. 서술자는 육관대사와 가장 가까운 곳에 있으며 가끔 육관대사의 자리에 서기도 하기 때문이다.

환자는 육관대사나 서술자의 눈을 통하여 서서히 작중인물의 사유와 행동을, 그리고 그들과 동일시된 적이 있는 환자 자신의 사유와 행동을 대상화함으로써 자기에 대한 근본적 반성과 성찰을 시작할 수 있다. 상담자는 이상의 원리를 염두에 두면서 다양한 질문을 설정하여 대화를 진행함으로써[38] 환자를 자기 성찰의 길로 이끌 수 있다.[39]

---

37) 이상 자동조종 상태에 대한 내용은 Z.V. Segal · J.M.G.Williams · J.D.Teasdale, 『마음챙김 명상에 기초한 인지치료-우울증 재발 방지를 위한 새로운 치료법』, 학지사, 2006, 133~148면을 참조함.

38) Aaron T. Beck는 인지치료에서 '질문을 주된 치료도구로 이용하라'는 원칙을 제시하고 세부수칙을 입안했다.(Aaron T. Beck, 앞의 책, 81~93면)

39) 이 항목과 관련하여 다음과 같은 질문을 설정할 수 있다:

① 『구운몽』의 작중 인물 중 당신이 가장 강한 동질감을 느낀 인물은 누구입니까? 그 인물에게 공감의 편지를 써 봅시다.

② 성진이 사대부의 일생을 꿈꾼 것처럼 당신이 지금 꿈꾸고 있는 최고의 삶은 어떤 것입니까?

③ 성진과 양소유가 작중에서 한 생각과 행동 중 못마땅한 점은 어떤 것입니까?

2) 사념의 형성력 경험에 의한 지금 이곳의 변경

우울증 환자들은 다소 부정적인 자기 현실을 지나치게 부정적으로 생각하여 절망한다. 또 그리 부정적이지 않은 현실을 부정적으로 보고 삶을 포기하기도 한다. 그것을 '자동화된 부정적 사고'라 일컫는다. 우울한 사람들은 습관적으로 부정적인 생각을 하기에 사소한 자극에도 부정적 생각을 곁들인다.[40] 이런 부정적인 생각이 우울증을 유발한다는 것이 인지치료의 전제다.

부정적 사고 경향은 습관화되어 있기 때문에 환자가 그것을 극복하기 위하여서는 자기가 그런 경향이 있다는 사실을 알아차려야 한다. 그리고 사건 자체는 자신이 느끼는 것처럼 그렇게 극단적으로 긍정적이거나 부정적이지 않았다는 사실을 받아들여야 한다. 대부분의 사건이 나에게 긍정적으로나 부정적으로 느껴지는 것은 그 사건에 대한 나의 생각이 긍정적이거나 부정적이기 때문이다.[41]

여덟 선녀를 만나고 돌아온 성진은 승려로서 살아가는 것을 더욱 부정적으로 생각하기 시작하였다. 그런 부정적 생각이 성진을 불행하게 만들었다. 환자는 성진의 이런 모습에서 환자 자신을 발견할 수 있을 것이다. 앞의 단락에서 언급한 동일시다. 다음 단계로 이 알아차림은 거리두기로 나아가 마침내 반성하기에 이른다.

부정적 생각은 어떤 사실에 대해 나쁘다거나 좋다고 판단하는데

---

40) 이주영 · 김지혜, 「긍정적 사고의 평가와 활용 — 한국판 긍정적 자동적 사고 질문지의 표준화 연구」, *The Korean Journal of Clinical Psychology*, 한국심리학회, 2002, 648면.

41) Z.V. Segal · J.M.G.Williams · J.D.Teasdale, 앞의 책, 258면.

머물지 않고, 새로운 상황을 만들어내기에 이른다. 『구운몽』에서 성진은 승려로서 살아가는 자신에 대해 부정적으로 생각하다 자연히 그 반대쪽을 긍정적으로 생각한다. 그 생각이 양소유의 일생을 만들어내었다. 한 순간 생각의 힘은 이렇게 강렬하다.

이 진리를 근간으로 하여 환자를 달라지게 할 수 있다. 첫째, 환자로 하여금 긍정적인 생각을 하고자 노력하게 한다. 긍정적인 생각이 긍정적인 현실을 초래한다면, 긍정적 현실을 원하는 대부분의 사람이 긍정적인 생각을 하려는 것은 당연하다. 둘째, 부정적 현실을 맞이하는 태도를 달라지게 한다. 지금 부정적으로 느껴지는 현실은 나의 생각이 부정적이었기 때문이라는 점을 받아들이게 한다. 부정적 현실에 쉽게 절망하지 않고 긍정적인 생각을 가짐으로써 자기 현실을 개선하려 할 것이다. 마침내 환자는 세속의 관점에서 행복하든 불행하든 자기가 생각하기에 따라 얼마든지 행복감이나 불행감은 달라질 수 있다고 여기는 단계에 이를 수 있다. 양소유 같이 최고의 조건을 갖추고도 생각이 부정적이면 불행을 경험하며 그와 반대되는 악조건에 있어도 생각하기에 따라 행복해질 수 있다는 것이다.

환자는 『구운몽』을 읽어가며 이런 일련의 생각 전환을 훈련할 수 있을 것이다. 생각이란 나의 현실을 긍정적으로도 부정적으로도 만든다. 그러나 그것은 잠정적인 것이다. '긍정적인 생각', '부정적인 생각' 혹은 '행복한 느낌', '불행한 느낌'의 환상을 내려놓아야 한다. 생각과 생각의 결과에 집착하는 데서 벗어나야 한다는 것이다. '생각하고 싶어하는 마음을 버리고,[42] 생각하는 것이 안겨다 주리라 믿는

42) 데이비드 호킨스, 앞의 책, 166~167면.

허구적인 보상이나 이익을'[43] 버려야 한다.

궁극적으로는 '산냐'를 버릴 수 있도록 인도할 수 있다. 산냐란 대상을 받아들여 개념 작용을 일으키고 이름 붙이는 작용으로서, 사람을 집착하게 하고 불행하게 만드는 기본 성향이다.[44] 우울증 환자의 부정적 생각이란 더 크게는 산냐의 범주에 포함된다. 산냐를 극복하면 부정적 생각이란 폐단은 자연히 사라질 것이다.[45]

3) 죽음에 대한 성찰

우울증 환자의 자살 기도는 해결할 수 없는 문제나 견딜 수 없는 상황으로부터 도피하려는 욕구의 극단적 표현이다. 문제를 해결하거나 상황을 극복하는 데 자기가 아무 쓸모가 없기에 자기를 죽이는 것이다.[46] 자살을 기도하는 환자는 죽음을 통하여 어떤 돌파구를 마련할 수 있다거나 죽음 뒤의 세상을 현실의 문제가 해결된 대안적 세상으로 생각한다. 그러나 죽음 과정과 죽음 이후에 대한 실증적 성찰은 이런 생각이 잘못된 것임을 알려준다. 환자들로 하여금 자살이 유

---

43) 위의 책, 142면.
44) 각묵, 『금강경 역해』, 불광출판부, 2001, 76~82면.
45) 이 항목과 관련하여 다음과 같은 질문을 설정할 수 있다:
   ① 성진과 양소유의 자기 부정에 대한 당신의 생각은 어떤 것입니까? 그 부분을 읽었을 때의 느낌은 어떠했습니까?
   ② 당신은 자기를 부정적으로 생각합니까 아니면 긍정적으로 생각합니까? 부정적으로 생각하게 되었다면 언제부터이며 그 이유는 무엇입니까? 긍정적으로 생각하게 되었으면 언제부터이며 그 이유는 무엇입니까?
   ③ 당신은 무엇인가 간절히 생각하거나 기도한 적이 있습니까? 있다면 결과는 어땠습니까?
46) Aaron T. Beck, 앞의 책, 27면.

용한 대안이 아니라는 것을 명심하게 하기 위해서는 죽음의 과정과 죽음 이후에 대해 냉철히 성찰하게 하는 것이 필요하다.

환자는 성진이 양소유로 태어나기까지 나타난 죽음 과정과 환생의 장면을 읽으면서 자신의 죽음을 생각하고 대비할 수 있다. 살다가 죽고 죽어서 어떻게 되는 것은 어떤 생명체도 피할 수 없다. 『구운몽』은 그 길을 비교적 소상하게 보여주는 것이다. 환자들은 이 대목을 읽으면서 죽음에 대한 건전한 성찰을 할 수 있다. 우선 임종의 중요성을 알게 될 것이다. 임종은 죽는 순간의 의식(儀式)으로, 임종의 순간은 이전의 삶의 시간과 그 뒤 죽음의 시간과 긴밀하게 연결된다. 죽기 전 어떤 생각과 행동을 하는가가 임종의 형편을 결정하게 되고, 임종을 어떻게 맞이하여 지내는가에 따라 다음 단계의 형편이 결정된다. 그럴진대 살아있을 때 죽음을 잘 대비해야 할 것이고, 임종을 평화롭게 맞이하여 좋은 다음 생을 가져올 수 있는 것이다.

그와 관련하여 임사 체험 혹은 환생 과정을 보고한 기독교, 불교 쪽의 보고서들을 참고 텍스트로 활용하는 것이 좋다.

엘리자베스 퀴블러 로스, 『사후생』, 대화출판사, 2002.

구나라뜨나, 『우리는 어떤 과정을 통하여 다시 태어나는가』, 고요한소리, 1980.

툴쿠 퇸둡 림포체, 도솔 역, 『평화로운 죽음 기쁜 환생』, 도서출판 청년사, 2007.

『사후생』이 기독교 입장에서 죽음의 과정과 죽음 뒤 세계를 다뤘다면 나머지 두 책은 불교 쪽의 입장을 따랐다. 이런 텍스트들의 도움을 받아 죽음을 근본적으로 다시 생각하는 기회를 마련한다. 삶을 실체로 여기고 죽음을 환상에 가까운 것으로 막연히 생각하는 환자에게 『구운몽』은 거꾸로 볼 수 있는 계기를 마련해준다. 이미 삶을 환상에 가까운 것으로 보는 훈련을 했다면 삶의 상대 개념인 죽음을 실체에 더 가까운 것으로 인정하고 따져볼 수 있는 것이다. 죽음을 환상적으로 신비화하거나 사람의 의지와는 무관한 불가항력의 세계로 보기보다, 우리 모두가 이끌고 맞이해야 할 삶의 다음 단계로 생각하게 된다. 그럼으로써 환자의 자살 충동을 조절하고 순리에 따라 죽음을 뜻깊게 맞이하는 준비를 할 수 있게 할 수 있다.

우울증 환자의 90%는 죽을 수 있다면 죽고 싶어 한다. 죽음을 바라는 상태에 빠지면 매우 위험하니 그 순간 무엇보다 주변 사람들의 도움이 절실하다. 가족이나 동료, 상담자의 심리적 도움으로 자살은 예방될 수 있는 것이다.[47] 우울증 환자들이 자살과 관련하여 보이는 이런 특징을 고려한다면 죽음에 대해 대화를 나누는 것만도 큰 힘이 된다고 하겠다.[48]

---

47) 와타나베 쇼스케, 『우울증은 치료된다』, 동도원, 2007, 55~56면.

48) 이 항목과 관련하여 다음과 같은 질문을 설정할 수 있다:
① 성진이 양소유로 되는 과정을 죽음과 환생으로 설명해 보십시오.
② 당신은 죽음을 어떤 태도로 맞이할 수 있습니까?
③ 죽음을 평화롭게 맞이하기 위해서 지금 당신이 해야 할 일은 무엇이라 생각합니까?
④ 당신은 죽음 뒤의 세계를 어떻게 생각하고 있습니까?

4) 유쾌한 속임수와 '꿈 요가'

『구운몽』은 속이고 속는 상황을 거듭 만들어간다. 특히 양소유가 거듭 속는다. 정경패, 정사도, 가춘운, 태후 등 속이는 등장인물들과 그것을 목격하는 독자들은 속임의 실상을 분명히 알지만 양소유 혼자만 모른다. 양소유가 우스꽝스럽게 되는 것이다. 결국 양소유는 자기가 속은 줄 알게 된다. 죽은 줄 알았던 가춘운이 죽지 않았다는 것을 알게 된 양소유는 무척 기뻐한다. 정경패가 죽었다고 속이고 있는 가춘운, 진채봉, 난양공주 등의 말을 엿듣고는 자기가 더 이상 속지 않고 있다고 우쭐대는 양소유의 모습은 독자들에게 더 우스꽝스럽게 보인다. 속임수에서 벗어난 양소유는 자기가 속았다는 사실을 자각하고 기뻐한다. 또 꿈속에서 부정적인 상황을 경험하게 된 양소유는 깨어나서 그게 꿈이었다며 안도한다. 『구운몽』에서 작자는 이런 속임수와 꿈을 계속 설정하여 간다.

자기가 속았다는 사실을 자각하는 순간에도 양소유는 자기가 성진의 생각 속에 존재하는 가상적 인물이라는 것을 알 리가 없다. 꿈에서 깨어난 순간에도 양소유는 자기가 더 큰 꿈을 꾸고 있다는 사실을 모른다. 그런 양소유의 존재는 돌아온 성진에 의해 부정될 가상의 존재다. 작자는 속임수와 꿈이라는 서사 장치를 거듭 설정함으로써, 독자들에게 양소유의 가상성을 환기한다. 성진이 양소유의 존재를 부정해주기 전에 독자들이 먼저 양소유의 가상성을 관찰할 수 있도록 만든 것이다. 나아가 속임수와 꿈이라는 서사 장치는 성진조차 꿈속 존재일 수 있으며 모든 것이 꿈일 수밖에 없다는 사실을 독자로 하여금 성찰하게 만드는 암시이면서 예비 훈련이 될 수 있다.

『구운몽』에서 상대방을 속이는 인물들은 자기의 이익을 도모하거나 욕망을 성취하려고 속이는 게 아니다. 다만 쌓인 감정을 풀거나 서로의 관계를 좀더 돈독하게 만들려고 속인다. 속이고 속지만 결국은 한바탕 웃음과 화합으로 귀결된다. 속이는 인물이나 속는 인물들은 하나같이 가벼운 장난을 하는 자세다. 속이고 속아도 양심에 상처를 입지 않는 경험, 속이고 속아도 오히려 삶이 더 유쾌해지는 경험을 하게 된다. 이런 경험은 긴장된 태도로 삶을 살아가기보다는 좀 더 가뿐한 마음으로 즐겁게 세상살이를 하는 쪽으로 환자를 이끌어갈 수 있을 것이다. 거듭 속임을 당하던 양소유를 바라보고 우스꽝스럽게 생각하게 된 독자의 시선이 우울증 환자의 시선으로 전환된다. 환자는 현실 경험의 가상성을 분명하게 인식하고 깨닫게 된다. 자신을 우울하게 만드는 이 세상의 상황도 가상일 수 있다고 보게 되는 것이다.[49)]

『구운몽』을 읽으면서 가질 수 있는 속임수와 꿈의 경험은 환자들이 자기 욕망에 대한 집착을 버리고 자유롭게 살아가는 아주 소중한 바탕을 마련해준다. 나아가 그 경험은 '꿈 요가' 혹은 '자각몽(自覺夢)'이라는 명상법으로 나아갈 수 있다. 꿈 요가란 삶에서 일어나는 일들을 실재하지 않는 것으로 느끼려고 노력하는 것이다. '자각몽'은 잠

---

49) 이런 인식을 더 단단히 하기 위하여 다음과 같은 구절을 제시한다. '일부 경전은 삶이 환상이라고 가르친다. 또 다른 경전은 카르마가 삶을 창조한다고 말한다. 카르마의 법칙을 넘어서 깨달음을 얻은 스승들에게 세상은 신기루처럼 즉, 확고함과 실재가 없는 것처럼 보인다. 모든 것이 환상처럼 느껴진다면 그들이 무엇 때문에 증오와 집착을 갖겠는가? …… 현상들이 존재하고 계속되는 것처럼 보이는 것은 우리가 가진 카르마의 성향 때문이다. 그것은 마치 꿈과 같다. 우리는 잠들어 있기 때문에 꿈이 사실이라고 믿는다.'(툴쿠 퇸둡 림포체, 앞의 책, 72~73면)

들어 자기도 모르게 꾸는 꿈과는 달리, 깨어있는 상태에서 의도적으로 꿈을 경험하는 것이다.[50)]

가령, 가춘운과 정경패가 죽었다고 낙심하여 슬퍼하고 있는 양소유가 나오는 부분을 환자로 하여금 다시 읽게 하고 그에 대한 감상을 쓰게 한다. 상담자는 환자들의 기록을 분석하고 환자와 대화를 나눠가면서 위에 정리한 생각으로 환자를 이끌어갈 수 있다. 속임수의 상황과 구조를 명백하게 간파하는 독자의 입장을 수용하게 된 환자는 양소유의 슬픔이 얼마나 부질없는 것인가를 통찰할 수 있을 것이다.

삶을 가상이나 꿈처럼 보도록 마음을 훈련하는 것은 현실적 욕망에 대한 집착을 완화시키는 데 도움을 준다. 그러면 자기 삶에 대한 실망과 우울도 적어질 것이다. 우울은 스스로 설정한 자기 삶의 목표에 자기가 못 미치기에 형성되는 마음의 상태이기 때문이다. 우울한 느낌은 원하는 것을 이루지 못하거나 잃기 싫은 것을 충격적으로 잃었을 때 가장 강력하게 형성된다. 낙담과 슬픔이 동반한다. 만일 낙담과 슬픔, 우울을 유발하는 원인이 실체가 없는 헛것이거나 꿈속의 것이라면 낙담하거나 슬퍼하고 우울해할 이유가 없는 것이다.

또 꿈을 꾸고 있다는 것을 의식하며 꿈을 꾸는 자각몽은, 우울한 현실을 보완하는 상황을 만들어내어 경험하게 한다. 그것은 전혀 새로운 세계를 경험하는 것이다.[51)]

---

50) 이상 꿈 요가에 대해서는 위의 책, 84~86면을 참조하였다.

51) 이 항목과 관련하여 다음과 같은 질문을 설정할 수 있다:
① 속임수 전후의 양소유의 기분을 짐작하여 써 봅시다.
② 살아가는 것이 꿈결의 일이라고 느낀 적이 있습니까?
③ 꿈에서 꿈을 꾼 적이 있습니까? 있다면 어떤 느낌이 들었습니까?
④ 지금 이곳의 내가 꿈 속의 존재라고 볼 수 있습니까? 있다면 어떤 이유에서입니까? 그렇다면 내가 어떻게 달라질까요?

5) 욕망에 대한 근본적 성찰

우울증을 유발하는 요소 중 하나는 환자가 추구하던 욕망이 그대로 실현되지 않을 때 경험하는 좌절감이다. 그것은 욕망만 충족되면 완전한 행복이 보장된다는 생각을 전제한 것이다. 『구운몽』의 서두에서 성진이 떠올린 '사대부의 일생'도 당시 남자가 꿈꿀 수 있었던 최고의 욕망을 충족한 상황이다. 성진은 사대부의 일생을 흠모하며 사대부로 태어나 출장입상하고 아름다운 여인을 부인으로 맞이하면 최고의 행복을 누릴 수 있으리라 믿었다.

과연 양소유는 최고의 욕망을 실현했다. 그럼에도 불구하고 양소유는 행복하기는커녕 슬프고 우울했다. 세속 욕망이 최고로 이루어진 단계에서 심각한 허무를 경험한 것이다. 욕망을 이루지 못한 단계에서는 욕망 충족이 최고의 행복을 보장해주리라 생각하지만, 욕망을 완전하게 충족한 단계에서는 오히려 가장 불행하게 되었다는 것이야말로 근본적인 아이러니이다.

욕망과 관련된 이런 아이러니를 목격하고 간접 경험하게 된 환자는 욕망과 행복의 관계에 대해 그간 가져온 상식이 부정되는 충격을 받게 될 것이고, 그것을 계기로 하여 욕망의 의미와 기능, 그리고 진정한 행복은 어떤 것인지에 대해 성찰하게 될 것이다.[52)]

---

52) 이 항목과 관련하여 다음과 같은 질문을 설정할 수 있다:
① 성진의 욕망이 정당하다 생각합니까? 아니면 부질없는 것이라 생각합니까?
② 당신이 생각하는 최고 행복을 누리기 위해서 가장 중요한 조건은 무엇이라 생각합니까?
③ 모든 것을 다 누리게 된 양소유가 우울하게 된 이유를 짐작해보십시오. 그리고 비슷한 사례를 직접 경험하였거나 간접적으로 목격한 적이 있습니까?

6) 삶에 대한 인식의 전환과 삶의 의의 긍정

양소유로 일생을 보낸 성진은 양소유로서의 일생이 허망한 것이었다고 부정한다. 성진의 이런 태도는 삶의 경험을 부정적으로만 생각한다는 점에서 문제가 심각하다. 우울증 환자에게 가장 두드러진 태도도 이와 유사하다. 환자는 경험을 이러저러하다 판단하거나 그 경험을 다른 어떤 것으로 만들려는 경향이 강하다. 인지치료에서는 이같은 태도가 바람직하지 않다고 보고, 경험을 '수용하고, 허용하고, 내버려두라'고 권장한다.[53] 자기 경험을 그대로 수용하여 현재 자기에게 일어나는 일을 자각하는 게 소중하다. 양소유의 일생을 부정하는 성진을 육관대사가 꾸짖은 것도 먼저 이런 맥락에서 이해할 수 있다. 환자는 육관대사의 입장을 수용하여 자기 삶의 경험을 그 자체로 수용하여 바라볼 수 있다. 그리고 다음 단계로 나아간다.

다음 단계란 삶에 대해 긍정적인 의의를 부여하는 것이다. 환자가 자기 삶에 대해 긍정적 의의를 부여할 수 있는 시각을 제공하지 못한다면 우울증 치료는 헛수고가 된다. 환자가 자기 삶에 대해 의미를 부여하지 못하고 허무주의에 빠질 때 귀결점은 자살이기 때문이다. 삶은 무의미하여 허망하기만 하다고 볼 게 아니라 삶이란 근본적으로는 혹은 어떤 점에서는 소중하고 가치 있는 것이라고 볼 수 있어야 한다.

양소유의 삶을 부정한 성진을 다시 문제 삼는 『구운몽』의 결말부

---

53) Z.V. Segal · J.M.G.Williams · J.D.Teasdale, 앞의 책, 287면.

분은 삶이 살만한 가치가 있다는 메시지를 담고 있을 뿐만 아니라, 삶이 가치 있다는 생각을 생성할 계기와 논리를 제공한다. 이 대목에서 우선 따져야 할 것이 성진의 아상(我相) 집착이다. 육관대사가 『금강경』을 설한 것은 그 점을 지적하려 한 것이기도 하다. 『금강경』의 핵심 가르침인 즉비(卽非) 논리를 살펴보자.

> 만일 보살이 아상, 인상, 중생상, 수자상이 있다면 더 이상 보살이 아니다.[54]
>
> 부처가 설하신 반야바라밀은 즉 반야바라밀이 아니기에 반야바라밀이다.[55]
>
> 여래가 설하신 장엄국토는 장엄이 아니기에 장엄이다.[56]

이렇게 『금강경』은 시종 비슷한 화법을 구사한다. 여래가 말하고 행동한 것은 상대적 분별심에 의한 것이 아니고 또 거기에 머무르지도 않기에 영원한 가치가 있다고 말하는 화법이다. 반면 중생은 분별심을 갖고 한곳에 머무르기 때문에 여래가 되지 못하는데 그 모두가 아상[57]에서 비롯되었다고 보았다. 양소유로서의 일생을 완전히 부

---

54) 若菩薩 有我相人相衆生相壽者相 卽非菩薩(『금강경』 상 「大乘正宗分 第三」)

55) 佛說般若波羅蜜 卽非般若波羅蜜 是般若波羅蜜(『금강경』 상 「如法受持分 第十三」)

56) 如來說莊嚴佛土者 卽非莊嚴 是名莊嚴(『금강경』 상 「莊嚴淨土分 第十」, 『금강경』 하 「究竟無我分 第十七」; 그 외 『금강경』의 23군데 이상에서 즉비 논리를 찾을 수 있다.

57) 아상은 사상(四相) 중 하나지만 사상 전체를 대변한다고 볼 수 있다. 사상은 아상(我相), 인상(人相), 중생상(衆生相), 수자상(壽者相)을 말하는데, 육조(六祖) 혜능(慧能)은 사상을 범부(凡夫)와 수행인(修行人)의 경우로 나누어 설명했다. 그중 아상은 '恃有財寶學問族性 輕慢一切人'(범부), '心有能所 輕慢衆生'(수행인)이다.(『금강경』 상 「大乘正宗分 第三」)

정하고 눈물을 흘리고 있는 성진은 여전히 분별심[58]에 집착하고 아상에서 해방되지 못한 것이다. 육관대사는 그 점을 지적한 뒤, 삶을 긍정하는 대 전환을 촉구한다. 양소유의 삶이든 성진의 삶이든 그 자체의 의의를 어떻게 인정할 수 있을까?

> 우리의 삶은 실재가 아닌 정신적 습관이 반영된 토대 위에 있다. 그럼에도 불구하고 우리는 환상 같은 삶을 개선시키기 위해 노력해야 한다. 그렇지 않으면 우리는 환상 속의 사건들에 의해 끊임없이 상처 받을 것이다.[59]

이처럼 사람이 할 수밖에 없는 당위를 생각할 수 있다. 우리가 환상 같은 삶을 개선시키기 위해 노력하지 않으면 그 환상 같은 삶으로부터 우리가 받는 상처는 더 커진다. 환상을 환상으로 인정하면 환상으로부터 받는 고통을 경감시킬 수 있다. 이런 발상은 우울증 환자로 하여금 소극적으로나마 인식의 전환을 꾀하게 할 수 있다. 그리고 이 소극적 인식 전환을 바탕으로 하여 삶에 대해 적극적인 의미를 부여할 수 있다.

> 지금 이 순간 카르마는 우리 삶의 현실이다. 하지만 궁극적인 목적은 카르마를 초월하는 것이다. 이것은 우리가 완전한 깨달음에 이르러 더 이상 '자아'에 집착하지 않을 때 일어난다…… 카르마를 초월하려면 긍정적

---

58) 혜능이 '수행인'의 아상의 원인으로 거론한 '能所'는 주체과 대상의 분별심을 말한다.
59) 툴쿠 퇸둡 림포체, 앞의 책, 73면

인 카르마의 길을 가야 한다. 좋은 카르마를 더 많이 일으킬수록 우리는 더 많은 평화와 기쁨을 누린다. 그리고 기쁨과 평화를 누릴수록 훨씬 더 큰 평화와 기쁨을 만들어낸다. 이것은 '자아'에 대한 완고한 집착을 서서히 완화한다.

마침내 우리는 마음이 가진 진정으로 밝은 본성을 본다. 이런 깨달음에 이르면 우리는 '자아'에 대한 집착을 뿌리 뽑고 완전히 깨어있게 된다. 이런 식으로 선한 카르마는 '저기 어딘가에 있는' 어떤 상태가 아니라 우리 안에 늘 존재하는 궁극적인 평화와 기쁨으로 돌아가도록 우리를 안내한다.[60)]

지금 이곳의 삶은 무상하지만 우리로 하여금 다채로운 경험의 기회를 제공한다. 그 점에서 소중하기 이를 데 없다. 마냥 행복하기만 했던 양소유의 삶은 물론, 고통으로 점철되었던 조신(調信)의 삶조차 소중한 것이었다. '기쁨은 세상이 안겨주는 것이 아니라 자신이 세상을 즐기는 데서 우러나오는 것'[61)]이기 때문이다. 삶이란 무상하더라도 집착을 떨쳐버리고 진정한 깨달음으로 가기 위한 노력을 가능하게 해주었다는 점에서 소중하다.

우리는 무상함에 감사해야 한다! 무상함의 축복 덕분에 우리가 올바로 노력만 한다면 삶의 비참함은 끝날 것이다. 또한 그와 같은 축복은 우리의 존재를 변화시켜 고귀한 인간의 삶을 살 수 있는 기회를 줄 것이다.[62)]

60) 위의 책, 71~72면
61) 데이비드 호킨스, 앞의 책, 176면.
62) 툴쿠 퇸둡, 앞의 책, 61면.

무상한 삶에 대해 오히려 감사해야 한다고 했다. 무상한 삶은 우리가 하기에 따라 우리의 존재를 변화시켜줄 수 있기 때문에 축복이 된다.

문학치료 텍스트로서의 『구운몽』은 이상과 같은 생각을 체계 있게 담고 있지는 않다. 또 여러 곳의 공백을 남기고 있다. 이런 공백을 남기고 있다는 점이야말로 오히려 치료에 도움을 줄 수 있다. 공백을 메우는 다시쓰기는 이해 · 성찰치료와 창작치료가 조화를 이룰 수 있게 할 것이다. 특히 다시쓰기에 활용해야 할 중요한 대목으로는, 육관대사의 설법 부분[63]과 육관대사가 떠난 뒤 성진이 보살대도를 얻어 대중으로부터 육관대사 못지않은 존경을 받기까지 부분이다.

육관대사는 성진이 자기 자신의 존재만을 절대적 기준으로 설정하는 태도를 꾸짖었다. 양소유의 일생으로 대변되는 세속의 삶도 그 자체로 소중할 수 있다. 세속의 삶은 궁극 깨달음의 발판이요 귀결점이기 때문이다. 깨달음이나 해탈이란 지금 이곳을 떠나서 따로 존재하는 것이 아니다. 지금 나 자신이 부처이기 때문이다. 그만큼 세속 인간으로서의 일생은 소중하다.[64] 그래서 운문(雲門)이 말한 '날마다

---

63) 이 부분에 대한 다시쓰기의 한 예는 이강옥, 『구운몽』, 두산동아, 2005, 125면을 참조할 것.

64) 함허(涵虛)는 『금강경』 「淨心行善分」 '說誼'에서 이 경지를 이렇게 설명했다. '본래 부처였지만 한 생각이 미혹하니, 미혹했으나 잃은 것이 없도다. 드러나 이루어져 있는 것을 그대로 수용하나니, 소리를 듣는 순간이 증득하는 때이고 색을 보는 순간이 증득하는 때이다. 한번 보고 한번 듣는 것과 발을 들었다 발을 내리는 것 모두가 적멸의 장이다. 그러므로 말하니, 생각 생각마다 석가가 세상에 출현하는 것이고 한걸음 한걸음마다 미륵이 이 세상에 내려오는 것이로다. 이미 그러하기가 이와 같으니 어찌 범부다 성인이다 분별하는 것을 용납하겠는가?'(本來是佛 一念而迷 迷不曾失 現成受用 聞聲 是證時 見色 是證時 一見一聞 擧足下足 一一皆是寂場 所以 道 念念釋迦出世 步步彌勒下生 旣然如是 何容分別是凡是聖'; 『금강경』 하 「정심행선분 第二十三」)

좋은 날'이 된다.[65)]

이런 깨달음의 경지까지는 인정하지 못한다 하더라도 이곳의 삶이 이런 이유로 소중하다고 인정하는 인식의 전환만은 이룰 수 있다. 자기 삶에 대한 인식의 전환은 우울증을 일으키는 근본 마음가짐에 충격을 줄 것이다. 우울증 환자는 이런 인식의 전환을 계기로 하여 자기 삶을 새롭게 보게 되고 서서히 삶의 의욕을 회복할 수 있을 것이다.

내 삶을 구성하는 조건이 행복한 것이든 불행한 것이든 그것은 고정불변의 것이 아니라 연기적(緣起的) 관계에 따라 변화하는 잠정적인 것이라는 생각을 받아들이고, 더 근본적으로는 행복하다 불행하다는 분별 자체가 성립되지 않는다고 보도록 이끌 수 있다. 마침내 지금 이곳의 삶의 경험이야말로 내 운명을 개선하고 비약시키는 결정적 계기가 된다는 믿음을 갖게 할 것이다.

『구운몽』은 이상과 같은 삶에 대한 인식과 태도의 변화를 이끌어내는 데 필요한 자극과 계기, 논리를 제공한다. 『구운몽』 읽기를 통하여 이룩한 인식과 태도의 변화는 우울증 환자가 우울증을 이겨내게 하며, 나아가 모든 사람들로 하여금 행복한 일상을 꾸려가는 데도 도움을 준다고 본다.[66)]

---

65) [세상 사람은 비가 오면 "날씨가 나쁘다"고 하고, 비가 그치면 "날씨가 좋아졌다"고 한다 …… 그러나 우주는 인간을 위해 있는 것이 아니다. 우주의 본체에서 보면, 소나기도 태풍도 홍수도 가뭄도 모두 자연 현상일 뿐 거기에는 선도 악도 없다.] "[우주의 절대적 진리를 파악하고 있는 사람에게는] 날마다가 참 좋은 날이다."(안동림 역주, 『벽암록』, 현암사, 2004, 83면)

66) 이 항목과 관련하여 다음과 같은 질문을 설정할 수 있다:
① 성진은 왜 눈물을 흘렸다고 생각합니까?
② 눈물을 흘리는 성진을 육관대사는 왜 꾸짖었다고 생각합니까?

4. 마무리

지금까지 우울증 치료 텍스트로서의 『구운몽』의 가치와 가능성을 살폈다. 그로써 감상치료나 창작치료에 치우친 기존 문학치료법의 한계를 넘어서는 이해 · 성찰치료의 길을 모색했다.

『구운몽』은 그 창작부터 우울증과 긴밀한 관련이 있었다. 작자 김만중의 성향이나 잠재 독자인 모친 윤씨 부인의 말년 처지와의 관련에서다. 성진과 양소유도 우울증을 구체적으로 보인다. 성진은 양소유로 태어남으로써 우울증을 잠정적으로 극복하고, 양소유는 성진으로 돌아오면서 우울증을 부분적으로 해소한다. 육관대사의 『금강경』 설법에서 비롯한 성진의 수행으로써 우울증은 완전 해소되었다. 『구운몽』 서사의 전개는 우울증의 발현과 극복 과정이라고도 읽을 수 있다.

『구운몽』 텍스트는 우울증 치료에 활용할 다양한 요소를 갖추고 있다. 『구운몽』은 사람의 생각이 얼마나 강력한 영향력과 형성력을 가지는가를 충격적으로 보여준다. 한 순간의 생각이 행복과 불행을 결정하고 새로운 생을 만들기까지 한다. 성진이 양소유가 되는 과정을 통하여 죽음과 환생의 절차를 보여준다. 현실과 가상, 진실과 속임수가 뒤섞인 모습도 보여준다. 결말부에서는 세속 삶의 가치와 의의에 대한 성찰을 보여준다.

---

③ 육관대사의 마지막 설법은 어떤 내용을 담으면 좋을 지 써 봅시다.
④ 당신은 자기 삶에 대해 긍정적인 의미를 부여할 수 있게 되었나요? 긍정적인 의미를 부여하게 되었다면 그 이유는 무엇입니까? 긍정적인 의미를 부여할 수 없다면 그 이유는 무엇입니까?

『구운몽』에 대한 이런 해석을 바탕으로 하여 『구운몽』을 우울증 치료에 활용할 방안을 제시하였다. 환자는 우울한 성진 및 양소유와 자신을 동일시할 수 있다. 환자는 자기 감정을 이입하는 방식으로 작중 인물들이 사고와 행동을 구체화한다. 그러나 환자가 감정이입 단계에 머물면 자신의 변화를 초래하기 어렵다. 작중 인물을 통해 자신을 성찰하는 단계에 이르기 위해서는 동일시한 작중 인물로부터 다시 멀어져야 한다. 육관대사나 서술자의 자리가 그런 거리두기를 가능하게 한다. 환자는 '성진 · 양소유 → 육관대사 → 서술자'의 차례로 시선을 옮겨감으로써 동일시 → 대상화 → 근본 성찰을 이뤄갈 수 있다.

우울증 환자가 가진 가장 심각한 문제는 부정적 생각이다. 환자는 경험적 사실을 부정적으로만 생각하여 스스로 우울해지는 것이다. 생각이 강력한 영향력과 형성력을 갖고 있음을 보여주는 『구운몽』은 우울증 환자로 하여금 생각을 긍정적으로 하게 만들 수 있다. 환자는 먼저 부정적 생각이 자기 현실을 부정적으로 들었다는 것을 체득한다. 다음으로 자신이 긍정적 현실을 원한다는 것을 받아들이고 그러는 데 가장 중요한 전제가 긍정적인 생각이라는 것을 수용하게 된다. 궁극적으로는 '산냐'를 버리도록 인도한다. '산냐'란 대상을 받아들여 개념을 만들고 이름을 붙이는 작용으로서, 사람을 집착하게 하고 불행하게 만드는 기본 성향이다. 부정적 생각은 이 산냐의 범주에 포함되는 것이다. 크게 산냐를 극복하면 부정적 생각은 자연히 사라진다.

『구운몽』은 자살 충동을 느끼는 우울증 환자로 하여금 죽음에 대한 환상을 버리고 지금의 삶에 충실하도록 이끌 수 있다. 성진이 양소유로 태어나기까지 나타난 죽음 과정의 모습은 환자로 하여금 자신의 죽음을 생각하고 대비하는 데 도움이 되는 장면이다. 환자는 이 대목을 통해 죽음에 대한 성찰을 할 수 있다. 임종의 중요성을 알게 되면서 자살이 고통의 바람직한 해결책이 아님을 알게 된다.

작자는 속임수와 꿈이라는 서사 장치를 거듭 설정함으로써, 독자들에게 양소유의 가상성을 환기한다. 성진이 양소유의 존재를 '꿈속의 일'이라고 부정하기 전, 독자 스스로가 먼저 양소유의 가상성을 알아차리도록 한 것이다. 거듭 속임을 당하면서도 오히려 자기가 속이고 있다고 우쭐대는 양소유를 독자는 우스꽝스럽게 생각한다. 그런 독자의 시선은 우울증 환자의 시선으로 전환될 수 있다. 환자는 현실 경험의 가상성을 인식하게 된다. 자신을 우울하게 만드는 이 세상의 상황도 가상일 수 있다고 생각한다. 『구운몽』 읽기를 통한 속임수와 꿈의 경험은 환자들이 현실 욕망에 대한 집착을 버리고 자유롭게 살아가는 바탕을 마련해준다. 나아가 그 경험은 '꿈 요가' 혹은 '자각몽(自覺夢)'이라는 명상법으로 나아갈 수 있다. 꿈 요가란 삶에서 일어나는 일들을 실재가 아닌 꿈이나 가상으로 느끼려고 훈련하는 것이다. 삶을 가상이나 꿈처럼 느끼도록 마음을 훈련하는 것은 현실적 욕망에 대한 집착을 완화시키는 데 도움을 준다. 우울한 느낌은 원하는 것을 이루지 못하거나 잃기 싫은 것을 충격적으로 잃었을 때 가장 강력하게 형성된다. 우울함을 유발하는 원인이 실체가 없는 헛것이거나 환상이라면 우울해할 이유가 없을 것이다.

우울증은 환자의 욕망이 충족되지 않을 때 경험하는 좌절감에서 비롯되기도 한다. 그 좌절감은 욕망만 충족되면 완전한 행복이 보장

된다는 생각을 전제한 것이다. 『구운몽』에서 양소유의 처지는 성진이 꿈꾸던 욕망이 최고로 실현된 상황이다. 그러나 양소유는 최고의 욕망을 충족한 단계에서 오히려 심각한 허무를 경험한다. 이런 근본적 아이러니를 목격하고 간접 경험하게 된 환자는 욕망과 행복의 관계에 대한 통념이 부정되는 충격을 겪는다. 그것을 계기로 하여 욕망의 가치와 기능, 그리고 진정한 행복에 대해 성찰할 수 있는 것이다.

결국 우울증 환자는 삶이란 근본적으로는 혹은 어떤 점에서는 소중하고 가치 있는 것이라고 볼 수 있어야 한다. 양소유의 삶을 부정한 성진을 다시 문제 삼는 『구운몽』의 결말부분은 세속의 삶이 살만한 가치가 있다는 메시지를 담고 있을 뿐만 아니라, 삶이 가치 있다는 생각을 생성할 계기와 논리를 제공한다. 본고는 『금강경』의 핵심 가르침인 즉비(卽非) 논리를 이와 관련시켰다. 즉, 사람이 상대적 분별심에서 벗어나기만 한다면 세속의 삶은 고통스러운 집착의 대상이 아니라 한없는 행복의 원천이 된다는 것이다. 또 세속의 삶은 다채로운 경험의 기회를 제공한다는 점에서도 소중하다. 육관대사는 자신의 존재만을 절대적 기준으로 설정하는 성진의 태도를 꾸짖었다. 육관대사의 입장에서 보면 양소유의 일생으로 대변되는 세속의 삶도 그 자체로 소중한 것이다. 세속의 삶은 궁극 깨달음의 발판이요 귀결점이기 때문이다. 깨달음이나 해탈이란 지금 이곳을 떠나서 따로 존재하는 것이 아니다. 지금 나 자신이 부처이기 때문이다.

이런 깨달음의 경지까지는 인정하지 못한다 하더라도 이곳의 삶이 이런 이유로 소중하다고 인정하는 인식의 전환만은 이끌 수 있다. 자기 삶에 대한 인식의 전환은 우울증을 일으키는 근본 마음가짐에 충격을 준다. 우울증 환자는 이런 인식의 전환을 바탕으로 하여 자기 삶을 새롭게 보고 서서히 삶의 의욕을 회복하게 된다.

내 삶을 구성하는 조건이 행복한 것이든 불행한 것이든 그것은 고정불변의 것이 아니라 연기적 관계에 따라 변화하는 잠정적인 것이라는 생각을 받아들이고, 더 근본적으로는 행복하다 불행하다는 분별 자체가 성립되지 않는다고 보도록 이끌 수 있다.

문학치료 텍스트로서의 『구운몽』은 이상과 같은 생각을 체계 있게 담고 있지는 않다. 또 여러 곳의 공백을 남기고 있다. 공백을 남기고 있다는 점은 오히려 치료에 도움을 줄 수 있다. 공백을 메우는 다시쓰기는 이해 · 성찰치료와 창작치료가 서로 조화를 이루게 할 것이다. 『구운몽』은 삶에 대한 인식과 태도의 변화를 이끌어 내는 데 필요한 자극과 계기, 논리를 제공한다. 『구운몽』 읽기를 통하여 이룩한 인식과 태도의 변화는 우울증 환자가 우울증을 이겨내게 하며, 나아가 사람들로 하여금 행복한 일상을 꾸려가는 데도 도움을 줄 것이다.

『구운몽』이 『금강경』과 긴밀한 관련을 갖고 있기에 본고는 『구운몽』의 문학치료적 가능성을 타진하면서 『금강경』 수행론의 원리를 적극 활용하였다.[67] 앞으로 우울증 환자들을 체계적으로 상담하는 과정에서 이 프로그램의 유용성과 효과를 점검하여 수정하겠다. 『구운몽』을 활용하는 좀 더 온전한 우울증 치료 프로그램을 마련하여 유의미한 치료의 사례를 포착 분석하는 것은 앞으로의 과제로 삼는다.

---

67) 환자 중 기독교적 신념이 강해 이런 프로그램에 대해 거부감이 강한 경우, '인지치료의 기독교적 적용법'(김예식, 앞의 책, 161~251면)을 참조하여 적절히 다른 프로그램으로 만들 수 있을 것이다.

『구운몽』의 재해석과 희망의 서사 교육

1. 문제제기

문학 교육은 '문학이란 무엇인가?'라는 물음에 답하는 법을 가르치는 것만이 아니라 '인간은 문학 활동으로 무엇을 할 수 있는가?'라는 물음에 대한 답을 탐색하고 그 실천 방안을 모색하게 하는 것[1]이어야 한다. 이때 '문학 활동'이란 문학 작품을 비판적 · 창조적으로 해석하고 그 경험을 바탕으로 하여 새로운 작품을 생산하는 것이면서, 그 과정에서 자기와 세계에 대한 성찰과 깨달음을 추구하는 것이다.

1) 한국교육과정평가원, 『고등학교 국어과 교육과정 해설 연구 개발』, 2008, 408면.

문학 갈래 중 서사는 삶과 총체적으로 관련된다. 사람은 자신의 정체성을 구성하고 문화 속에서의 자신의 위치를 발견하려 애쓰는데, 그러는데 주로 서사 양식에 의존한다.[2] 서사는 사람이 세계를 이해하는 방법과 자신과 세계에 대해 알고 느끼는 것을 타인에게 말해주는 모든 것들로 구성되어 있기[3] 때문이다. 그러므로 학습자가 자기와 세계를 바라보고 삶의 방식을 모색하는 일과 서사 교육이 긴밀히 관련되는 것은 당연하다.

서사의 기능 중 가장 중요하다고 할 것이 '성찰적 세계 인식'이다. 성찰적 인식 능력은 서사의 표현과 이해 활동을 통해 형성된다.[4] 그런데 서사의 성찰적 기능을 세계에 대한 것으로만 보아서는 곤란하다. 성찰은 자아에서 시작하거나, 세계와 자아에 대하여 동시적으로 이루어지는 것이다.

서사를 통한 자아 성찰은 자기 이야기하기라는 방식으로 구체화된다. 자신에 대해 이야기하는 것은 삶을 살아가는 방편이면서 삶과 자신에 대한 태도를 만드는 것이다.[5] 이와 관련하여 북아메리카 인디언의 사례가 흥미롭다. 브루너는 인디언 부족의 자기 이야기가 달라지면서 인디언 부족의 삶이 달라졌음을 발견하였다. 1930년에서 1940년 경 북아메리카 인디언들은 자신들의 삶을 비극적으로만 이야기하였다. 그러다가 1950년대에 이르러 다른 이야기가 나타났다.

---

2) Bruner, J., *The Culture of Education*, Harvard University Press, 1996, p.42; 김상욱, 「국어교육의 방향과 서사적 상상력－서사적 상상력을 중심으로」, 『문학교육학』 15집, 2004, 28면.
3) 임경순, 「서사 교육의 의의, 범주, 기능」, 『서사 교육론』, 동아시아, 2001, 49면.
4) 위의 논문, 75면.
5) 고미영, 「가능성을 불러오는 이야기의 힘」, 『국어국문학』 146호, 국어국문학회, 2007, 172면.

먼저 과거 백인들로부터 받은 부당한 착취를 그려냈고, 다음으로 새로운 도약과 재기가 가능한 미래를 이야기했다. 자신들의 상황에 대한 새로운 해석들이 등장한 것인데, 이 새로운 해석은 '희망적인 플롯' 안에서 현재를 바라보게 했으며 새로운 삶의 형태를 만들어냈다는 것이다.6)

이렇게 자신에 대해 다르게 이야기할 수 있다는 것은 자기를 달라지게 하는 동력이 된다. 여기서 서사가 학습자를 달라지게 만드는 원리가 도출될 수 있다. 학습자는 서사를 읽기 시작할 때, 대체로 주인공과 자신을 동일시한다. 주인공의 행동과 그 행동에 의해 구성되는 작품의 주제를 나름대로 해석하는 것은 학습자 자신의 삶을 그런 쪽으로 이끌어가는 것이기도 하다. 즉, 서사의 읽기에서 대상 텍스트를 어떤 쪽으로 해석해 가는가 하는 점은 바로 학습자가 자신의 서사를 어떻게 구성하는가의 문제와 직결되고 궁극적으로 학습자 자신의 삶을 어떤 쪽으로 꾸려가는가의 문제로 귀결된다고 하겠다.

서사와 학습자의 삶을 연결시키는 태도는 개정 국어과 교육과정에 근거를 둔다. 개정 7차 국어과 교육과정 중 『문학』의 내용 체계에서 발견되는 가장 큰 변화는 '문학과 삶'이라는 항목을 새롭게 설정한 것이다.7) 문학이 삶에서 수행해야 할 역할을, '문학이 인간과 세계의 이해를 돕고, 삶의 의미를 깨닫게 하'는 것이라 지적했고, 더 구

6) 위의 논문, 174~175면.

7) '문학과 삶'은 이번 교육과정 개정에서 새롭게 설정한 것으로 기존의 문학의 태도에 더하여 문학에서 다루는 주제나 내용들이 개인과 공동체의 여러 과제와 직접적인 관련이 있음을 인식하고 문학 활동을 통해 그러한 제 과제의 수행에 실천적으로 참여하는 활동을 지향했다. 그래서 여기에 속하는 내용들은 모두 행위 동사로 기술하여 그 실천성과 실제성을 강조했다.(한국교육과정평가원, 앞의 책, 412면)

체적으로 '문학을 통하여 자아를 성찰하고 삶의 의미에 대해여 질문하는' 것이라 했다. 이것은 문학교육이 국어교육의 목표를 아우르면서 전인교육의 역할까지 맡아야 한다고 보았음을 뜻한다. 이런 취지를 가장 잘 나타내고 있는 부분은 10학년 문학의 교육 내용이다.[8] 이런 교육 내용은 문학이 삶에 미치는 긍정적인 의미와 효과를 학습자 자신의 삶의 맥락에서 발견하도록 하기 위하여 설정하였다. 문학의 효용성을 인지시키는 데 중점을 둔 것이다. 문학 교육이 인식 차원에 머물지 않고 학습자 스스로가 문학 내용을 내면화하여 실천하는 단계로 나아가게 한다.

문학의 효용과 관련한 이런 성취 기준은 7학년 읽기 영역의 성취 기준 '(4) 특별한 경험을 기록한 글을 읽고 글쓴이의 경험에 비추어 자신의 삶을 성찰한다', 7학년 쓰기 영역의 성취 기준 '(5) 자신의 생활 체험을 바탕으로 독자에게 감동이나 즐거움을 주는 글을 쓴다', 8학년 문학 영역의 성취 기준 '(1) 문학 작품의 아름다움과 가치를 파악한다' 및 10학년 문학의 성취 기준 '(3) 인간의 보편적인 삶의 조건에 비추어 문학 작품을 이해한다'와 연계하여 지도할 수 있다.[9]

학습자들의 삶의 문제와 서사 교육이 긴밀하게 관련되어야 한다는 원칙은 서사 교육이 학습자의 세계 인식을 도울 뿐만 아니라 학습자의 문제적 내면의 위안이나 치유로 나아가야 함을 뜻한다. 오늘날

---

8) 【10－문학－(1)】 문학이 인간의 삶에 미치는 긍정적인 의미와 효과를 발견한다.
【내용 요소의 예】
○ 문학의 효용에 대해 이해하기
○ 작품 읽기로 인해 나타나는 긍정적 효과에 대해 토론하기
○ 작품을 읽고 자신의 삶에 어떤 변화가 있었는지 말하기(위의 책, 97면)

9) 위의 책, 97면.

학습자들은 자포자기나 자기 학대 등으로 나타나는 비관적 삶의 자세를 갖고 있는 경우가 많다. 이런 경우들은 매우 우려해야 할 상황으로 우울증으로 악화되기까지 한다.10) 특히 청소년 우울증이 '무망감 우울증상(Hopelessness depression symptom)'의 양상을 보인다는 것이 심각하다.11) 무망감 우울증이란 '희망없음'이나 '동기 결핍'에 의해 조장되는 우울증이다. 병적 단계에 까지 이르지는 않은 경우라도 학습자들이 지금 이곳에서의 삶을 행복하게 누리고 있다고 보기는 어렵다. 오늘날 학습자들은 무엇을 위해 왜 하는지도 모르고 그냥 공부만 한다. 이들이 대학에 들어가기까지, 아니 대학에 들어가서까지 자기 삶에 대한 근본적 성찰을 하거나, 사람의 일생이 어떤 가치가 있고 어떤 목표로 살아가야 하는지에 대해 진지하게 살펴볼 기회를 얻지 못하는 것이다. 그런 점에서 오늘날 한국의 학습자들은 그냥 '알 수 없는 미래를 위해 오늘의 행복을 저당잡히'12)고 있는 셈이다. 그리고 적지 않은 학습자들은 경쟁 대열에서 이탈하여 절망한다. 서사교육은 이런 학습자들의 형편을 외면해서는 안 된다고 판단한다.

한편, 『구운몽』은 우리 고전 서사를 대표하는 작품으로서, 국어 교과서 안에서도 그 권위를 인정받아 왔다. 『구운몽』은 제4차 교육과

---

10) 우리나라 도시 지역 청소년의 우울증을 조사한 결과에 의하면, 남학생 17.4%, 여학생 20.6%, 전체 21.2%가 우울증 성향이 있다고도 한다.(조성진 · 전홍진 · 김무진 · 김창규 · 김선옥 · 류인균 · 조맹제, 「한국 일도시지역 청소년의 우울증상 유병률과 관련요인에 대한 연구」, 『정신신체의학』 40(4), 2001, 627~639면; 하은혜 · 오경자 · 송동호, 「청소년기 우울 및 불안증상 공존집단의 심리사회적 위험요인」, *The Korean Journal of Psychology* 20-2, 한국심리학회, 2003, 128면)

11) 윤소미 · 이영호, 「한국판 무망감 우울증상 척도의 타당화 연구-청소년 대상으로」, *The Korean Journal of Clinical Psychology* 23-4, 한국심리학회, 2004, 1052면.

12) 권태선, 「내 삶의 주권 찾기」, 『한겨레신문』, 2009.11.11.

정 고등학교 2학년 국어교과서에 실렸다가, 제5차 때는 제외되었으며, 제6차와 제7차 교육과정에서는 고등학교 국어(상)에 실렸다. 검인정 고등학교 문학교과서에서는 빠지지 않고 실렸는데, 제1차 교육과정에서는 4종, 2차에서 13종, 3차에서 5종, 4차에서 3종, 6차에서 10종, 7차에서 3종의 교과서에 실렸다. 이처럼 『구운몽』은 학교 서사문학 교육에서 큰 비중을 차지하여 왔지만, 그에 대한 해석과 교육 목표 설정에서 문제점들을 드러내었다.

7차 교육과정 『국어(상)』은 양소유의 말년 부분부터 마지막까지에 해당하는 '양승상등고망원(楊丞相登高望遠) 진상인반본환원(眞上人返本還元)'을 싣고 있고, 다른 문학 교과서들은 다른 대목들을 싣고 있다. 이 결말부를 선택한 것은 이 부분에서 『구운몽』의 주제가 가장 뚜렷이 나타난다고 판단했기 때문일 것이다. 과연 교사지도서를 비롯한 참고서들은 '인생무상' 혹은 '인생무상의 자각을 통한 허무의 극복'이라고 『구운몽』의 주제를 설명하고 있다. '양승상등고망원'에다 '인생무상'을 대응시킨다면, '진상인반본환원'에다 '허무의 극복'을 대응시키는 식이다. 그러나 이런 연결은 상식적으로도 이해되지가 않는다. 인생무상을 자각하는 것이 어떻게 허무를 극복하는 쪽으로 나아간다는 말인가?

김만중은 『사씨남정기』와 『구운몽』을 썼다. 그런데 같은 작자의 소설인데도 둘의 서사 문법과 지향은 극단적으로 다르다. 『사씨남정기』가 그리는 현실은 철저히 갈등하는 모습이다. 갈등의 발생과 해결 과정을 통하여 『사씨남정기』는, 사람은 이렇게 살아야 하고 선과 악은 이렇게 작용해야만 바람직한 삶이 구성된다는 윤리적 주장을 강하게 한다. 반면 『구운몽』은 윤리로부터 자유로운 여건에서 조화로운 삶을 묘사한다. 『구운몽』은 윤리의 문제를 지적할 필요가 없을 정도로 완전히 구족된 삶을 제시하는 것이다. 그리고 삶이 그렇게 완전하게 영위된다 했을 때, 도대체 그런 삶이 어떤 의의를 가지며 또 그런 삶은 어떤 가치가 있는가를 질문한다. 인생은 살만한 가치가 있는가를 따진다. 돌아온 성진을 향하여 육관대사가 던지는 "성진아! 인간 세상의 재미가 과연 어떻더냐?"라는 말은 인생의 의의와 가치에 대한 질문을 압축한 것이다. 『구운몽』은 성찰적 구도 소설이라 할 수 있다.

그런 점에서 『구운몽』은 앞으로의 자기 삶을 설계하는 시기에 있는 중등학교 학습자들에게 매우 중요한 텍스트가 될 수 있다. 『구운몽』은 학습자들로 하여금 삶은 어떤 가치가 있는가를 전면적으로 질문하여 삶은 이러저러한 까닭으로 이러저러한 가치가 있기 때문에 적극적으로 살아갈 수 있다는 점을 내면화하게 할 수 있는 텍스트다. 『구운몽』을 공부하는 과정에서 학습자들은 보편적 삶의 가치를 생각하고 그에 맞춰 자기 삶을 어떻게 꾸려갈지를 모색하는 기회를 얻게 되는 것이다.

2. 『구운몽』의 주제에 대한 기존 해석과 『구운몽』 교육의 방향

1) 『구운몽』의 주제에 대한 기존 해석 검토

① 일장춘몽설

『구운몽』이 세속 부귀영화가 한갓 꿈이라고 가르치는 소설이라는 해석은 매우 오래된 것이다. 이재(李縡, 1680~1746)는 『구운몽』이 '공명부귀(功名富貴)를 일장춘몽(一場春夢)으로 돌린다'고 보았다.[13] 『서포년보』도 '그 글의 요지는 일체의 부귀번화가 모두 헛된 꿈'[14]이라 소개했다. 이우준(李遇駿, 1801~1876)도 '그 뜻은 대개 공명부귀를 일장몽경(一場夢境)으로 돌린 것'이라 했다.[15] 이런 해석은 작가 생존 시기에 가까운 사대부들의 견해라는 점에서 진실에 더 가깝다고 할 수도 있겠지만, 실은 그렇지 않다. 이들의 견해는 양소유의 삶만을 고려한 것이지 작품 전체의 실상을 고려한 것이 아니다. 또 말년 양소유는 삶에 대한 비관 단계에서 멈추지 않았다. 부정적 감정을 계기로 하여 새로운 수행의 길을 모색하는 것이다. 성진이 양소유로서의 일생을 '일장춘몽'이라 부정한 성진도 곧 육관대사에 의해 부정되었다. 그런 점에서 『구운몽』이 '인생 일장춘몽'을 주장했다고 주장하는 것은 설득력이 없다. 초창기 고소설 연구자들도 일장춘몽설을 되풀이했다.

---

13) 稗說有九雲夢者 卽西浦所作 大旨以功名富貴 歸之於一場春夢(이재, 『삼관기』, 『대동패림』 권8, 1988 영인, 338면)

14) 其旨以爲一切富貴繁華 都是幻夢(김병국 외, 『서포년보』, 서울대 출판부, 1992, 227면)

15) 其意. 盖以功名富貴之於一場夢境(이우준, 「소설」, 『몽유야담』 상, 보고사, 1994, 228~229면)

② 공사상설

공(空)사상설은 『구운몽』이 『금강경』의 공사상을 주제로 삼고 있다고 보는 것이다. 정규복에 의해 본격적으로 주창되고 장효현이 지지를 보냈으며, 유병환이 본격적 담론을 구성했다. 정규복은 미(迷)에서 환(幻)을 통하여 각(覺)하기까지 과정을 그렸다는 점에서 『구운몽』이 『금강경』의 공사상을 담고 있다 했다.[16] 또 꿈에서 깨어나도 꿈과 현실을 다르다고만 생각하는 성진에게 육관대사가 장주의 호접몽으로 이분법적 사고의 잘못을 깨우치면서 꿈과 현실(참, 사실)이 다르지 않음을 강조한 대목이 '색과 공의 경계는 부정되어야 한다'는 『금강경』 사상과 통한다고도 했다. 장효현도 『금강경』과 『구운몽』의 주제적 관련을 부정하는 학자들은 『구운몽』의 주제에 대한 선입관을 갖고 있었거나 아니면 『구운몽』의 축약 이본을 대본으로 삼았기 때문이라고 비판하고는,[17] 『구운몽』은 주인공 성진에 의한 두 번에 걸친 부정을 차례로 보여 주고, 마지막에 육관대사에 의한 세 번째의 부정, 즉 그 어느 세계도 참(眞)도 아니고 꿈(夢)도 아니라는 사실을 제시함으로써, 『금강경』의 공(空)사상의 심오한 내용을 문학적 상상력의 구조 속에 시현해 주고 있다고 보았다. 궁극적으로 어느 한 편의 세계에 대한 치우친 긍정 또는 부정의 인식이 아니라, 이 두 편의 세계를 모두 '긍정'하는 가운데에서, 두 세계를 관류(貫流)하는 이치를 깨닫도록 하는 것이라고 해석했다.[18]

16) 정규복, 『구운몽연구』, 고려대 출판부, 1974, 242면.
17) 장효현, 「『구운몽』의 주제와 그 수용사에 관한 연구」, 『김만중문학연구』, 국학자료원, 1993, 122면.
18) 위의 논문, 138면.

이런 주장은, 양소유를 부정한 성진을 육관대사가 다시 부정했다는 점을 강조함으로써, 결과적으로 양소유가 인정되었다고 본다. 그러나 육관대사가 성진을 부정했다고 하여 양소유의 일생을 꿈이 아니라고 한 것은 아니다. 오히려 양소유의 일생이 꿈이나 가상임은 분명하고, 나아가 성진조차 꿈 속 존재일 수 있음을 암시한 것이다. 육관대사는 어느 것이 현실이고 어느 것이 꿈인가를 분명히 하려 한 게 아니다. 육관대사 스스로 성진에게 현실과 꿈을 구분하지 말라고도 가르쳤다. 육관대사에게 중요한 것은 현실이든 꿈이든 그 각각이 갖고 있는 가치에 대한 성찰인 것이다.

아울러 이런 논의는 성진과 육관대사의 발언만을 고려했다는 점에서 한계가 있다. 이 논의가 설득력을 얻으려면 작품 전체에서 골고루 그 근거를 찾을 수 있어야 할 것이다. 무엇보다 양소유의 일생에 대한 서사 속에서 그런 근거를 찾아내어야 할 것이다.

그런 점에서 유병환의 저술은 『구운몽』 각 부분들을 두루 철저히 분석하여 불교사상과 관련시켰다는 점에서 변별성을 갖는다. 『구운몽』과 불교사상을 포괄적으로도 미시적으로도 대응시켰다. 『구운몽』은 윤회 · 연기 · 공 · 중도 · 유식(唯識) 및 여래장사상 등을 망라하고 있으며, 불교사상에 대한 원융상징체계를 지향한다는 것이다. 특히 『구운몽』은 공사상의 진수로 일컬어지는 『금강경』의 각 부분과 대응된다고 보았다.[19)]

유병환의 저술은 『구운몽』과 불교사상의 관계를 해명하는 담론의 수준을 한 단계 끌어올렸다고 평가될 만하다. 다만 『구운몽』의 온갖

---

19) 유병환, 『구운몽의 사상적 실상』, 도서출판 다래헌, 2007, 224~308면.

부분들을 불교사상의 미세한 영역과 연결시키려 한 것이 오히려 『구운몽』과 불교사상의 관계에 대한 담론의 설득력을 약하게 만든 감이 없지 않다. 사대부 김만중이 과연 그와 같이 철저하게 조목조목의 불교 사상을 담기 위해 『구운몽』을 썼을까 하는 의구심이 일어나게 한다.

③ 공사상 미달설

김일렬 · 조동일은 『구운몽』이 『금강경』의 공사상을 담았다는 점을 부인한다. 조동일은 『금강경』을 다음처럼 세 단계로 정리하였다.

> ㉮ 무릇 상(相, 있는 것), 모든 법(法, 생각하는 것)은 모두 허망하다.
>
> ㉯ 불법 또한 허망하다.
>
> ㉰ 모든 것이 잠자코 있기만 할 것이 아니라 머무는데 없이 생각하라. 그리고 적극적으로 보시하라.[20]

㉮에서 ㉯로, 마침내 ㉰에 이르는 『금강경』과는 달리, 『구운몽』은 ㉮에 머물고 있기에 『구운몽』이 『금강경』의 공사상을 담고 있다고 볼 수 없다는 결론을 내렸다. 작품 속에서 육관대사가 『금강경』을 가르치고, 성진에게 그 경전을 전해 주었다고는 하지만, 성진이 『금강경』 사상의 높은 차원을 실행하지는 않았고, 그 사상이 작품에 나타나 있는 것도 아니다. 그래서 『구운몽』 공 사상설은 사상을 깊이

20) 조동일, 「『구운몽』과 『금강경』 무엇이 문제인가」, 『김만중 연구』, 새문사, 1983, III-11~III-12면.

따져 보지 않은 데서 생긴 것이라 비판했다.[21]

김일렬은 『구운몽』이 현실을 부정하지만, 공사상은 현실을 부정하지 않는다고 하여 『구운몽』의 주제가 공사상과 다르다 했다. 현실을 부정하는 것이 공사상의 한 단계인 것은 사실이지만, 그 단계는 단지 공사상만의 것도 아니고 불교사상 일반의 초보단계이다. 『구운몽』에는 역설이 없고 또 '머무는 데 없이 생각하라. 그리고 보시하라'는 단계가 없기에 『구운몽』은 『금강경』의 공사상과는 무관하다고 하였다.[22]

두 견해는 『금강경』 사상에 대한 세 단계 설명법을 공유하고 또 삶은 덧없다는 부정적 주제를 『구운몽』이 담고 있다고 본다는 점에서 차이가 없다. 그렇다면 『구운몽』 해석에 관한한 이 주장은 '일장춘몽설'과 다르지 않다.

그런데 여기서 정립되어 그 뒤로 국문학계의 『금강경』 이해의 준거가 된 '금강경 세 단계' 설명법이 정확하지는 않은 것 같다. ㉮는 아상, 인상, 중생상, 수자상을 버리라는 『금강경』의 가르침[23]과 대응시킬 수 있고, ㉯는 '소위 불법이라는 것은 불법이 아니다'[24]는 가르침과 대응된다. ㉰는 '응당 머무르는 바 없이 마음을 내어라'는 가르

---

21) 위의 논문, III-12~III-14면.

22) 김일렬, 「구운몽신고」, 『한국고전산문연구』, 동화출판사, 1981, 160면; 김일렬, 「김만중과 구운몽」, 『고전소설신론』, 새문사, 1991, 208면; 김일렬, 「김만중 소설 다시 읽기 – 구운몽과 금강경 관계 논쟁의 행방」, 『배달말』 27, 배달말학회, 2000, 330면.

23) 若菩薩 有我相人相衆生相壽者相 卽非菩薩(『금강경』 상 「大乘正宗分」); 凡所有相 皆是虛妄 若見諸相非相 卽見如來(『금강경』 상12)

24) 所謂佛法者 卽非佛法(『금강경』 상20); 所言一切法者 卽非一切法 是故名一切法(『금강경』 하 9); 說法者 無法可說 是名說法(『금강 경』 하16); 所言善法者 如來說卽非善法 是名善法(『금강경』 하19); 如來說一合相 卽非一合相 是名一合相(『금강경』 하27); 如來說卽非法相 是名法相(『금강경』 하29)

침[25])에 대응된다. 그런데 먼저 지적할 것은 이 세 항목이 차례대로 나아가는 단계가 아니라 서로가 긴밀하게 동시적으로 연결된다는 점이다. 그래서 『구운몽』이 ㉮단계에 머무르기 때문에 『금강경』의 공사상과 무관하다는 결론은 인정되기 어렵다. ㉮㉯㉰는 동시에 이루어진다. 그래서 ㉮만 가능하고 ㉯㉰는 불가능하다거나, ㉰는 되는데 ㉮㉯는 되지 않는다고 할 수 없다. 또 ㉮㉯를 부정법으로 끝맺고 있는데, 존재의 실상이 허망한 것은 아니기에 그 부정법으로만 존재를 설명하는 것은 부적절하다. 즉 존재를 유심(有心)으로 보면 모두가 일장춘몽이지만, 무심(無心)이나 무아(無我)의 관점에서 보면 존재는 극락이다. '㉯불법 또한 허망하다'도 '불법은 불법이 아니기 때문에 불법이다'라고 고쳐야 한다. 불법에 집착하지 않을 때 불법은 위대한 긍정의 가르침이 되기 때문이다. '㉰모든 것이 잠자코 있기만 할 것이 아니라 머무는데 없이 생각하라. 그리고 적극적으로 보시하라'는 문장도 문제가 있다. 이것은 보시하는 주체와 보시받는 대상을 분별하고 그 각각에 얽매이는 형국이기에, '응당 머무르는 바 없이 마음을 내어라'는 『금강경』의 가르침과 같다고 하기 어렵다. 『금강경』의 이 문구는 살(殺, 응당 머무르는 바 없이)과 활(活, 마음을 내어라)의 관계를 보인 것이다. 살이 부정이라면 활은 위대한 긍정이다. 물론 살활의 관계가 역전되기도 한다.

이렇듯 '공사상 미달설'은 결국 초기의 '일장춘몽설'로 되돌아간 셈이 된다. 이렇게 된 것은 무엇보다 이 논리의 전제에 문제가 있기 때문이라 판단한다. 이들 담론은 『금강경』의 세 단계 중 최소한 두 단

---

25) 應無所住 而生其心(『금강경』 상10)

계의 부정이 있다 보고, 『구운몽』에는 한 단계 부정만 나타난다 해석했다. 이런 판단의 전제는 주체와 대상을 구분하는 것이다. 그런데 『구운몽』에서 육관대사가 강조한 것은 부정 자체가 아니라, 부정의 전제인 '분별심'을 넘어서야 한다는 점이다. 분별하지 않은 입장에서 모든 대상을 꿈으로 보고 수행하는 것이야말로 『구운몽』의 궁극적으로 보여주고 이끌고자 하는 바인 것이다.

④ 사대부 이념과 욕망의 자기 전개설

비교적 최근의 학자들은 주로 양소유의 세계에 초점을 맞추어 양소유의 일생을 사대부 이념과 욕망의 자기 전개로 파악했다. 소설의 허구성을 활용하여 입신양명과 가문창달의 욕망을 투영한 것이며 당대 현실을 무시한 관념의 조작에 기반한 것이라고 보는가 하면[26] 조선시대 사대부 남성층이 지향했던 이념을 형상화한 것[27]이라 보기도 했다.

특히 강상순은 『구운몽』의 꿈을 서사 내적으로는 성진이라는 한 젊은 수도승의 내면 속에서 역동하던 욕망의 완전한 자기전개를 위해 마련된 '환몽'이면서, 동시에 화용론적 차원에서는 독자들에게 중세사회 내에서 도달 가능한 욕망의 극한을 꿈꾸어 보게 하는 의식적으로 전면화된 '환상(fantasy)'으로 활용되고 있다고 보았다.[28] 다시 말

26) 정출헌, 「구운몽의 작품세계와 그 이념적 기반」, 『김만중문학연구』, 국학자료원, 1993, 164면.

27) 신재홍, 한국몽유소설연구』, 계명문화사, 1994; 엄기주, 「유가의 소설적 대응양상에 관한 연구」, 성균관대 박사논문, 1991.

28) 강상순, 「김만중 소설 다시 읽기－『구운몽』과 17세기 장편소설의 정신분석」, 『배달말』, 배달말학회, 2000, 300면.

해 『구운몽』이 꿈이라는 모티프를 매우 새롭고도 전면적으로 활용함으로써 동시대인들이 욕망과 환상을 해방시키는 독특한 서사적 형식을 창출하고 있으며, 양소유의 세계란 성진의, 그리고 이 꿈에 공감하는 작가 자신과 동시대 독자들의 내면 속에서 역동하던 욕망의 자기전개를 위해 마련한 환상의 무대이며, 이러한 환상의 무대를 통해 전개된 욕망이란 가부장적 가문 이데올로기 하에서 촉발되고 구조화된 '팰러스적 욕망'이라고 보았다.[29)]

물론 그가 『구운몽』의 최종 지점에서 그런 욕망과 환상을 성찰하게 만든다는 지적을 하고 있기는 하지만 그 구체적 내용을 제시하지는 않았다. 이렇듯 양소유에 초점을 맞추어 그 기저에 있는 이념과 욕망을 분석한 성과들은 『구운몽』 담론이 텍스트와 그 맥락에 대한 포괄적 이론 체계로 나아가게 했다고 하겠다. 그러나 이념이나 욕망의 자기 전개 방식에 대한 분석이 충분하지 않고 성진과 육관대사를 통하여 풀어야 할 성찰과 성찰의 결과에 대한 검토가 부족하다. 그런 점에서 『구운몽』이 성찰 면에서 서사 교육에 기여할 수 있는 바를 축소해버렸다는 인상을 준다.

⑤ 『구운몽』 교육론

『구운몽』 교육론은 설성경, 권순긍, 장성진, 여증동 등에 의해 시도되었다.

설성경은 육관대사가 성진으로 하여금 '철학적 꿈여행'을 하게 하고 마침내 『금강경』 설법을 들려주어 완전한 공(空)의 세계를 깨치게

29) 위의 논문, 315면.

하였다고 『구운몽』의 주제를 해석하였다. 이렇게 『구운몽』이 수준 높은 작품임을 입증하는 연구 성과들을 신속하고도 효율적으로 교육의 현장으로 옮겨갈 수 있어야 하며, 그러기 위해서는 일선 교사들과 연구자들간의 유기적인 통로가 마련되어야 한다고도 주장했다.[30]

『구운몽』이 수준 높은 소설임을 학습자들에게 알려주는 것이 중요하다는 이런 논의의 귀결점은 학습자들로 하여금 우리의 대표소설인 『구운몽』에 대해 큰 자부심을 가지게 만드는 것이다. 그러나 그게 학습자들의 삶에 어떤 의미를 지니는지 궁금하다.

한편 권순긍은 '위안' 혹은 '구원'으로서의 서사 교육에 초점을 맞추었다. 그는 세속적 욕망의 최고치인 양소유의 세계 속에 김만중의 소망과 이념이 내장되어 있다고 보았다. 그것은 이루어질 수 없는 꿈이지만, 현실의 비참함 속에서 인간이 어떻게 살아갈 수 있는가에 대한 문제제기와 해결의 방법으로 그 꿈을 등장시켰다고 보았다. 인간은 꿈을 통해 불가능한 욕망을 실현하고 그것이 삶에서 얼마나 소중한 것인가를 『구운몽』을 통해 가르칠 수 있어야 하며, 그것이야말로 『구운몽』 교육의 핵심과제라고 결론을 내렸다.[31]

권순긍은 양소유의 부귀영달을 보여주는 것이 비참하게 살아가고 있는 김만중과 그 어머니를 위로하기 위한 것이라 했다. 그러나 양소유의 삶은 작품 밖 존재들의 비참한 삶의 보상체라기 보다는 성진이

---

30) 설성경, 「구운몽을 통해 본 고전교육의 새 진로」, 『어문연구』 제87호, 한국어문교육연구회, 1995, 70면.

31) 권순긍, 「문제제기를 통한 고소설 교육의 방향과 시각 –『고등학교 국어』 교과서 소재 『구운몽』, 「춘향전」, 「흥부전」을 중심으로」, 『고소설연구』 12, 한국고소설학회, 2001, 415~444면.

떠올린 이상적 세속의 모습이라 보아야 하지 않을까 한다. 그 이상적 세속의 모습은 완전하게 충족된 세속 욕망만을 환기하는 것이 아니다. 양소유의 삶으로 대변된 '이상적 세속'과 대조되는 것은 '비참한 세속'이 아니라 '초연한 초세속'이다. 성진:양소유의 대비는 '비참한 현실' : '이상적 현실'의 대조가 아니라 '불가적 삶'과 '사대부적 삶'의 대조이다.

권순긍의 주장처럼, 김만중이 양소유의 삶을 꿈으로 구체화함으로써 자신과 어머니의 비참한 현실을 위안하고자 한 작품이 『구운몽』이라면, 『구운몽』은 수준 낮은 당의정 소설이 된다. 그래서 양소유의 세계는 강렬한 지향의 대상이 되는 반면, 성진의 세계는 기피의 대상이 된다. 『구운몽』은 양분법으로 세상을 나누어 어느 한쪽을 선택하게 하는 셈이다. 그러나 『구운몽』은 양 극단 중 어느 하나를 선택하도록 요구하기 보다는 양분법을 넘어서거나 양분법을 만들지 않도록 가르친다. 학습자의 입장을 고려할 때, 꿈결 같은 양소유의 삶에서 학습자들이 위안을 받는다 하더라도 세상을 보는 그들의 눈은 달라지지 않는다는 점에서 한계가 있다.

여증동이 시작한 '교과서로부터의 구운몽 퇴출론'은 강준호, 김호준으로 이어졌다.[32] 이들에게 『구운몽』은 음란소설이고 불효소설이다. 양소유와 여덟 여인들은 '본능을 억제하지 않고 짐승이나 할 만

32) 여증동, 「음란소설 『구운몽』 연구」, 『새국어교육』 50호, 한국국어교육학회, 1993, 197~203면; 여증동, 「외설소설 『구운몽』 연구」, 『배달말교육』(모국어교육) 18호, 배달말교육학회, 1997, 75~135면; 강준호, 「음란소설 『구운몽』 연구」, 『배달말교육』(모국어교육) 20호, 배달말교육학회, 1999, 49~64면; 김호준, 「외설소설 『구운몽』이 교과서에 실려서는 안 된다」, 『배달말교육』(모국어교육) 21호, 배달말교육학회, 2000, 61~90면.

한 짓을 벌이기에' 음란소설이요,[33] '어머니의 허락도 없이 결혼을 했고 어머니를 그리워하지 않으며 어머니의 죽음을 그려 울게 하지도 않'았기에 불효소설이다. 고로 『구운몽』은 교과서에 실려서도 안 되고, 학습자들에게 소개되어서도 안 된다는 괘씸한 작품이라는 것[34]이 이들의 결론이다. 『구운몽』에 대한 교조적 해석이 『구운몽』에 대한 오해를 증폭시켰다.

2) 『구운몽』 교육 방향

이처럼 『구운몽』은 다양하게 해석되고, 그 해석과 관련하여 제시된 교육방안도 여럿이다. 그런데 서사 교육론자들은 서사 연구자들이 만들어놓은 학설을 소극적으로 선택 수용하기만 하는 태도를 바꾸어야 할 것이다. 서사 교육의 여건을 고려하여 독자적 관점과 방법론으로써 텍스트에 대한 적극적 해석을 시도해야 한다. 서사 교육 영역에서 갖게 된 문제의식은 서사 텍스트에 대한 새로운 해석을 일궈낼 것이고, 그 결과야말로 다시 서사 교육론에 활기를 불어넣을 수 있다. 『구운몽』의 경우도 그러하다. 『구운몽』 교육에 대한 문제의식을 앞세워 『구운몽』을 다시 읽을 때 『구운몽』을 새롭게 해석하는 것은 물론 『구운몽』 교육 방안을 유의미하게 재구성해낼 수 있으리라 본다.

---

33) 김호준, 「외설소설 『구운몽』이 교과서에 실려서는 안된다」, 『배달말교육』(모국어교육) 21호, 배달말교육학회, 2000, 73면.

34) 여증동, 「외설소설 『구운몽』 연구」, 『배달말교육』(모국어교육) 18호, 배달말교육학회, 1997, 94면.

지금까지의 『구운몽』 교육은 상술한 『구운몽』 관련 연구들을 바탕으로 하였다고 볼 수 있다. 특히 '일장춘몽설'이나 '공사상 미달설'이 『구운몽』 교육을 이끌었다. 세속 삶의 경험이 꿈 속 일인 양 부정되기에, 학습자들은 은연중 세상살이가 허무하다는 생각을 내면화하게 되었다. 또 '이념과 욕망의 자기 전개설'에 따라 양소유의 삶을 사대부의 이념과 욕망의 실현으로 해석한다면, 『구운몽』 교육은 학습자들의 일상으로부터 멀어지게 된다. 사대부의 이념과 욕망의 실현자인 양소유를 학습자들이 동일시하기 어렵기 때문이다.

『구운몽』 공사상설은 어느 한 편의 세계에 대한 치우친 긍정 또는 부정이 아니라, 이 두 편의 세계를 모두 '긍정'하려는 동기를 느끼게 한다는 점에서 다른 설명법과 구분된다. 그런데 문제는 성진을 긍정하는 것과 양소유를 긍정하는 것이 공존할 수 있는 매개고리를 제시해주지 못한다는 점이다. 양소유를 부정하는 성진을 다시 부정하는 것은 형식 논리적으로는 양소유를 긍정하는 것이라 볼 수 있지만, 단지 그런 형식 논리로써 학습자들에게 실감을 주기가 쉽지 않다. 막연히 설명된 공사상은 학습자들에게는 '텅빈 것'이라는 느낌 이상을 부여하기 어렵다.

현재 교육과정 『국어』(상)은 『구운몽』을 '능동적 의사소통'이란 단원 속에 배치하고 있다. 구성의 취지를 '작가가 작품을 통해 전하고자 하는 바는 무엇이며, 작가의 의도는 어떤 방식으로 표현되었는지를 알아보게 하고, 그러한 이해의 과정이 독자마다 서로 다르게 나타남을 확인할 수 있도록 하는 것'[35]으로 밝혔다. 학습자들이 문학적

35) 교육인적자원부, 『고등학교 교사용 지도서 국어』(상), 교학사, 2005, 248면.

의사 소통 행위의 특성을 이해하고 이를 바탕으로 하여 문학 작품을 더욱 '능동적'으로 사용할 수 있도록 지도한다는 것이다. 그러면서 작품이 '작가가 독자에게 건네는 대화'[36]라고 생각하여야 함을 강조한다. 그렇다면 작품을 통해 작가가 말하고자 한 바인 주제를 일방적으로 제시하는 것은 바람직하지 않다 할 수 있겠다. 그러나 학습자가 작가와 대등한 대화를 나누기 위해서라도 '작가가 『구운몽』을 통해 말하고자 하는 바가 무엇인지 먼저 생각'[37]해야 한다. 학습자들의 견해를 존중하는 듯하지만 여전히 작가의 생각을 강조하는 것이다. 또 학습활동을 위하여 말년 양소유가 비관적으로 생각하는 부분을 제시하고는 '양소유의 이 말을 통해 작가가 하고자 한 말은 무엇인지 말해 보자'라 했고 이어 그것은 '작가의 주제 의식을 찾는 작업'[38]이라 부연했다. 그리고 그런 생각에 '동의한다' '동의하지 않는다'는 양쪽의 활동을 동시에 인정하기는 했지만, 분명한 것은 작가의 주제 의식을 인생무상에 가까운 것으로 보았다는 점이다. 또 현행 문학 교과서들은 아예 『구운몽』의 주제를 '인생무상'[39] 아니면 '인생무상의 자각을 통한 허무의 극복'[40]으로 단정한다. 이는 동일 작품을 전혀 상반된 주제라고 설명하는 심각한 혼란이다. 그럼에도 불구하고 별 이의제기가 없다. '인생무상의 자각을 통한 허무의 극복'이란 말 중에서 '허무의 극복'은 수사적 장식으로만 기능하기 때문일 것이다. 양

36) 위의 책, 249면.
37) 위의 책, 같은 면.
38) 위의 책, 252면.
39) 김철수 외, 『고등국어』(상), 두산동아, 187면.
40) 『자율학습 18종 문학 고전문학 분석편』, 지학사, 437면.

소유에 의해 대변되는 세속적 삶에 대한 긍정이란 당위적으로 주장될 뿐 설득력과 실감을 갖춘 읽기로 나아가지 못하는 것이다. 그럴진대 '인생무상'으로 주장하나 '인생무상의 자각을 통한 허무의 극복'이라 주장하나 학습자들이 내면화하는 바는 동일하다. 『구운몽』 학습경험에서 '인생무상' 이상을 기억해내는 학습자들이 거의 없다는 사실이 이를 뒷받침한다.

『구운몽』에 대한 기존 연구가 이런 혼란 상황과 무관하지는 않다. '허무의 극복'이란 중차대한 과업을 위해 설득력 있는 논리를 제공하지 못했기 때문이다.

교사지침서의 해명과 현장 교수들의 다각도 노력에도 불구하고 『구운몽』이 인생무상이란 메시지만을 학습자들에게 전한다면, 『구운몽』을 교육현장에서 가르치는 일은 어이가 없는 짓이다. 자신의 인생을 활기차게 설계해야 할 시절의 학습자들에게 '인생은 꿈같은 것이고 무상한 것'이라고 가르친다는 것은 그들의 장래를 망치려 한다거나 저주를 내린다는 인상을 주는 것이다.[41]

41) 교사용 지도서에 제시된 반대 의견, 즉 인생무상에 대한 반대 의견의 예시로 제시된, '양소유가 자신의 삶에서 인생무상을 느끼게 되었다고 하더라도 그것은 자신의 삶을 충실하게 산 결과 얻어진 결과이기에 더욱 값지다'(257)나 '비록 마지막에는 재만 남는다 하더라도 화려하게 타오르는 불길은 얼마나 아름다우며 매혹적인가'(258)라는 구절은 인생무상의 분위기를 반전시키기에는 너무나 무력하고 공허하게 들린다.

3.『구운몽』의 재해석과 희망의 서사 교육

1) 생각은 고통의 출발이면서도 위대한 전환을 이루는 힘이 된다
-의진기망(依眞起妄 : 진에서 망이 일어난다)

『구운몽』 해석에서 일어난 가장 큰 혼선 중 하나는 『구운몽』이 꿈 이야기인가 아닌가 하는 점이다. 보통은 성진이 꿈을 꾸어 양소유가 된다고 보았다. 그 근거는 제명에 '꿈'이 들어가 있고, 또 돌아온 성진에게 육관대사가 "너는 꿈에서 완전히 깨어나지 못한 것 같구나"[42] 라고 한 것이다. 그러나 제명의 '꿈'은 성진이 '꿈을 꾸었다'는 뜻으로 쓰인 것이 아니고 '무엇이 꿈과 같다'는 직유, '무엇이 꿈이다'는 은유를 만들기 위한 '꿈'이다. 또 육관대사의 그 말은 성진이 실제로 꿈을 꾸었다 깨어나는 것을 지칭한 것이 아니다. 그보다는 분별심에 사로잡혀 진실을 알지 못하는 흐리멍덩한 정신 상태를 지칭하는 수사일 따름이다.

여덟 선녀를 만난 뒤 성진은 그 여색과 부귀공명이 중심에 있는 세속 욕망의 세계에 대해 강렬한 사념(思念)을 일으킨다. 이 사념의 과정과 결과는 십이연기의 원리로 설명된다.[43] 십이연기에 의한 생(生)은 삼세(三世)에 걸쳐 이루어지기도 하고 한 찰나에 이루어지기도 한

---

42) '汝又曰 弟子夢人間輪回之事 此汝以夢與人世 分而二之也 汝夢猶未盡覺也'(노존A본, 281면)

43)『구운몽』과 십이연기 사이의 다양한 관련양상에 대해서는 유병환,『구운몽의 불교사상과 소설미학』, 국학자료원, 1998, 306~345; 이강옥,「구운몽의 환생과 사념실현의 의미」,『우리말글』 27, 우리말글학회, 2003, 106~112면 참조.

다. 후자로 보면, 한 생각이 일어났다 사라지는 것이 생사(生死)가 된다. 성진이 양소유로 태어나는 과정은 성진의 한 찰나 생각이 일어나 십이연기에 의한 생이 만들어진 것으로 보는 것이 맞다. 성진이 여덟 선녀를 만나 갖게 된 감각접촉과 느낌은 곧 애(愛)를 만들었고 취(取)로 이어져 생(生, 태어남)이 된 것이다.

이처럼 『구운몽』의 가장 독특한 설정은 성진이 양소유가 되는 꿈을 꾸는 게 아니라,[44] 성진의 사념 속에서 양소유의 일생이 구성된다는 것이다. 그리고 이런 해석을 바탕으로 하여 『구운몽』을 교육한다면 학습자들은 성진의 생애뿐만 아니라 양소유의 생애를 관찰하고 감상하는 과정에서 다양한 경험과 성찰을 할 수 있게 될 것이다.

『구운몽』은 사람의 생각대로 일이 이루어지는 사례를 계속 보여준다. 생각이 강한 형성력을 가지는 것이다. 세계 어느 나라 서사에서도 생각이 실현되는 문제를 『구운몽』처럼 집중적으로 인상적이게 보여주는 사례를 찾기 어렵다.

『구운몽』이 보여주는 사념 혹은 생각의 힘은 교육적으로 의미심장한 효과를 가져올 수 있다. 학습자들은 행동을 통하여 세상을 바꿀 수 있을 뿐만 아니라 생각으로써도 세상을 바꿀 수도 있음을 알고 내면화하게 된다. 생각은 세상을 긍정적으로도 부정적으로도 만든다. 그런 점에서 생각을 조심스럽게 신중히 일으켜야 할 까닭을 알게 된다.

---

44) '꿈'을 잠에서 꾸는 꿈만 지칭하지 않고 사람이 갖가지 이유로 만들어내는 망상, 환상, 가상, 착각 등을 포괄하는 개념으로 본다면 '성진이 꿈을 꾸었다'는 표현을 쓸 수도 있다. 작가 김만중도 바로 그런 뜻에서 제명에 '꿈'을 넣었을 것이다.

성진은 여덟 선녀를 만난 뒤, 수행승으로서의 자기 삶에 대해 근본적인 회의를 한다. 그 회의는 곧 자기와 매우 다른 사대부의 삶을 사념하는 쪽으로 나아갔다. 수행승은 세속을 초월하여 수행에 매진해야 한다고 주장하는 입장에서 보면 성진의 그런 생각은 잘못된 것이다. 가령 육관대사나 그 제자들, 심지어 성진 자신도 그런 태도를 가졌다. 그러나 그와 다른 관점에 서면 판단은 달라진다. 사람이 살아가는 방식은 다양할 수 있다. 살아가면서 삶의 방식과 목표를 수정할 수 있는 것이다. 수행승으로 살아가던 성진이 꼭 수행승으로서 일생을 보내는 것만이 정당하다고 말할 수는 없다. 오히려 어떤 계기에 의해 자기 삶의 궤도를 수정함으로써 더 가치있는 생애를 보낼 수도 있다. 이 입장에서 보면 성진이 사대부의 삶을 생각하는 것을 긍정적으로 볼 수도 있다. 그것은 또 다른 삶을 모색하는 것이다. 성진은 자기가 그런 생각을 일으킨 것을 스스로 질책하며 그 생각을 철회하려 한다. 그러나 한번 일으킨 생각은 걷잡을 수 없이 실현되어 간다. 말년 양소유의 경우도 그러하다. 사대부로서 최고의 욕망을 성취한 양소유는 출가와 수행을 간절히 생각하게 된다. 세속 욕망에 빠진 사람이라면 이런 생각을 하기가 쉽지 않을 것이다. 말년 양소유의 이런 생각은 분명 자기 삶을 승화시키는 결정적 힘이 되었다.

이렇듯 『구운몽』에서는 등장인물의 생각이 때로 부정적 결과를 가져오기는 하지만, 자기 성찰을 게을리 하지 않을 때 좋은 생각을 구성해낼 수 있고, 그렇게 구성된 좋은 생각은 그대로 실현되어가는 경우들을 보여준다. 오늘날 학습자들은 쉽게 좌절하고 포기하고 절망하는 경향이 강하다. 그것은 자기 생각의 힘을 신뢰하지 못한 데서 비롯된다. 이런 학습자들에게 『구운몽』의 서사 전개는 생각의 힘을 느끼게 하고 생각의 형성력을 신뢰하게 할 수 있다.

나아가 긍정적인 생각과 부정적인 생각의 관계를 따져보게 할 수 있다. 학습자들 중에는 긍정적인 생각을 하는 경향이 강한 경우도 있고 부정적인 생각을 하는 경향이 강한 경우도 있다. 물론 후자가 더 문제적이다. 당사자들은 자신이 그런 부정적 생각의 경향이나 습관이 있다는 점을 자각하지 못하곤 한다. 혹은 자기가 부정적 생각을 한다는 있다는 사실을 알면서도 고치지 못한다.

학습자들은 『구운몽』을 읽어가면서 긍정적 생각과 부정적 생각을 이끌어가는 등장인물들의 모습을 관찰할 수 있다. 다음으로 그런 긍정적 · 부정적 생각이 가져오는 결과를 냉철히 관찰할 수 있다. 그 과정에서 학습자 자신의 생각 경향과 자신의 생각에 의해 초래된 자기 현실을 떠올리게 된다.

이런 비교의 과정을 통하여 '부정적' 생각보다는 '긍정적' 생각을 가질 수 있도록 이끌 수 있다. 부정적으로 생각하는 경향을 없애기 위해서는 먼저 스스로가 그런 경향이 있다는 것을 정확하게 자각해야 한다. 다음으로 자신의 경험세계나 처지는 자기가 느끼는 것처럼 그렇게 극단적으로 긍정적이거나 부정적이지 않았다는 사실을 받아들여야 한다. 경험에 대한 나의 생각이 긍정적이거나 부정적이기 때문에 나의 기분이 긍정적이거나 부정적으로 되는 것이다.

『구운몽』은 여덟 선녀를 만나고 돌아온 성진의 기분을 아주 인상적으로 강렬하게 묘사하고 있다. 그 부분은 성진이 더 이상 정상적인 승려로 살아가지 못할 것이라는 예감을 갖게 한다. 물론 성진 스스로는 그런 망상에 빠지는 것을 경계하고 곧 승려의 본분으로 돌아왔지만, 일단 자기 생각에 의해 만들어졌던 세속적 욕망의 잔상이 쉽게 사라지지 않는다.

서사 교육은 학습자와 서사의 등장인물의 관계 맺기라 해도 과언이 아니다. 학습자들은 등장인물에 대해 동일시를 하기도 하고 거리두기를 하기도 한다. 학습자들은 먼저 자기 삶을 부정하고 전혀 다른 삶을 선망하는 성진과 자신을 동일시할 것이다. 그리고는 학습자 자신의 상황을 돌아보게 된다. 성진 못지않게 대부분의 학습자들은 자기 삶에 암담해하고 낙심해 있을 가능성이 크다. 자기 회의에 빠진 성진을 바라보는 서사 경험은 학습자들로 하여금 자신의 처지를 근본적으로 되돌아보게 한다. 그리고 또 다른 삶을 생각하는 성진과 함께 학습자들 역시 지금 자신의 한계를 넘어서는 길을 모색하는 기회를 얻게 된다. 자신의 과거와 현재에 대한 성찰과 장래의 삶에 대한 모색은 『구운몽』을 읽는 학습자들이 수행하는 첫번째 과업이면서 소중한 경험이다.

다음으로 학습자들은 여덟 여인들을 통하여 자신의 한계를 극복하기 위해 나름대로 간절하게 자기 길을 찾아가는 삶의 태도를 만날 수 있다. 진채봉은 여성의 운명이 남자에 의해 결정되는 당시 상황을 정확하게 간파하고 자기 운명을 개척한다는 마음으로 양소유를 선택했다. 자기 운명을 개척하려는 진채봉의 의지가 양소유를 불러왔다고도 할 수 있다. 계섬월은 낯선 땅에서 아버지가 벼슬살이를 하다 죽자 계모에 의해 사창가에 팔렸다. 그러나 그녀는 언젠가는 덕 높은 군자를 만나 떳떳하게 푸른 하늘을 볼 날이 올 것이라는 희망을 버리지 않았다. 양소유는 계섬월에게 '덕 높은 군자'였다. 적경홍은 좋은 집안에 태어났지만 부모가 일찍 죽었다. 숙모의 보살핌으로 어느덧 처녀가 되어 얼굴 아름답기로 천하에 알려졌다. 그러나 적경홍은 자기 마음에 드는 남자를 고르기 위해 스스로 기생이 되었고 마침내 양소유를 만났다. 심요연은 변방에서 태어나 일찍 부모를 잃고 여도사를 만나 제자가 되었다. 스승은 심요연이 도를 얻을 수 있도록 지도했고 검술로써 귀인을 만나도록 했다. 심요연은 그 말씀을 명심하여 불의를 추구하는 찬보의 명을 거역하고 양소유의 사람이 된 것이다. 백능파는 용왕의 딸로 태어나 장차 인간의 몸을 받아 귀한 사람의 부인이 되리라는 예언자의 말을 잊지 않고 온갖 고난도 이겨내다 마침내 양소유를 만났다.

이들 여인들은 장애와 고난 앞에서 좌절하거나 절망하지 않고 보다 나은 삶에 대한 의지를 꺾지 않는다. 이들은 간절한 희망을 가지고 긍정적인 자기 앞날을 만들기 위하여 최선을 다한다. 하나같이 긍정적 생각으로 시간을 맞이하는 것이다. 물론 이들 여성들이 남성 의존적인 태도를 지닌다는 점을 문제 삼을 수도 있겠지만, 근대 이전 사회에서 여성이 자아를 사회적으로 실현할 길이 거의 없었다는 점을 고려한다면 그들의 삶의 태도를 비난만 하기는 어렵다. 그런 점에서 학습자들은 『구운몽』의 여성들이 보여주는 삶의 주체성과 적극성으로부터 긍정적 생각의 힘을 확인할 수 있다.

마침내 학습자들은 말년의 양소유의 모습을 통하여 세속적 욕망의 충족이 사람을 행복하게 만들어주지는 못한다는 근본적 성찰에 이르게 될 것이다. 그 성찰은 나름대로의 행복론을 모색하게 만든다.

이처럼 등장인물과의 동일시는 학습자들이 자기 성찰을 할 수 있는 기본 조건이다. 동일시는 등장인물의 일이 그냥 남의 일이 아니라 바로 나 자신의 일이라는 느낌을 강하게 해주기 때문이다.

서사 교육은 학습자로 하여금 다음 단계로 나아가게 해야 한다. 학습자가 등장인물로 부터 점점 멀어지는 거리두기를 할 수 있도록 이끄는 것이다. 특히 서사는 학습자가 거리두기를 하는 데 유익한 요건을 갖추고 있다. 먼저 학습자는 서사 속 상대인물의 입장이 되어 조금 전까지 자기가 동일시했던 주인공을 바라볼 수 있다. 다음으로 학습자들은 서술자의 존재에 기댈 수 있다. 서술자는 일정한 거리를 두고 모든 등장인물들을 관찰한다. 학습자 스스로 이런 시점 전환을 하지 못한다면, 교사는 읽기 과정에 조심스럽게 개입하여 거리두기를 유도할 수 있어야 할 것이다.

학습자는 자기의 눈을 서술자의 눈높이로 가져가 등장인물들을 관찰할 수 있게 된다. 『구운몽』에서 육관대사는 상대인물이면서 서술자 수준의 권위를 갖고 있는 인물이다. 육관대사는 성진의 환생과 복귀, 그리고 해탈의 여정을 꿰뚫어보고 있다. 『구운몽』 학습자들은 육관대사의 시선을 따라가며 성진과 양소유, 그리고 여덟 여인들을 관찰함으로써 온전한 거리두기를 수행할 수 있다.

『구운몽』이 생각의 힘과 형성력을 강조하는 소설이라는 점을 염두에 두면서 학습자들이 자기 성찰과 생각의 전환을 꾀할 수 있도록 학습 단계를 설정하면 다음과 같다.[45)]

---

45) 이하 6개의 단계는 이강옥, 「구운몽과 불교 경전을 활용하는 우울증 치료 프로그램(DTKB Program) 구안」, 『문학치료연구』 12집, 한국문학치료학회, 198~200면을 참조하여

① 나의 과거와 현재에 대한 나의 생각이 지금 나의 느낌을 만들어낸다는 점을 환기한다. 여덟 선녀를 만나고 돌아온 성진이 수행승으로서의 자기 삶을 부정적으로 생각한 결과 절망하게 되는 것을 그런 환기의 출발로 삼는다. 지금 내 삶의 분위기는 나의 과거와 현재에 대한 내 생각이 만들어낸 것이다. 나는 나의 과거와 현재에 대해 생각하면서 나의 경험 내용 중 어떤 것을 선택하고 어떤 것을 배제했는가? 선택한 것은 다시 어떤 자세로 받아들였는가? 이런 점을 다시 잘 살펴본다. 여덟 선녀를 만나고 온 성진이 떠올린 자기 삶은 한 쪽으로 치우친 것이 아닌가를 살펴보게 한다.

② '부정적' 현실을 대하는 태도를 바꾸기 위해 노력한다. 지금 나의 현실이 부정적으로 느껴지는 것은 나의 현실 여건 자체가 부정적이기보다는, 그에 대한 내 생각이 부정적이기 때문이다. 이제라도 내가 생각을 '긍정적으로' 가지면, 나의 현실에 대한 부정적 느낌은 충분히 개선될 수 있다. 성진은 자기 삶에 대한 생각을 바꾸는 대신 다른 생을 경험하게 되었다. 학습자들이 성진과 자신을 동일시한다면, 그 순간 어떤 쪽을 선택할 것인가 스스로 판단해보게 한다.

③ 나의 생각은 나의 미래를 결정한다. 생각은 강력한 형성력을 갖고 있기 때문이다. 성진이 생각 속에서 만들어낸 그대로가 양소유의 일생이다. 특히 '긍정적인' 생각은 긍정적인 현실을 초래한다. 나는 긍정적인 현실을 원한다. 그럴진대 내가 긍정적인 생각을 하여야 하는 것은 당연하

학습자들의 현실에 맞게 재구성한 것이다.

다. 긍정적인 나의 미래를 위해 나는 긍정적으로 생각할 것이다. 성진이 양소유를 생각해냈듯, 학습자들은 어떤 인간형을 통해 또다른 자신의 인생을 모색하여 경험하고자 하는가?

④ 세속의 관점에서 행복하든 불행하든 자기가 생각하기에 따라 얼마든지 행복감이나 불행감은 달라질 수 있다. 양소유 같이 최고의 조건을 갖추고도 생각이 부정적이면 불행을 경험하며 그와 반대되는 악조건에 있어도 생각하기에 따라 행복해질 수 있다. 이 단계는 경험으로부터 다시 생각으로 중심을 옮겨간 것이다.

⑤ 생각이란 나의 현실을 긍정적으로도 부정적으로도 만든다. 그러나 그것은 잠정적인 것이다. '긍정적인 생각', '부정적인 생각' 혹은 '행복한 느낌', '불행한 느낌'도 하나의 분별이고 환상일 수 있다. 그런 착각과 환상조차도 내려놓아야 한다. 생각과 생각의 결과에 집착하는 데서 벗어나야 한다는 것이다. 궁극적으로는 '아상(我相)' 을 버릴 수 있도록 인도할 수 있다. 아상이란 대상을 받아들여 개념 작용을 일으키고 이름 붙이는 작용으로서, 특히 '나'에 집착하는 것이다. 아상은 사람을 집착하게 하고 불행하게 만드는 가장 기본적인 사람의 의식 성향이다. 아상을 극복하면 부정적 생각이란 폐단은 자연히 사라질 것이다.

⑥ 이렇게 내적 평정을 얻게 되면, 서서히 시야를 밖으로 향하게 한다. 나와 세상은 연기(緣起)의 원리에 따라 긴밀하게 연결되어 있다. 내가 타인을 향하여 보내는 순간적 악감이나 저주는 타인을 고통의 구렁텅이로

내밀 수 있고, 타인에 대한 나의 간절한 축원은 타인을 행복하게 만들 수 있다. 물론 이럴 때도 내가 남을 행복하게 해준다는 아상이나 집착이 생기게 해서는 안 된다.

2) 현실은 꿈같은 것이고, 꿈은 현실이 된다
—변망무실(辯妄無實 : 망상은 실체가 아니다)

『구운몽』에서 꿈은 자면서 꾸는 꿈만을 말하는 것이 아니다. 깨어 있을 때 경험하는 가상, 환상, 착각 등도 꿈의 범주에 포함된다. 자면서 꾸는 꿈이나 가상 · 환상 · 착각 등의 경험은 그 본질 상 비슷하다. 『구운몽』은 꿈 · 가상 · 환상 · 착각 등을 거듭 경험하게 만든다. 그 점은 매우 두드러진 『구운몽』의 특징이다.

먼저 양소유는 잠들어 꿈을 자주 꾼다. 그런데 양소유의 꿈 세계는 그의 '현실 세계'와 뒤섞여 있다. 꿈과 현실은 겹쳐지고 이어진다. 꿈 속 사건이 현실에 나타나고, 현실의 생각이 꿈 속 사건으로 실현되는 것이다. 『구운몽』의 이런 설정은, '꿈이 현실'이고 '현실이 꿈'이라는 생각을 바탕에 깔고 있다. 현실이 꿈이라면, 학습자는 자기 삶이 현실적 행복과 불행에 의해 좌우되지 않게 마음먹을 수 있을 것이다. 꿈이 현실로 될 수 있다면, 학습자는 꿈을 통해서 현실의 부족한 점을 보완할 수 있을 것이다.

양소유는 상대인물들에게 여러 번 속는다. 양소유는 상대인물들의 속임수에 넘어가 가상 속에 빠졌다가는, 속은 걸 깨닫고 정신을 차린다. 속임수에 의한 가상과 속임수에서 벗어난 '현실'이 교차되는 것이다. 속임수에 빠진 양소유는 철저히 환(幻)을 경험한다. 가령 양소유는 여인들의 속임수에 넘어가 정경패의 죽음을 기정사실로 받아들인다. 그러나 자기가 속았음을 알고 정경패가 죽지 않았다는 진실을 확인하게 된다. 정경패의 생존을 확인한 양소유는 안도하며 환희심을 느낀다. 문제는, 그와 동시에 양소유는 자신의 현실적 실재를 믿어 의심하지 않는다는 것이다.

학습자들은 양소유의 이런 모습을 관찰할 수 있어야 한다. 학습자들은 양소유의 가상 경험을 관찰하면서 이상한 느낌을 받게 된다. 양소유는 분명 성진의 생각 속 존재인데, 이런 속임수를 경험하면서 자신이 현실적 존재라는 사실은 의심하지 않는 것이다.

학습자들은 『구운몽』의 이런 국면들을 읽으면서 혹 나도 양소유의 처지와 같을 수 있지 않나 하는 근본적 의심을 가질 수 있다. 『구운몽』의 서사 구도는 이런 질문을 끊임없이 하게 만든다. 『구운몽』의 서사 구도를 충실히 따라가면 자연스럽게 학습자들을 꿈과 관련된 명상으로 이끌 수 있는 것이다.

『구운몽』이 중등학교 서사 텍스트로서 가지는 가장 큰 가치 중 하나는 학습자들로 하여금 꿈과 환상과 가상을 경험하게 하면서 또 그것들과 현실의 관계를 명상하게 한다는 점이다. 먼저 학습자들은 현실을 꿈이나 환(幻)으로 보는 수행법인 '몽관(夢觀)'·'여몽인(如夢忍)'·'여환인(如幻忍)'을 수행할 수 있다. 몽관 혹은 여몽인은 내가 현실이라고 여겨온 것들이 모두 꿈이라는 것을 관찰하고 아는 것이다.[46)]

---

46) 단정쟈춰, 『꿈―삶과 죽음을 바라보는 티베트 사람들의 지혜』, 호미, 2003, 33면; 툴쿠 톈둡 림포체, 도솔 역, 『평화로운 죽음 기쁜 환생』, 도서출판 청년사, 84~86면; 여몽인과

꿈의 자리에 환(幻)을 대입하면 '여환인(如幻忍)'이 되고 '여환삼매(如幻三昧)'로 나아간다. '여환인'은 일체 세간의 존재들, 온갖 중생과 공간들이 업이나 인연으로 생겨난 것이기에 환이나 요술과 같다고 보는 것이다. '여환삼매'는 그런 상태가 지속되는 것을 일컫는다.

몽관이나 여환인 수행은 '인생 일장춘몽'이라는 삶에 대한 자세와 얼핏 비슷한듯 하지만 본질은 정반대다. '인생 일장춘몽'은 일종의 자포자기 상태에서 나타내는 허무주의의 혐의가 짙다면, 현실을 꿈으로 보는 수행은 현실의 본질에 대한 불교적 통찰을 근간으로 하고 있다. 몽관이나 여환인 수행은 오히려 현실의 삶을 더 뜻있게 영위하도록 한다. 현실이 꿈 · 환상 · 가상과 다를 바 없다는 깨달음은, 현실에 대한 지나친 집착을 덜어줄 것이고, 꿈 · 환상 · 가상처럼 덧없는 것에 대한 의미부여를 가능하게 해줄 것이다.

요컨대 『구운몽』에서 꿈이나 환상, 가상 상황을 거듭 만들어간 것은 등장인물과 독자가 그것을 경험하게 하면서도 그 경험의 주체인 등장인물이나 독자가 자기 자신도 과연 실재 인물인지 아닌지를 성찰하게 만들기 위함이다. 이상적 독자는 양소유가 경험하는 가상이나 착각이 부질없는 것임을 관찰하고, 그런 가상이나 착각 경험은 인생을 살아가면서 누구든 하게 된다는 점을 알게 된다. 결국 이상적 독자는 자기의 삶도 그런 가상과 착각으로 구성된다는 것을 내면화하게 될 것이다. 『구운몽』 교육의 궁극 목표는 학습자들로 하여금 이런 이상적 독자 수준의 읽기와 경험으로 이끄는 것이 되어야 하겠다.

여환인에 대한 자세한 설명은 이강옥, 「구운몽의 환몽 경험과 주제」, 『고소설연구』 28집, 한국고소설학회, 2009, 122~130면 및 이 책의 동일 제목의 장을 참조할 것.

『구운몽』에서 몽관 수행은 '꿈[夢]'과 '인간세상[人世]'을 구분하지 말라는 육관대사의 가르침으로 귀결된다. 그 가르침은 분별심을 내어 꿈의 세상과 현실 세상을 구분하는 성진에 대한 꾸중이었다. '꿈과 인간세상을 구분하지 말라'는 구절이야말로 『구운몽』에서 가장 중요한 의미를 담고 있다. 성진은 조금 전까지 자기 생각 속에서 양소유가 되어 인간세상의 부귀영달을 다 누렸지만, 이제 깨어나 양소유로서의 인간세상 경험이 부질없고 허무한 것이라 부정한다. 이 부정의 전제는 성진 자기 자신은 꿈 속 존재가 아니고 또 성진 자기 자신의 경험은 꿈의 경험과는 다르다는 것이다. 다시 말해, 성진은 '양소유의 일생은 일장춘몽이다'라는 은유로써 양소유의 일생을 부정하지만, 정작 자기 자신에 대한 성찰은 게을리하여 자기 자신의 삶도 꿈이라는 점을 깨닫지 못한 것이다.

학습자들이 자기 삶이 꿈이라는 가르침을 내면화할 수 있게 해주기 위해 다음과 같은 단계를 설정할 수 있다.

① 학습자들로 하여금 자기의 인식과 지각 작용이 완전하지 않다는 자기 한계를 겸손하게 받아들이게 한다. 그러면 자신의 생각과 느낌이 완벽한 기준이 될 수 없고 되어서도 안 된다는 것을 인정하게 될 것이다.

자신의 가상성을 전혀 깨닫지 못하는 양소유와, 양소유로서의 경험을 부정하는 성진을 꾸중하는 육관대사를 이 단계에서 환기한다.

② 자기 현실에 대해 심각한 불행감을 느끼는 학습자라면, 자신을 불행하게 만드는 현실이 실재가 아닌 꿈일 수도 있다는 가정을 해보게 한다. 그러면 현실적 불행에 연연해할 필요가 없다고 스스로를 위로할 수 있을

것이다. 학습자들은 '절망은 없다'는 확신을 갖게 된다.

가춘운과 정경패가 죽었다는 속임수에 넘어갔다 진실을 알게 되는 양소유의 사례를 이 단계에서 환기한다.

③ 꿈 속 경험이 현실의 경험과 본질상 다를 바 없다면, 현실에서 쉽게 경험할 수 없는 고귀한 경험을 꿈을 통해 경험할 수 있을 것이다. 꿈 속의 고귀한 경험은 학습자들을 비약적으로 달라지게 한다. 여기서 루시드 드림(lucid dream) 수행법[47]을 활용한다.

참선하는 자신의 모습을 꿈꾸는 말년의 양소유를 이 단계에서 환기한다.

④ 현실이 꿈이라면, 진정 꿈에서 깨어나는 상태는 어떤 것일까에 대한 명상을 계속하게 한다.

이 단계에서는 육관대사의 마지막 설법을 구체적으로 재구성하고 보완하는 과제를 수행하게 한다.

3) 꿈같고 덧없는 것이 곧 위대한 진리다
—요망즉진(了妄卽眞 : 망이 곧 진임을 깨닫다)

돌아온 성진은 자기 세계가 명백한 실체라는 전제에서 양소유의 세계를 실체가 아닌 '일장춘몽'으로 보았다. 성진은 양소유 세계의 가치와 의의를 부정했다. 양소유 세계에 대한 부정은 욕망의 세계 자체에 대한 부정이면서 욕망의 세계가 영원하지 않는 점에 대한 부정이기도 하다. 그것은 성진이 아상(我相)을 갖고 분별심을 일으킨 증거

47) 이 책의 「구운몽의 환몽 경험과 주제」 장을 참조할 것.

다. 육관대사는 그런 성진을 꾸중했다. 양소유 세계를 부정하는 성진을 육관대사가 꾸중했다는 점에서, 『구운몽』이 양소유의 존재와 그의 경험을 부정만 한 것은 아님을 알 수 있다.

필자는 선천 유배시 김만중이 『능엄경』을 읽었고, 또 『구운몽』이 『능엄경』의 구도를 일정하게 전유했음을 환기한 바 있다.[48] 『구운몽』에서 육관대사는 양소유의 환몽적 경험의 가치를 막연히 인정하였을 뿐 그 까닭을 분명하게 밝히지 않는다. 『구운몽』이 분명하게 설명해주지 않는 환몽의 가치를 알기 위해, 『능엄경』 「견도분(見道分)」을 참조해야 할 것이다. 「견도분」은 환망의 가치를 확실하게 말해준다.[49] 아난존자는 꿈이나 환망(幻妄)이 인연에 따라 나타나고 소멸하기에 '허망한 현상'이라 부정했을 뿐, 그 성품은 불생불멸의 오묘한 깨달음의 본체임을 알지 못하고 또 인정하지도 않았다. 그래서 부처님이 꾸중했다. 생겨났다 사라지고 갔다가도 오는 세속의 모든 허망한 것에 여래장(如來藏) 혹은 불성(佛性)이 깃들어 있다. 『구운몽』의 마지막 대목에서 육관대사가 성진을 꾸중하는 것도 이런 차원에서 이해할 수 있다. 성진은 꿈이나 환망 속에서 불생불멸의 본체를 보지 못했다. 자기의 생각 속에서 만들어진 양소유를 자기 자신과는 완전히 다르고 또 무관한 인물이라 단정하여 부정해버린 것이다. 성

48) 이강옥, 「구운몽의 환몽 경험과 주제」, 『고소설연구』 28집, 한국고소설학회, 2009, 131~134면.

49) 아난아! 너는 아직도 가지가지 들뜨고 장애하는 모든 허망한 것들이 그 자리에서 출생하고 곳에 따라 소멸하는 인연이기에 이러한 환망(幻妄)을, 생겼다 없어지는 허망한 현상이라 여긴다. 그러나 그[幻妄] 성품이 참으로 불생불멸(不生不滅)하면서도 묘각명체(妙覺明體, 오묘한 깨달음의 밝은 본체)임을 알지는 못하는 구나! [阿難 汝猶未明 一切浮塵 諸幻化相 當處出生 隨處滅盡 幻妄稱相 其性眞爲 妙覺明體](일귀 역주, 『역주 수능엄경』, 샘이깊은물, 2007, 167면)

진은 양소유의 몸을 통하여 가능했던 환몽 경험의 의의와 가치를 깡그리 무시해버렸다. 성진의 그런 태도를 육관대사가 꾸중한 것이다. 성진을 꾸중하는 육관대사의 입장에서 보면, 환몽 같은 양소유의 삶에도 불생불멸의 진리나 가르침이 깃들어 있다.[50)]

이상과 같은 논리로써 『구운몽』의 환몽을 그 자체로 인정할 수 있게 된다. 『구운몽』 서사 교육은 이런 관점에서 다시 시작해야 한다. 꿈·환·가상으로 점철되었으며 또 그 자체가 환몽이기만 한 양소유의 삶이 허망한 것만은 아니고 그 자리에서 불생불멸의 가르침을 바로 찾을 수 있다는 『구운몽』의 암시는 학습자로 하여금 세속 삶에서 소중한 가치와 의의를 찾을 수 있는 기반을 마련해준다.

그런데 이런 논리를 발견하고 그것을 학습자들에게 설명해준다고 하여 학습자들이 현실 삶에 대한 긍정적 태도를 내면화할 수 있는 것은 아니다. 양소유가 일생동안 보여준 행동에서 학습자들이 긍정적 계기들을 찾아내지 못할 때 '환몽 속에 진여불성이 있다'는 주장은 공염불에 그치게 된다. 환몽같은 현실에서 가치를 찾을 수 있다는 진리를 다만 육관대사의 발언에서만 찾는 데 머무르지 않고, 양소유의 일생 속에서 찾아야 한다. 양소유의 일생은 비록 성진의 망상에 의해 구성된 것이기는 하지만 학습자들이 자신의 삶과 동일시하려는 대상이기 때문이다.

지금까지 독자들은 물론 학자들조차도 양소유의 일생에서 '욕망의

---

50) 이상 환몽에서 진여불성 혹은 영원한 가치를 찾음으로써, 세속 현실을 긍정적으로 인식하는 과정에 대해서는 이강옥, 「구운몽의 환몽 경험과 주제」, 『고소설연구』 28집, 한국고소설학회, 2009, 133~134면을 참조할 것.

충족'만을 읽어왔다. 양소유의 일생이 자기 욕망을 마음껏 성취해가는 과정이라 보는 것은 정당하다. 그러나 그런 욕망 충족이 단지 현실에서 결핍된 욕망의 대리 충족으로만 해석될 수는 없다.

양소유가 자기 욕망을 충족해가는 과정에서 우리는 세속의 가치를 발견할 수 있다. 현실에서 욕망의 대상은 언제나 한정되어 있다. 그 대상이 여색이건 재물이건 혹은 다른 어떤 것이건 절대 양이 한정되어 있다는 것은 분명하다. 그런데 양소유의 욕망의 대상은 부족한 경우가 없다. 양소유의 상대 여성이 여덟 명이라는 것은 남자인 양소유에게 성적 대상조차 한정이 없다는 것을 뜻한다. 양소유는 벼슬도 최고로 올라갔다. 전술도 필적할 상대가 없어 언제나 승리를 거두었다. 심지어 문학적 자질에서도 그러했다. 이런 양소유와는 달리 세속의 사람들은 언제나 이성이나 재물, 벼슬, 문학적 능력 등에서 자기 한계에 봉착해야만 한다. 그런 점에서 세속인에게 양소유의 일생은 일종의 욕망의 유토피아라고 할 수 있다. 그것은 '경험적 일상을 지배하는 현실원칙을 잠정적으로 이완'[51]시켜두었기에 가능한 것이다. 『구운몽』은 양소유 세계를 통하여 일종의 욕망의 해방구를 구축하였다. 그것은 환몽이 내장하는 하나의 가치일 수 있다.

양소유의 일생은 어떤 희생이나 어려움도 없이 마음먹은 대로 욕망을 충족할 수 있는 이상적 경지를 보여준다. 그 경지는 현실에서 있기 어려운 것이다. 독자들은 작품을 읽어가면서 간접적이나마 그 경지를 경험할 수 있다. 그럼으로써 결핍과 불만의 현실을 보상할 뿐만 아니라, 장차 자기 현실의 가능태에 대한 희망을 갖게 된다.

51) 강상순, 앞의 논문, 301면.

그런 이상적 경지 중 가장 두드러진 사례를 여인들의 관계에서 발견한다. 조선시대 현실이나 『사씨남정기』와 같은 소설에서도 일반적인 여인들의 관계는 경쟁과 시기질투, 모해 등으로 나타날 때가 많았다. 한 남자를 중심에 두고서 벌어지는 여인들의 쟁총 관계가 그중에서도 특히 부정적으로 나타났다. 그것과 비교할 때, 『구운몽』에서 여성들의 관계는 완벽한 조화와 공존, 상호 존경과 흠모 등으로 나타난다. 여덟 여인들은 한 남자를 가운데 두고 있어 연적(戀敵)이 될 가능성이 가장 컸지만 『구운몽』에서는 그러하지 않았다. 심지어 양소유와 동침한 계섬월은 적경홍을 양소유에게 추천하기까지 한다. 과연 나중에 두 여인은 함께 양소유와 동침한다. 이런 모습을 변태나 음욕의 극단적 상황이라고 매도해서는 안 될 것이다. 그것은 현실에서 일상적으로 포착되는 갈등적 여성관계를 이상적인 형태로 바꾸어 보여준 것이다.

이와 같이 여성들 사이의 관계가 조화로운 것은, 양소유가 활동하는 정치적 공간에서 갈등이 거의 나타나지 않는 것과 동궤를 이룬다. 양소유의 정치적 공간에서는 추천자는 있지만 정적은 없다. 양소유는 벼슬살이에서 탁월한 능력을 인정받을 뿐, 어떤 모함이나 오해도 받지 않는다. 공주와 결혼하라는 태후의 명을 어긴 이유로 투옥되는 것이 고난이라면 고난이다. 그건 '행복한' 고난이 아닐 수 없다.

가정과 정치 공간에서 보여주는 완벽한 조화 관계는, 가장 어려운 관계를 원만하게 만듦으로써 그외 다른 관계들도 원만한 조화를 이루는 상황을 연상시키는 것이다.[52] 환몽일 따름인 양소유의 세계에

52) 양소유의 세계가 낭만성과 화기애애한 분위기로 충만한 까닭에 대해서는, '명분론에 입

서 빛을 발하고 있는 이런 조화로운 인간관계야말로 환몽에서 발견하는 가장 소중한 가치라고 볼 수 있다.

또 양소유는 남성 영웅이지만 외모나 정서에서 여성적 성향이 다분하다. 난양공주와 백능파는 성적 특징이 뚜렷하게 드러나지 않는 존재다. 검객 심요연은 가냘픈 몸매에서 일기필살의 남성적 힘을 뿜는다. 이처럼 양소유 세계에서는 남녀의 성징이 역전되거나 차이가 최소화되어 있다. 당대 사회가 철저히 남성 중심적 가부장 사회였던 것을 염두에 둔다면, 『구운몽』의 이같은 현상은 가히 혁명적 배치라 할만하다. 『구운몽』은 이미 고정되어 있던 남녀 형상과 남녀 관계를 해체함으로써 가부장제와 남녀차별의 현실을 훌쩍 벗어나고 있는 것이다.

현실적 신분 면을 따질 때도 그러하다. 여덟 여인, 태후, 천자, 왕, 그리고 양소유와 그 어머니는 명백한 차별적 인간 군상들이다. 얼핏 느끼기에 『구운몽』은 이런 차별적 인간군상들을 철저하게 차별한다고 할 수도 있다. 그러나 그런 인물들이 구성해내는 현실 삶은 너무나 조화롭다. 천민으로부터 태후에 이르기까지 서로 조화롭게 살아간다는 것은 현실 인간들의 차별성도 영원한 것이 아니며 그 관계가 평등하게 될 수 있다는 희망을 보여준 것이기도 하다. 마침내 여덟

각하여 구축된 질서로부터 유발되는 벌열 사대부의 점잖은 취향'(신재홍, 「구운몽의 서술원리와 이념성」, 『고전문학연구』 5, 한국고전문학연구회, 1990), '양소유라는 나르시시즘적인 영웅의 존엄함을 부각하기 위해 예비된 무대'(강상순, 앞의 논문, 306면)라는 해석이 있다. 필자는 이런 해석의 부분적 설득력을 인정하지만, 그보다는 말년의 양소유가 부정할 가장 이상적이고 행복한 삶의 모습을 제시한 것이라 본다. 그럼으로써 '이렇게 좋고 완벽한 삶조차도 누리고 보니 허망하더라'는 느낌을 양소유 자신이 경험하게 하고, 돌아온 성진과 독자도 그런 느낌을 공유하게 한 뒤, 육관대사의 마지막 말로써 그런 태도에 일침을 가함으로써 다시 양소유 세계의 소중함과 위대함을 각성하게 만들었다고 본다.

여성들은 신분의 차이를 넘어서서 관음보살 앞에서 형제의 의를 맺음으로써 신분의 차별이 완전히 사라지게 했다.

옳고 그름의 상대적 분별을 넘어선 정당함, 높고 낮음의 상대적 분별을 넘어선 절대적 높음, 남성성과 여성성의 상대적 분별을 최소화한 남성성과 여성성. 너와 나의 분별을 넘어선 형제애 혹은 동성애, 이런 특별한 요소들이 양소유의 세계를 구성한다. 그것은 위대한 평등 세계다.

그럼에도 불구하고 말년의 양소유는 이런 이상적 현실에 머물지 않고 집착하지 않는다. 모든 것이 최고의 이상적 수준으로 충족되지만 그것조차 초월하고자 한 것이다. 말년의 양소유는 밤마다 참선하는 자신의 모습을 떠올리고 마침내 온갖 부귀영화를 뒤로 하고 출가를 결심하며 이별을 고한다. 이 광경이야말로 환몽 속에 깨달음의 씨가 남아있다는 진실의 오묘한 표징이다. 이런 사례들은 분명 환몽 속에서 불멸의 가치들을 찾을 수 있다는 주장을 뒷받침할 만하다.

『구운몽』 교육이 이런 관점과 방식으로 진행된다면, 『구운몽』은 우리 일상적 인생의 위대한 가치를 발견하고 인생을 예찬하는 소설이 될 수 있다. 『구운몽』은 절망과 허무의 서사가 아니라 해방과 희망의 서사인 것이다. 『구운몽』을 읽는 학습자들은 현실이 꿈이라며 현실에 대한 집착을 내려놓으면서도, 꿈같은 현실이 얼마나 아름답고 소중한 것인가를 실감하게 된다. 『구운몽』을 잘 공부한다면 무망증 우울증에 빠져 있는 학습자 뿐 아니라 자기 생에 시큰둥해져서 겨우 하루를 지탱해가고 있는 우리 시대 학습자들이 큰 활력을 얻게 될 것이다. 학습자들은 자신의 현실 공간은 물론 꿈의 공간까지 소중한 경험의 공간으로 인정하게 된다. 그뿐 아니라 삶의 주체로서 학습자 자신의 존재 의의를 인정하는 데로 나아갈 수 있다. 자신이 꾸려가는 초라하고 꿈같은 일상이 진여불성의 소재지이고 마침내 자기 자신이야말로 부처라는 인식은 자기 존엄성과 위대함의 회복이다. 그것은 작게는 자기에 대한 긍정적 시선의 회복에서 출발할 것이다.

4. 『구운몽』에 대한 살활론(殺活論)적 교육 방안

양소유의 일생은 성진의 생각 속에서 구성된 환몽이다. 학습자들은 동일시에서 시작하여 거리두기로 나아가면서 그것을 경험한다. 그 결과 양소유의 일생에서 위대한 가치와 삶을 긍정하는 길을 찾을 수 있게 된다. '허망한 환망(幻妄) 자체가 오묘한 깨달음의 본체'라는 『능엄경』의 가르침처럼, 그것은 '가치 없고 허망한 것'을 '영원히 가치있는 것'으로 보는 놀라운 인식전환이라 할 수 있다.

『구운몽』에서 육관대사는 허망한 세속이 가치있는 것이라며 말로써 설법해주는 대신, 양소유의 삶을 일장춘몽이라 부정하는 성진을 그냥 꾸짖기만 했다. 이 국면에서 학습자들은 어리둥절해질 수밖에 없다. 통념적으로 서사의 줄거리를 따라가던 학습자라면 양소유를 부정하는 성진에게 박수를 보낼 수밖에 없기 때문이다. 이런 당황스런 국면에서 학습자들은 양소유의 일생을 떠올려보고 그 부분을 다시 읽게 된다. 그러면서 양소유의 세계는 완전하지는 않지만 '허망한 환망 자체가 오묘한 깨달음의 본체'라는 진리를 실현하고 있는 것으로 읽을 수 있게 된다.

이런 성과를 구체적인 학습 원리로 발전시킬 수 있다. 몽관이나 여몽인에서 '현실은 꿈이다'는 수행을 강조한다면, 꿈과 환망 속에서 불생불멸의 여래 진여성을 찾는 것은 그 반대인, '꿈은 위대한 현실이다' 혹은 '꿈에서 진리를 찾는다'는 수행을 추구하게 한다. 이 두 명제는 형식 논리 상으로 모순을 보인다. 그러나 『구운몽』은 이 두 명제가 조화롭게 공존하는 최고의 텍스트다. 형식 논리 상에서 모순이기는 하지만, 『구운몽』을 읽어가는 데는 전혀 모순으로 느껴지지 않는다. 그보다는 오히려 크나큰 감동을 불러일으킨다. 『구운몽』 교육이 이 점을 정확하게 포착하여 활용한다면 한 단계 더 나아갈 수 있을 것이다. 필자는 그것을 『구운몽』 살활론(殺活論)[53]으로 명명하고자 한다.

『구운몽』에서 작자는 성진이 허망감에 젖어 자기 현실을 부정하고 지금 자신의 삶과는 반대의 삶을 희구하는 상황을 설정하였다. 그

---

53) 살활론(殺活論)에 대해서는 이강옥, 「우울증 치료와 꿈의 불교적 활용」, 『불교와 사회의 만남』, 자우출판사, 2009, 170~171면을 참조할 것. 살활론에서 '살'과 '활'은 먼저 본질과 형상으로 이해될 수 있다. 본질과 형상은 한 존재의 양면이기에 분리될 수 없다. 본질에서 형상을 보아야 하고, 형상에서 본질을 동시에 보아야 한다. 손등을 볼 때 손바닥을 떠올려야 하고, 손바닥을 볼 때 손등을 떠올려야 한다는 것이다. 현실이 본질이라면 꿈은 형상이고, 꿈이 본질이라면 현실은 형상이 된다. 그래서 현실과 꿈은 분별되지 않는 것이다.

살활론을 문학교육론이나 문학치료학의 입장에서 이해할 수 있다. 살에 치우친 사람에게는 활이 필요하기에 활을 강조해주고, 활에 치우친 사람에게는 살이 필요하기에 살을 강조해줌으로써 중도(中道)의 길을 갈 수 있게 한다는 것이다. 현실에 집착하는 사람[현실은 영원하다는 常見에 치우침]에게는 '현실은 꿈이다'[영원한 것은 아무 것도 없다는 斷見]는 것을 강조하여 집착을 덜어준다. '현실은 꿈이다'는 생각에 치우쳐[斷見] 허무주의에 빠진 사람에게는 '꿈은 현실이다'[常見]는 생각을 강조하여 생기를 회복하게 하는 것이다.

리고 그 생각대로 실현되도록 해주었다. 그것이 양소유의 삶이다. 자신에 대한 단견(斷見)에 빠진 성진에게 상견(常見)을 불어넣어준 셈이다.

돌아온 성진이 양소유를 부정하기만 하고 자기 자신 역시 꿈 속 존재일 수 있다는 점을 알아차리지 못하자 육관대사로 하여금 성진을 꾸중하게 한다. 자신에 대한 상견과 타자에 대한 단견에 빠진 성진에게 각각 단견과 상견을 불어넣은 셈이다.

그렇다고 양소유에 대한 상견에 머물게 해서도 안 된다. 육관대사는 '일체유위법은 꿈 같고 환 같고 포말 같고 그림자 같고 이슬 같고 번개 같으니 응당 이와 같이 관하라'[54]는 『금강경』 사구게(四句偈)를 설했다. 그로써 상견에 머물지 않는 '여몽인' 혹은 '여환인'을 수행하게 한 것이다.

다음으로 『금강경』의 핵심 가르침인 '머무름 없음'을 떠올린다. 집착하거나 머무름 없이 생하고 또한 멸하는 것을 바로 보고, '마땅히 머무는 바 없이 그 마음을 내는 것[應無所住 而生其心]'[55]이다. 이 세상 모든 존재에는 어떤 실체가 있어 영원히 존재한다는 생각이 한쪽의 극단[常見]이라면, 이 세상 모든 존재에는 실체가 없어 소멸되어버리고 만다는 생각은 또다른 한 쪽의 극단[斷見]이다. 이 양 극단을 떠났으면서도 양극단이 원융하게 통하는 중도(中道)[56]에 이르러야 한다

54) '一切有爲法 如夢幻泡影 如露亦如電 應作如是觀'

55) 『금강경오가해』 제10 「장엄정토분(莊嚴淨土分)」

56) 성철, 『백일법문』 상, 장경각, 1992, 111면; 유병환도 이 대목을 중도와 관련시킨 바 있다. '그것은 마침내 긍정과 부정같은 분변의 사고를 동시에 여의어 버리는 平等不二의 세계, 모든 대립적 개념이 존재하지 않는 如如한 無所住의 中道와 통하게 되고, 그것은 차등적 부정의 방식이 아닌 원융적 화합의 방식이라고 할 수 있다.(유병환, 앞의 책, 208면)

는 것이다.

현실에 집착한 초기 양소유와 같은 학습자에게는 현실이 꿈임을 경험하게 한다면, 돌아온 성진과 같은 학습자에게는 현실이 꿈이면서도 그 꿈 속에 소중한 가치와 깨달음이 있음을 경험하게 한다. 전자에서는 살(殺)을, 후자에서는 활(活)을 강조하는 것이다. 어느 쪽도 궁극적인 것은 아니다. 전자에서 살을 강조한 것은 양소유와 같은 학습자에게는 살을 강조하는 것이 필요하고, 후자에서 활을 강조한 것은 성진과 같은 학습자에게는 활이 필요하기 때문이다. 현실에 대한 살을 강조하는 것은 현실에 대한 집착(常見)을 떨쳐버리기 위함이요, 꿈이나 환에 대한 활을 강조하는 것은 꿈에 대한 부정적 생각(斷見)을 떨쳐버리기 위함이다. 이것이 살활을 적재적소에 원만하게 구사하는 살활자재(殺活自在) 교육이다. 학습자의 처지와 성향에 따라서 각각에 알맞는 세계관과 자아관을 지향하는 것이 서사 교육의 중요한 과제라면, 그것 역시 살활자재의 서사 교육이라 지칭할 수 있을 것이다. 살활자재 교육의 궁극적 목표는 양 극단을 벗어나 그 각각에 들어있는 중도를 내면화하는 것이다.

『구운몽』은 그 서사 세계 속에서 살활이 원만하게 작용하는 텍스트이다. 그런 점에서 살활자재 교육은 『구운몽』을 통해서 매우 효과적으로 수행될 수 있다.

5. 맺음말

우리 서사 교육은 리얼리즘 계통의 작품을 중심으로 시행되어 왔다. 리얼리즘 서사는 현실의 문제점을 비판적으로 포착한다. 학습자들도 리얼리즘 서사를 통해 현실에 대한 비판적 안목을 획득하려 했다. 비판적 세계관은 현실 문제를 자각하고 그 극복을 위한 강렬한 열정을 갖는 데는 매우 유용하다. 그러나 현실에서의 상처를 치유하고 현실에서 희망을 발견하는 데는 적절하지 않은 경우가 많았다. 심지어 비판적 세계관은 비관적 세계관과 혼동되어 학습자들이 세상을 비관하게 만들기도 한다. 이런 분위기에서 가령 『구운몽』을 '사대부 이데올로기와 남성중심주의의 교묘한 미화'라는 식으로 해석하는 비판적 관점은 우리 고전 서사에 대한 폄하와 허무를 불러일으킬 수도 있다.

학습자들에게 위안을 주고, 나아가 학습자들이 자신의 앞날을 밝고 희망적으로 바라보게 하는 서사 교육 방법론이 다양하게 모색되어야 할 때다. 그러기 위해 그런 관점에서 우리 서사를 다시 보고 해석하는 일을 병행해야 할 것이다.

지금까지 서사 교육에서 『구운몽』을 '인생무상'을 주장하는 것으로 해석하여 가르친 것은 작품의 실상을 정확하게 이해하지 못한 데서 비롯되었다. 또 『구운몽』의 주제를 '인생무상의 자각을 통한 허무의 극복'이라 설정할 때도 '허무의 극복'은 수사적 장식으로만 기능하여 공허하다.

이 책의 마지막 장에서 필자는 교육현장에서 『구운몽』이 희망의 서사가 되는 길을 모색했다. 그러기 위해 세 가지 국면에서 『구운몽』을 재해석했다. 성진은 자기 생각에 따라 양소유로 환생했다고 보았다. 진(眞)과 망(妄)의 관계로 존재 원리를 설명하는 『능엄경』의 논리를 빌면, 이는 진(眞)에서 망(妄)이 일어난 단계이다. 다음으로 『구운몽』을 꿈 명상 텍스트로 재해석했다. 『구운몽』은 '현실은 꿈이다'는 몽관 혹은 여몽인 수행과 시종 연결되고 있다. 이는 망(妄)은 실체가 아니라는 가르침을 내면화하게 하는 단계이다. 마침내 『구운몽』은 꿈같이 덧없는 망(妄)이 소중하다는 것을 가르치는 텍스트로 재해석했다. 이는 망(妄) 속에 곧 진(眞)이 있거나 망이 곧 진이라는 가르침을 내면화하는 단계이다.

『구운몽』은 사람이 일으키는 사념대로 일이 이루어지는 사례를 계속 보여준다. 생각이 강한 형성력을 가지는 것이다. 학습자들은 행동을 통하여 경험 세계를 바꿀 수 있을 뿐만 아니라 생각으로써도 세상을 바꿀 수도 있음을 알고 내면화하는 기회를 가질 수 있다.

『구운몽』에서는 생각이 때로 부정적 결과를 가져오기는 하지만, 긍정적 생각이 긍정적 결과를 가져오는 경우들이 거듭 나타난다. 『구운몽』의 서사 전개는 학습자들에게 긍정적 생각의 힘을 느끼게 하고 생각의 형성력을 신뢰하게 할 수 있다.

『구운몽』에서는 꿈과 현실이 겹쳐지고 이어진다. '꿈이 현실'이고 '현실이 꿈'이라는 생각이 그 바탕에 깔려있다. 또 속임수에 의한 가상과 속임수에서 벗어난 '현실'이 교차된다. 양소유는 속임수를 경험하면서 자신이 현실적 존재임을 믿어 의심하지 않는다. 학습자들은 『구운몽』의 이런 국면들을 읽으면서 혹 나도 양소유의 처지와 같을 수 있지 않나 하는 근본적 의심을 가질 수 있다. 그것이 현실을 꿈이나 환(幻)으로 보는 '몽관(夢觀)'·'여몽인(如夢忍)'·'여환인(如幻忍)' 수행법을 환기한다. 몽관 혹은 여몽인은 내가 현실이라 여기는 모든 것은 꿈이라는 것을 관찰하고 아는 것이다. 몽관이나 여환인 수행은 '인생 일장춘몽'이라는 허무주의 성향과 겉으로 비슷하면서 본질은 정반대다.

『구운몽』은 환몽을 그 자체로 인정할 수 있게 한다. 꿈·환·가상으로 점철되었으며 또 그 자체가 환몽이기만 한 양소유의 삶이 허망한 것만은 아니고 그 자리에서 불생불멸의 가르침을 바로 찾을 수 있다는 『구운몽』의 암시는 학습자로 하여금 세속 삶에서 소중한 가치와 의의를 찾을 수 있는 기반을 마련해준다. 양소유의 일생은 어떤 희생이나 어려움도 없이 마음먹은 대로 욕망을 충족할 수 있는 이상적 경지를 보여준다. 그 경지는 현실에서 있기 어려운 것이다. 그것은 학습자들에게 현실적 불행에 대한 위안을 주고, 현실의 가능태에 대한 희망을 갖게 한다. 옳고 그름의 상대적 분별을 넘어선 정당함, 높고 낮음의 상대적 분별을 넘어선 절대적 높음, 남성성과 여성성의 상대적 분별을 최소화한 남성성과 여성성. 너와 나의 분별을 넘어선 형제애 혹은 동성애. 이런 특별한 요소들이 양소유의 세계를 구성한다. 그것은 위대한 평등 세계다.

말년의 양소유는 모두가 선망하는 이상적 현실에 머물지 않고 집착하지 않는다. 말년의 양소유는 밤마다 참선하는 자신의 모습을 떠올리고 마침내 부귀영화를 뒤로 하고 출가를 결심하여 이별을 고한다. 이 광경이야말로 환몽 속에 깨달음의 씨가 있다는 진실의 오묘한 표징이다.

『구운몽』 교육이 이런 관점과 방식으로 진행된다면, 『구운몽』은 우리 일상적 인생의 위대한 가치를 발견하고 인생을 예찬하는 소설이 될 수 있다. 『구운몽』은 절망과 허무의 서사가 아니라 해방과 희망의 서사인 것이다.

『구운몽』에서 작자는 자신에 대한 단견(斷見)에 빠진 성진에게 상견(常見)을 불어넣어 주었다. 돌아온 성진이 아상을 버리지 못하고 양소유를 부정하기만 하고 자기 자신 역시 꿈 속 존재일 수 있다는 점을 인식하지 못하자 육관대사로 하여금 성진을 꾸중하게 했다. 자신에 대한 상견과 타자에 대한 단견에 빠진 성진에게 각각 단견과 상견을 불어넣은 셈이다. 그렇다고 양소유에 대한 상견에 머물게 해서도 안 된다. 상견에 머물지 않는 '여몽인' 혹은 '여환인'을 수행하게 했다. 또 『금강경』의 핵심 가르침인 '머무름 없음'을 떠올린다.

『구운몽』 교육은, 현실에 집착한 초기 양소유와 같은 학습자에게는 현실이 꿈임을 경험하게 한다면, 돌아온 성진과 같은 학습자에게는 현실이 꿈이면서도 그 꿈 속에 소중한 가치와 깨달음이 있음을 경험하게 한다. 전자에서는 살(殺)을, 후자에서는 활(活)을 강조한 것이다. 어느 쪽도 궁극적인 것은 아니다. 전자에서 살을 강조한 것은 양소유와 같은 학습자에게는 살을 강조하는 것이 필요하고, 후자에서 활을 강조한 것은 성진과 같은 학습자에게는 활이 필요하기 때문이다. 이와 같이 살활을 적재적소에 원만하게 구사하는 것을 살활자재(殺活自在) 교육론이라 명명했다. 살활자재 교육의 궁극적 목표는 양극단을 벗어나 그 각각에 들어있는 중도를 내면화하는 것이다. 『구운몽』은 살활자재 교육의 계기들을 두루 담고서 절망을 극복할 지혜를 함축하고 있다는 점에서 귀중한 텍스트라 할 수 있다.

참고문헌

각묵 스님, 『금강경 역해』, 불광출판부, 2001.

『금강경 오가해』.

김만중, 『구운몽』, (정규복 재구 노존본).

김만중, 『구운몽』, 교문사(이승욱 · 정병욱 교주본).

김만중, 『구운몽』, 두산동아, 2006(이강옥 다시씀).

김만중, 김병국 · 최재남 · 정운채 역, 『서포년보』, 서울대 출판부, 1992.

김만중, 『서포만필』, 일지사.

김만중, 『서포집 서포만필』, 통문관 영인본.

김만중, 『서포집』, 『한국문집총간』 148집, 민족문화추진회, 1995.

김월운 역주, 『원각경 주해』, 동국역경원, 2003.

김탄허 현토역해, 『능엄경』, 교림, 2008.

김탄허 현토역해, 『능엄경』, 교림, 2008.

대림 · 각묵 스님, 『아비담마 길라잡이』 상 · 하, 2002.

『楞伽經會譯』 상, 한국정신문화연구원, 1980.

무비 역주, 『금강경오가해』, 불광, 1992.

『文選』, 正中書局, 1971.

『범망경』, 영남대 도서관.

『事文類聚』 天, 서광학술자료사, 1991.

송시열, 『송자대전』, 『한국문집총간』 115, 민족문화추진회.

심재완 주편, 『금강경 삼가해』, 영남대 출판부.

『아함경』.

안석경, 『삽교집』 하, 아세아문화사.

『여지도서』 상, 탐구당, 1973.

일귀 역주, 『역주 수능엄경』, 샘이깊은물, 2007.

『잡아함경』.

『周禮』.

知訥, 『修心訣』, 『禪修行의 길잡이』, 현대불교신서.
청화 역주, 『육조단경』, 광륜출판사, 2003.
『한글대장경 입능가경 외』, 동국대 동국역경원, 1985.
황견, 『고문진보』, 명문당, 1979.
希運, 『傳心法要』, 『禪修行의 길잡이』, 현대불교신서.

교육인적자원부, 『고등학교 교사용 지도서 국어』(상), 교학사, 2005.
김상용, 『仙源遺稿』, 민족문화추진회, 1995.
김진규, 『죽천집(竹泉集)』, 민족문화추진회, 1995.
무비 염화실(http://cafe.daum.net/yumhwasil) 자료실.
성철넷(http://www.songchol.net) 자료실.
『속고승전』 제17권 혜사전.
宋玉, 『高唐賦』, 『文選』 권19, 正中書局, 1971.
이우준, 『몽유야담』, 보고사, 1994.
『조선왕조실록』 CD, 동방미디어.
지학사, 『자율학습 18종 문학 고전문학 분석편』, 지학사, 2003.
『태평광기(太平廣記)』 1, 계명문화사, 1982 영인.
『한국고전문학전집』 27, 고려대 출판부.
한국교육과정평가원, 『고등학교 국어과 교육과정 해설 연구 개발』, 2008.

강상순, 「김만중 소설 다시 읽기 - 『구운몽』과 17세기 장편소설의 정신분석」, 『배달말』, 배달말학회, 2000.
강준호, 「음란소설 『구운몽』 연구」, 『배달말교육』(모국어교육) 20호, 배달말교육학회, 1999.
고미영, 「가능성을 불러오는 이야기의 힘」, 『국어국문학』 146호, 2007.
권석만, 『이상심리학, 침체와 절망의 늪 우울증』, 학지사, 2000.
권순긍, 「문제제기를 통한 고소설 교육의 방향과 시각 - 『고등학교 국어』 교과서 소재 『구운몽』, 「춘향전」, 「홍부전」을 중심으로」, 『고소설연구』 12, 한국고소설학회, 2001.
권태선, '내 삶의 주권 찾기', 「권태선 칼럼」, 『한겨레신문』, 2009.11.11.
김달진, 『唐詩全書』, 민음사, 1987.
김미애, 「『구운몽』의 감상과 재창작을 통한 문학치료 연구」, 건국대 교육대학원,

2005.
김병국, 「『구운몽』, 그 연구사적 개관과 비판」, 『김만중연구』, 새문사, 1983.
______, 『서포 김만중의 생애와 문학』, 서울대 출판부, 2001.
김병국 · 최재남 · 정운채 역, 『서포년보』, 서울대 출판부, 1992.
김상욱, 「국어교육의 방향과 서사적 상상력－서사적 상상력을 중심으로」, 『문학교육학』 15집, 2004.
김상욱 외, 『서사 교육론』, 동아시아, 2001.
김석회, 「문학치료학의 전개와 진로」, 『문학치료연구』 제1집, 한국문학치료학회, 2004.
김성배, 『가사문학전집』, 집문당, 1977.
김예식, 『생각 바꾸기를 통한 우울증 치료』, 한국장로교출판사, 1998.
김호준, 「외설소설 『구운몽』이 교과서에 실려서는 안된다」, 『배달말교육』(모국어교육) 21호, 배달말교육학회, 2000.
김일렬, 「구운몽신고」, 『한국고전산문연구』, 동화출판사, 1981.
______, 「김만중과 구운몽」, 『고전소설신론』, 새문사, 1991.
______, 「김만중 소설 다시 읽기－구운몽과 금강경 관계 논쟁의 행방」, 『배달말』 27, 배달말학회, 2000.
김철수 외, 『고등국어』(상)(교사용), 두산동아, 2008.
김현준, 「원효의 참회사상－대승육정참회를 중심으로」, 『불교연구』 2집, 한국불교연구원, 1986.
대한불교조계종 교육원, 『간화선』, 대한불교조계종 교육원, 2005.
박기석, 「「민옹전」 연구」, 『고전문학과 교육』 6집, 한국고전문학교육학회, 2003.
______, 「연암 박지원의 문학과 문학치료」, 『인문논총』 11, 서울여대 인문과학연구소, 2003.
배영희, 『구운몽과 동서철학의 만남』(상), 민속원, 2001.
______, 『구운몽과 동서철학이 만남』(하－역학을 중심으로), 민속원, 2002.
백거이, 『비파행』, 다산초당, 2005.
변상섭, 『선 신비주의인가 철학인가』, 컬처라인, 2000.
변학수 · 채연숙 · 김춘경, 「문학치료와 현대사회의 정신병리－우울증의 문학치료적 중재」, 『뷔히너와 현대문학』 26집, 한국뷔히너학회, 2006.
사재동 편, 『서포문학의 새로운 탐구』, 중앙인문사, 2000.
사재동, 「한국문학(사상)－서포 김만중의 문화사적 위상」, 『한국 사상과 문화』 34,

한국사상문화학회, 2006.

_____, 『불교계 국문소설의 연구』, 중앙문화사, 1994.

서산대사, 원순 역해, 『선가귀감』, 도서출판 법공양, 2007.

서암 스님 시자, 『소리없는 소리』, 十月, 2003.

석진오 평역, 『금강경 연구』, 고려원, 1988.

설성경, 「구운몽의 구조적 연구 I－시간론」, 『인문과학』 27 · 29합병호, 연세대 인문과학연구소, 1972.

_____, 「구운몽을 통해 본 고전교육의 새 진로」, 『어문연구』 제87호, 한국어문교육연구회, 1995.

_____, 『구운몽 연구』, 국학자료원, 1999.

_____, 『구운몽의 통시적 연구』, 새문사, 2008.

성철, 『백일법문』(상), 장경각, 1992.

신재홍, 『한국몽유소설연구』, 계명문화사, 1994.

안동림 역주, 『벽암록』, 현암사, 2004.

엄기주, 「유가의 소설적 대응양상에 관한 연구」, 성균관대 박사논문, 1991.

여증동, 「음란소설 『구운몽』 연구」, 『새국어교육』 50호, 한국국어교육학회, 1993.

_____, 「외설소설 『구운몽』 연구」, 『배달말교육』(모국어교육) 18호, 배달말교육학회, 1997.

오형근, 『불교의 영혼과 윤회관』, 불교사상사. 1985.

원　영, 「원효의 『대승육정참회』에서 참회사상의 특성」, 『한국사상사학』 15집, 한국사상사학회, 2000.

유광수, 「『구운몽』 : "자기 망각"과 "자기 기억"의 서사－성진이 양소유 되기」, 『고전문학연구』, 한국고전문학회, 2006.

유병환, 『구운몽의 불교사상과 소설미학』, 국학자료원, 1998.

_____, 『구운몽의 사상적 실상』, 도서출판 다래헌, 2007.

유혜숙, 『노인의 우울증 해소를 위한 독서요법 연구』, 한국학술정보(주), 2005.

윤소미 · 이영호, 「한국판 무망감 우울증상 척도의 타당화 연구－청소년 대상으로」, *The Korean Journal of Clinical Psychology 23*(4), 한국심리학회, 2004.

이강옥, 「『구운몽』과 『육미당기』에 나타난 세속적 삶의 두 모습과 그것의 극복 방식」, 『국문학과 불교』(『고전문학연구』 별집 6), 한국고전문학회, 1997.

_____, 「『삼국유사』의 세계관과 서술미학」, 『국문학연구』 제5호, 국문학회, 2001.

______, 「구운몽의 환생과 사념실현의 의미」, 『우리말글』 27, 우리말글학회, 2003.
______, 「문학치료 텍스트로서의 『구운몽』의 가치와 가능성－우울증과 관련하여」, 『고소설연구』 제24집, 한국고소설학회, 2007.
______, 「『구운몽』의 구름」, 한국고소설학회 제83차 정기학술대회 발표논문, 2008.10.25, 2008.
______, 「서포 김만중의 시문에 나타난 구름」, 『한문학보』 19집, 우리한문학회, 2008.
______, 「구운몽과 불교 경전을 활용하는 우울증 치료 프로그램(DTKB Program) 구안」, 『문학치료연구』 12집, 한국문학치료학회, 2009.
______, 「구운몽의 환몽(幻夢) 경험과 주제」, 『고소설연구』 28집, 한국고소설학회, 2009.
______, 「우울증 치료와 꿈의 불교적 활용」, 『불교와 사회의 만남』, 자우출판사, 2009.
______, 「『구운몽』에서 구름의 의미와 주제」, 『국어국문학』 151호, 국어국문학회, 2009.
______, 「『구운몽』의 재해석과 희망의 서사 교육」, 『국어교육연구』 제46집, 국어교육학회, 2010.
이기운, 「천태의 육근참회와 원효의 육정참회－천태의 『법화삼매참회』와 원효의 『대승육정참회』를 중심으로」, 『동서비교문학저널』 15호, 2006.
이만홍, 「현대사회에 있어서의 우울증의 영적 의미」, 『기독교상담학회지』, Vol.10, 한국기독교상담심리치료학회, 2005.
이재, 『삼관기』, 『대동패림』 권8, 국학자료원(1988 영인).
이주영 · 김지혜, 「긍정적 사고의 평가와 활용－한국판 긍정적 자동적 사고 질문지의 표준화 연구」, *The Korean Journal of Clinical Psychology*, 한국심리학회, 2002.
이홍우, 『대승기신론 통석』, 김영사, 2006.
임경순, 「서사 교육의 의의, 범주, 기능」, 『서사 교육론』, 동아시아, 2001.
임형택 · 고미숙, 『한국고전시가선』, 창비, 1997.
장효현, 「『구운몽』의 주제와 그 수용사에 관한 연구」, 『김만중문학 연구』, 국학자료원, 1993.
전형대, 「김만중의 한시」, 『김만중연구』, 새문사, 1983.
정규복, 『구운몽 원전의 연구』, 일지사, 1981.

_____, 『구운몽 연구』, 고려대 출판부, 1974.
정규복외, 『김만중문학연구』, 국학자료원, 1993.
정규복 · 진경환 역주, 『구운몽』, 고려대 민족문화연구소, 1996.
정길수, 「『구운몽』의 독자는 누구인가」, 『고소설연구』 13, 한국고소설학회, 2002.
정운채, 『문학치료의 이론적 기초』, 문학과치료, 2006.
_____, 「『구운몽』의 독후감을 통한 자기 서사의 탐색과 문학치료의 방향 설정」, 『문학치료연구』 제1집, 2004.
_____, 「인간관계의 발달 과정에 따른 기초서사의 네 영역과 『구운몽』 분석 시론」, 『문학치료연구』 제3집, 2005.
_____, 「『주역』의 인간 해석 체계와 문학치료의 이론적 구조화」, 『겨레어문학』 제27집, 겨레어문학회, 2001.
_____, 「우울증에 대한 문학치료적 이해와 「지네각시」」, 『문학치료연구』 제5집, 한국문학치료학회, 2006.
정출헌, 「구운몽의 작품세계와 그 이념적 기반」, 『김만중문학연구』, 국학자료원, 1993.
조동일, 「『구운몽』과 『금강경』 무엇이 문제인가」, 『김만중 연구』, 새문사, 1983.
조성진 · 전홍진 · 김무진 · 김창규 · 김선옥 · 류인균 · 조맹제, 「한국 일도시지역 청소년의 우울증상 유병률과 관련요인에 대한 연구」, 『정신신체의학』 40(4), 2001.
조은심, 「불안과 우울 증세에 대한 문학치료의 사례」, 『문학치료연구』 제1집, 한국문학치료학회, 2004.
최기숙, 「소설의 기능과 고전의 가치 1 : 깨달음을 통한 자기완성의 서사－『구운몽』 읽기」, 『동방고전문학연구』, 동방고전문학회, 1999.
_____, 『17세기 장편소설 연구』, 월인, 1999.
최재남, 「『서포년보 (西浦年譜)』의 성격과 김만중연구」, 『한국학보』 15집 4호, 일지사, 1989.
최윤경, 「『구운몽』을 이용한 문학치료 연구」, 건국대 교육대학원, 2004.
하은혜 · 오경자 · 송동호, 「청소년기 우울 및 불안증상 공존집단의 심리사회적 위험요인」, *The Korean Journal of Psychology 20*(2), 한국심리학회, 2003.
한자경, 『불교의 무아론』, 이화여대 출판부, 2006.

고봉원요, 전재강 역주, 고우 스님 감수, 『선요』, 운주사, 2006.

구나라뜨나,『우리는 어떤 과정을 통하여 다시 태어나는가』, 고요한소리, 1980.
노무라 소이치로,『나만 혼자 몰랐던 내 우울증』, 팝콘북스, 2006.
다니앨 부셰,「구운몽의 제목에 대하여」,『동방학지』, 연세대 국학연구원, 2006.
단정쟈춰,『꿈－삶과 죽음을 바라보는 티베트 사람들의 지혜』, 호미, 2003.
대혜종고, 전재강 역주, 고우 스님 감수,『서장－대혜보각선사 서』, 운주사, 2004.
데이비드 호킨스, 문진희 역,『나의 눈』, 한문화, 2001.
붓다다싸,『명상의 열매』, 고요한소리, 2000.
비구 보디 편,『보시』, 고요한소리, 1983.
소메야 토모유키,「동아시아 고소설과 불교－『구운몽』과「好色一代男」의 비교」,『고소설연구』 18집, 한국고소설학회, 2004.
스티븐 라버지, 이경식 역,『루시드 드림』, 북센스, 2008.
엘리자베스 퀴블러 로스,『死後生』, 대화출판사, 2002.
와타나베 쇼스케,『우울증은 치료된다』, 동도원, 2007.
장 보드리야르, 하태환 역,『시뮬라시옹』, 민음사, 2008.
툴쿠 퇸둡 림포체, 도솔 역,『평화로운 죽음 기쁜 환생』, 도서출판 청년사, 2007.
Aaron T. Beck,『우울증의 인지치료』, 학지사, 2005.
Bruner, J., *The Culture of Education*, Harvard University Press, 1996.
Sung Bae Park, *One Korean's Approach to Buddhism*－the *mom/momjit* paradigm, Albany: State University of New York Press, 2009.
Tathang Tulku, *Dynamics of Time and Space*, Dharma Publishing: Oakland, 1994.
Z.V. Segal · J.M.G.Williams · J.D.Teasdale,『마음챙김 명상에 기초한 인지치료－우울증 재발 방지를 위한 새로운 치료법』, 학지사, 2006.

찾아보기

/ㄷ/

/ㄹ/

/ㅁ/

/ㅂ/

/ㅊ/

/ㅋ/

/ㅌ/